HANS-PETER KRAUSSER

Das Prinzip begrenzter Ermächtigung im Gemeinschaftsrecht als Strukturprinzip des EWG-Vertrages

AF819650

Schriften zum Europäischen Recht

Herausgegeben von

Siegfried Magiera und Detlef Merten

Band 11

Das Prinzip begrenzter Ermächtigung im Gemeinschaftsrecht als Strukturprinzip des EWG-Vertrages

Von

Dr. Hans-Peter Kraußer

Duncker & Humblot · Berlin

Die Deutsche Bibliothek – CIP-Einheitsaufnahme

Krausser, Hans-Peter:
Das Prinzip begrenzter Ermächtigung im Gemeinschaftsrecht als Strukturprinzip des EWG-Vertrages / von Hans-Peter Krausser. – Berlin : Duncker und Humblot, 1991
(Schriften zum europäischen Recht ; Bd. 11)
Zugl.: Erlangen, Nürnberg, Univ., Diss., 1991
ISBN 3-428-07288-X
NE: GT

D 29

Alle Rechte vorbehalten
© 1991 Duncker & Humblot GmbH, Berlin 41
Fremddatenübernahme und Druck:
Berliner Buchdruckerei Union GmbH, Berlin 61
Printed in Germany

ISSN 0937-6305
ISBN 3-428-07288-X

Inhaltsverzeichnis

Abkürzungsverzeichnis

a. A.	= anderer Ansicht
a. a. O.	= am angegebenen Ort
AAS	= Acta Apostolicae Sedis
ABl.	= Amtsblatt der Europäischen Gemeinschaften
Abs.	= Absatz
AöR	= Archiv des öffentlichen Rechts
Aufl.	= Auflage
AWD	= Außenwirtschaftsdienst des Betriebs-Beraters
BayVBl.	= Bayerische Verwaltungsblätter
BB	= Betriebsberater
Bd.	= Band
Belg. Verf.	= Belgische Verfassung
Beschl.	= Beschluß
BGBl.	= Bundesgesetzblatt
BR-Drs.	= Bundesratsdrucksache
BT-Drs.	= Bundestagsdrucksache
Bull. EG	= Bulletin der Europäischen Gemeinschaften
BVerfGE	= Entscheidungen des Bundesverfassungsgerichts
BVerfGG	= Bundesverfassungsgerichtsgesetz
BVerwGE	= Entscheidungen des Bundesverwaltungsgerichts
B-VG	= (Österreichisches) Bundes-Verfassungsgesetz
CMLR	= Common Market Law Review
Dän. Verf.	= Dänische Verfassung
Diss.	= Dissertation
DÖV	= Die öffentliche Verwaltung
DVBl.	= Deutsches Verwaltungsblatt
EA	= Europa-Archiv
EAGV	= Vertrag zur Gründung der Europäischen Atomgemeinschaft
EEA	= Einheitliche Europäische Akte
EG	= Europäische Gemeinschaften
EGKSV	= Vertrag zur Gründung der Europäischen Gemeinschaft für Kohle und Stahl
EGMR	= Europäischer Gerichtshof für Menschenrechte
ELR	= European Law Review
EMRK	= Europäische Menschenrechtskonvention (Konvention zum Schutz der Menschenrechte und Grundfreiheiten)
EP	= Europäisches Parlament

EPZ	= Europäische Politische Zusammenarbeit
EuGH	= Gerichtshof der Europäischen Gemeinschaften
EuGRZ	= Europäische Grundrechte - Zeitschrift
EuR	= Europarecht (Zeitschrift)
EuZW	= Europäische Zeitschrift für Wirtschaftsrecht
EVG	= Europäische Verteidigungsgemeinschaft
EWG	= Europäische Wirtschaftsgemeinschaft
EWGV	= Vertrag zur Gründung der Europäischen Wirtschaftsgemeinschaft
FIDE	= Fédération Internationale pour le droit Européen
Fn.	= Fußnote
Franz. Verf.	= Französische Verfassung
FS	= Festschrift
FusV	= Fusionsvertrag (Vertrag zur Einsetzung eines gemeinsamen Rates und einer gemeinsamen Kommission der Europäischen Gemeinschaften)
GA	= Generalanwalt
gem.	= gemäß
GG	= Grundgesetz
Giu. Cost.	= Giurisprudenza Costituzionale
Griech. Verf.	= Griechische Verfassung
GS	= Gedächtnisschrift
Hrsg.	= Herausgeber
ICLQ	= The International and Comparative Law Quarterly
IGH	= Internationaler Gerichtshof
IPrax	= Praxis des Internationalen Privat- und Verfahrensrechts
Ir. Verf.	= Irische Verfassung
Ital. Verf.	= Italienische Verfassung
i. V. m.	= in Verbindung mit
JA	= Juristische Arbeitsblätter
JCMS	= Journal of Common Market Studies
JöR n. F.	= Jahrbuch des öffentlichen Rechts der Gegenwart, Neue Folge
JuS	= Juristische Schulung
JZ	= Juristenzeitung
KSE	= Kölner Schriften zum Europarecht
LIEI	= Legal Issues of European Integration
Lux. Verf.	= Luxemburgische Verfassung
m. w. N.	= mit weiteren Nachweisen
Niederl. Verf.	= Niederländische Verfassung
NILQ	= Northern Ireland Legal Quarterly
NJW	= Neue Juristische Wochenschrift
Nr.	= Nummer
NWVBl.	= Nordrhein-Westfälische Verwaltungsblätter
NVwZ	= Neue Zeitschrift für Verwaltungsrecht
ÖZöRV	= Österreichische Zeitschrift für öffentliches Recht und Völkerrecht

Port. Verf.	= Portugiesische Verfassung
RabelsZ	= Rabels Zeitschrift für ausländisches und internationales Privatrecht
RDE	= Rivista di diritto europeo
RDP	= Revue de droit public
Rdnr.	= Randnummer
RIW	= Recht der Internationalen Wirtschaft
Rs.	= Rechtssache
Rspr.	= Rechtsprechung
S.	= Seite
Slg.	= Amtliche Sammlung der Rechtsprechung des Gerichtshofs der Europäischen Gemeinschaften
SÖR	= Schriften zum Öffentlichen Recht
Span. Verf.	= Spanische Verfassung
Tätigkeitsbericht	= Tätigkeiten des Gerichtshofes der Europäischen Gemeinschaften (wöchentlicher Rechtsprechungsbericht)
UA	= Unterabsatz
UN-Charta	= Charta der Vereinten Nationen
UPR	= Umwelt- und Planungsrecht
verb. Rs.	= verbundene Rechtssachen
Verf.	= Verfasser
VerfGH	= Verfassungsgerichtshof
Verw. Arch.	= Verwaltungs-Archiv
vgl.	= vergleiche
VO	= Verordnung
VVDStRL	= Veröffentlichungen der Vereinigung der Deutschen Staatsrechtslehrer
WRV	= Weimarer Reichsverfassung
WuW	= Wirtschaft und Wettbewerb
WVRK	= Wiener Vertragsrechtskonvention
ZaöRV	= Zeitschrift für ausländisches Öffentliches Recht und Völkerrecht
ZAR	= Zeitschrift für Ausländerrecht
ZG	= Zeitschrift für Gesetzgebung
ZHR	= Zeitschrift für das gesamte Handelsrecht und Wirtschaftsrecht
ZRP	= Zeitschrift für Rechtspolitik
ZUM	= Zeitschrift für Urheber- und Medienrecht/Film und Recht

A. Einleitung

Der europäische Einigungsprozeß, soweit er sich im Rahmen der Europäischen Gemeinschaften vollzieht, ist seit einiger Zeit wieder in den Blickpunkt des öffentlichen Interesses gerückt.

Ursache dafür ist nicht zuletzt das durch die Einheitliche Europäische Akte vom 7. und 28.2.1986[1] vorgegebene Ziel, bis zum Ende des Jahres 1992 den gemeinsamen Binnenmarkt zu verwirklichen, durch den eine weitgehende Liberalisierung des Waren-, Dienstleistungs- und Kapitalverkehrs zwischen den Mitgliedstaaten herbeigeführt werden soll. Dabei wird jedoch, gerade auch im Hinblick auf Maßnahmen der EG zur Verwirklichung dieses Binnenmarktes, in verstärktem Maße eine Diskussion um die Reichweite der Kompetenzen der Gemeinschaft geführt.

Anlaß zu dieser Diskussion waren beispielsweise die „Aktion der EG-Kommission zur Liberalisierung des öffentlichen Dienstes"[2] oder der „Vorschlag für eine Richtlinie des Rates der Europäischen Gemeinschaften zur Koordinierung bestimmter Rechts- und Verwaltungsvorschriften der Mitgliedstaaten über die Ausübung der Rundfunktätigkeit"[3].

Auch der Rechtsausschuß des Bundesrates hat sich mit der Frage der Zuständigkeit der EG beschäftigt, indem er für den Untersuchungszeitraum zwischen 1976 und 1987 beabsichtigte und verabschiedete Rechtsakte der Gemeinschaft daraufhin prüfte, ob sie sich in den Kompetenzgrenzen der EG hielten[4]. Dabei wurde in etwa 70 Fällen die Kompetenz der EG verneint oder zumindest in Zweifel gezogen[5].

Die Frage, wie die Kompetenzen der EG gegenüber denen der Mitgliedstaaten abgegrenzt werden können, gewinnt mit zunehmender Entwicklung des europäischen Integrationsprozesses immer größere Bedeutung. Wenn nun im folgenden, ausgehend vom sog. „Prinzip der begrenzten Ermächtigung", vor allem dieser

---

1 In Kraft seit 1.7.1987 (ABl. 1987 Nr. L 169/29; BGBl. 1986 Teil II, S. 1102).

2 ABl. 1988 Nr. C 72/2.

3 ABl. 1988 Nr. C 110/3. S. auch die endgültige Fassung als „Richtlinie des Rates vom 3.10.1989 zur Koordinierung bestimmter Rechts- und Verwaltungsvorschriften der Mitgliedstaaten über die Ausübung der Fernsehtätigkeit" ABl. 1989 Nr. L 298/23.

4 S. dazu die Übersicht über die „EG-Rechtsprüfung" des Rechtsausschusses des Bundesrates. Stand 31.3.1987.

5 Betroffen waren dabei u.a. folgende Bereiche: Art. 100, 235 EWGV; Strafrecht; Regelung innerstaatlicher Verwaltungsverfahren und -organisation; Außenbeziehungen; Steuerrecht; Finanzhoheit der Mitgliedstaaten.

Frage näher nachgegangen wird, soll damit nicht etwa ein Beitrag zur Erörterung der Wünschbarkeit eines derartigen Integrationsprozesses geleistet werden.

Diese Auseinandersetzung hat weitgehend auf politischer Ebene zu erfolgen (wobei allerdings Einigkeit darüber bestehen sollte, daß eine Trennung politischer und rechtlicher Erwägungen nicht immer einfach ist. Diese Schwierigkeit befreit aber nicht von der Verpflichtung, den Versuch einer Trennung zu unternehmen).

Ziel ist somit also allein die rechtliche Darstellung und Beurteilung der gegenwärtigen Kompetenzsituation im Bereich der Gemeinschaft. Je stärker diese Gemeinschaft ein eigenes Verfassungssystem entwickelt, desto mehr stellt sich im Rahmen der verfassungspolitischen Legitimation ihrer Hoheitsgewalt neben der Frage der Gewährung eines ausreichenden Grundrechtsstandards — diese scheint[6], zumindest vorübergehend, beantwortet zu sein — das Problem von Voraussetzungen und Grenzen der Gemeinschaftsgewalt[7].

Einhaltung und Beachtung von Zuständigkeitsbereichen, auch in Abgrenzung verschiedener Hoheitsträger, stellt immer auch ein rechtsstaatliches Postulat dar.

Ausdruck dieses Aspektes ist beispielsweise die im Rahmen von Art. 173 EWGV (Art. 33 EGKSV, Art. 146 EAGV) vorgesehene Möglichkeit, vor dem EuGH auch die Unzuständigkeit von Gemeinschaftsorganen klageweise geltend zu machen.

Dieser rechtsstaatliche Gesichtspunkt ist besonders hervorzuheben, versteht sich doch gerade die Europäische Gemeinschaft immer auch als „Rechtsgemeinschaft"[8]. Mit dieser Bezeichnung ist, in der Tradition des europäischen Verfassungsrechts, eine Verpflichtung verbunden, deren Beachtung es anzumahnen gilt.

In den letzten Jahren beschäftigten sich verschiedene Arbeiten mit dem Komplex der EG-Kompetenzen. Erwähnt seien nur die Beiträge von *Böhm*[9] zu Fragen der Kompetenzauslegung des Gemeinschaftsrechts, sowie *Dorn*[10], der sich als vorerst letzter einer langen Reihe von Autoren mit der Problematik des Anwendungsbereiches des Art. 235 EWGV beschäftigt hat. Durch die folgenden Überlegungen soll der Versuch unternommen werden, ausgehend vom Grundprinzip der Kompetenzzuteilung an die Gemeinschaft, dem „Prinzip der begrenzten Ermächtigung"[11], die notwendige Kompetenzdiskussion weiterzuführen. Dabei soll,

---

6 Nach der „Solange II"-Entscheidung in BVerfGE 73, 339; skeptischer im Hinblick auf das Gesamtverhältnis von Gemeinschaftsrecht und Grundgesetz *Herdegen*, EuGRZ 1989, 309, ebenso *Scholz*, NJW 1990, 941/944.

7 *Schwarze*, EuGRZ 1986, 293.

8 S. dazu u.a. *Grabitz*, NJW 1989, 1778, wonach etwa Art. 164 EWGV mit dem Begriff „Recht" den Schlüsselbegriff, materiell und formell, für die Konzeption der EG als einer Rechtsgemeinschaft enthält.

9 *Böhm*, Kompetenzauslegung und Kompetenzlücken im Gemeinschaftsrecht, Frankfurt/M., 1985.

10 *Dorn*, Art. 235 EWGV-Prinzipien der Auslegung, Kehl, 1986.

11 Dieses Grundprinzip ist „der unerläßliche Ausgangspunkt jeder Untersuchung über die Gemeinschaftsbefugnisse", so *Tizzano*, in: Dreißig Jahre Gemeinschaftsrecht, S. 47.

aufbauend auf frühere Erkenntnisse, im Lichte neuer Entwicklungen des Gemeinschaftsrechts, etwa im Zusammenhang mit der Änderung der EG-Verträge durch die Einheitliche Europäische Akte, vor allem der Frage nachgegangen werden, ob das „Prinzip der begrenzten Ermächtigung“ ein hinreichendes Kriterium der Abgrenzung des Hoheitsbereiches der Gemeinschaft von dem der Mitgliedstaaten darstellt, oder ob es darüber hinaus weiterer Kriterien bedarf, um diese wichtige Aufgabe erfüllen zu können.

B. Rechtliche Grundlagen und Bedeutung des Prinzips der begrenzten Ermächtigung

I. Der Begriff „Prinzip begrenzter Ermächtigung“

1. Vorbemerkung

Noch nie im Verlaufe der Bemühungen, die Einigung Europas durch eine stärkere Zusammenarbeit der Völker voranzubringen, hat es einen Zusammenschluß von Staaten gegeben, der, mit eigener Hoheitsgewalt ausgestattet, in derart weitreichendem Maße berechtigt war, mit unmittelbarer Rechtswirkung das Geschehen innerhalb der Mitgliedstaaten zu beeinflussen, wie dies bei den Europäischen Gemeinschaften der Fall ist. Entstanden ist durch die Gründung der Gemeinschaften aber „kein Staat, insbesondere kein Bundesstaat, sondern eine im Prozeß fortschreitender Integration stehende Gemeinschaft eigener Art, eine zwischenstaatliche Einrichtung im Sinne des Art. 24 Abs. 1 GG“[1]. Dies dürfte, trotz aller Auseinandersetzungen über die Rechtsnatur der EG[2] zum gesicherten Bestand europarechtlicher Erkenntnisse gehören. Dabei hat sich jedoch, auch das ist im Ausgangspunkt unbestritten, kein neuer Hoheitsträger mit Allzuständigkeit entwickelt, sondern eine Gemeinschaft „mit echten, aus der Beschränkung der Zuständigkeiten der Mitgliedstaaten oder der Übertragung von Hoheitsrechten der Mitgliedstaaten auf die Gemeinschaft herrührenden Hoheitsrechten“, zugunsten derer die einzelnen Mitglieder, „auf einem begrenzten Gebiet, ihre Souveränitätsrechte beschränkt haben“[3] (Prinzip der Teilintegration).

Diese Tatsache der beschränkten Kompetenz der Gemeinschaft und ihrer Organe findet ihren Ausdruck im sogenannten „Prinzip der begrenzten Ermächtigung“ oder der „compétences d'attribution“[4]. Dies bedeutet, daß Organe der EG nur tätig werden dürfen, wenn und soweit sich dazu in den Gründungsverträgen eine Ermächtigungsgrundlage findet. Die Reichweite dieses Prinzips[5] sei dabei zunächst einmal offengelassen.

---

1 BVerfGE 37, 217/278.

2 S. dazu nur die unterschiedlichen Ansichten von *Everling*, in: FS Ipsen, S. 595 ff. und *Ipsen*, EuR 1987, 195 zur Charakterisierung der EG als „Zweckverband funktionaler Integration“.

3 Rs. 6/64, Slg. 1964, 1251/1269.

4 So *Lagrange*, RDP 1961, 40/45.

5 Geltung des Prinzips nur im Bereich hoheitlicher Eingriffe oder auch darüber hinaus? Allgemein zu dieser Frage der Reichweite des Prinzips begrenzter Ermächtigung s. unten D.

Terminologische Unterschiede in der Literatur („begrenzte Einzelermächtigung[6] / begrenzte Einzelzuständigkeiten[7] / enumerative Einzelermächtigung[8] / begrenzte Handlungsermächtigung"[9]) haben allenfalls Bedeutung im Hinblick auf die Stellung der Generalermächtigung des Art. 235 EWGV in diesem Gesamtrahmen[10], nicht jedoch für den Befund begrenzter Kompetenzen der EG als solchen.

Im folgenden wird der Begriff „Prinzip begrenzter Ermächtigung" verwendet, weil er auch die — ihrerseits begrenzte — Generalermächtigung des Art. 235 EWGV (Art. 95 I EGKSV, Art. 203 EAGV) mit umfaßt und damit, besser als etwa der Terminus „Einzelermächtigung" geeignet ist, sämtliche Kompetenznormen der EG-Gründungsverträge in ihrem Wesen zu erfassen[11].

2. Rechtliche Grundlagen

Hinweise in den Gründungsverträgen auf das Prinzip der begrenzten Ermächtigung finden sich u. a. in folgenden Vorschriften:

Art. 3, 4, 137, 145, 155, 189, 198 I EWGV
Art. 3, 5, 8, 20, 26 EGKSV
Art. 2, 3, 107, 115, 124, 161, 170 I EAGV

So spezifiziert beispielsweise Art. 3 EWGV das Tätigkeitsfeld der EWG, indem er deren Aufgaben in Konkretisierung der Zielbestimmung des Art. 2 EWGV näher darstellt und für die Aufgabenerledigung mit der Formel „nach Maßgabe des Vertrages" auf nähere Einzelbestimmungen im Vertrag selbst verweist.

Art. 3 EWGV bestimmt damit mehr den Tätigkeitsbereich der EWG, deren Verbandskompetenz, in Abgrenzung zu den Mitgliedstaaten, während Art. 4 EWGV, der ebenfalls auf die im Vertrag näher ausgeführten Befugnisse Bezug nimmt, eher die Abgrenzung des Zuständigkeitsbereichs der einzelnen Organe der EWG regelt[12].

---

6 *Bleckmann,* Europarecht, S. 69 ff.

7 *Nicolaysen,* Europäisches Gemeinschaftsrecht, S. 43.

8 *Beutler / Bieber / Pipkorn / Streil,* Die Europäische Gemeinschaft, S. 75.

9 *Ipsen,* Gemeinschaftsrecht, S. 413.

10 S. dazu *Grabitz,* EWGV, Art. 189, Rdnr. 4.

11 *Grabitz,* a.a.O., (Fn. 10).

12 Damit kommen schon zwei wesentliche Funktionen des Prinzips begrenzter Ermächtigung zum Ausdruck: Die Regelung der Kompetenzverteilung zwischen den Mitgliedstaaten und der EG sowie zwischen den EG-Organen.

3. Geltung

Wenn somit in den Gründungsverträgen mit Wendungen wie „nach diesem Vertrag“[13] oder „nach Maßgabe dieses Vertrages“[14] oder „soweit der Vertrag dies ausdrücklich vorsieht“[15] die Kompetenzen der EG und ihrer Organe immer wieder an eine konkrete Rechtsgrundlage rückgebunden werden, so läßt sich eigentlich die Existenz und Bedeutung eines den Verträgen zugrundeliegenden Prinzips begrenzter Ermächtigung nicht leugnen. Trotzdem gehen darüber die Meinungen auseinander.

a) Argument der „Kraft des Faktischen“

Zwar wird zumeist grundsätzlich das Vorhandensein eines derartigen Prinzips anerkannt,[16] oft aber noch im selben Satz auf die in der Praxis sich entwickelnde Bedeutungslosigkeit dieses Grundsatzes hingewiesen. Es handele sich um eine reine „Lehrbuchweisheit“[17], die „von der Wirklichkeit in gewissem Umfang überholt worden sei“. Die Aussage, die EG habe keine unbegrenzten Zuständigkeiten, sei heute nicht mehr als unbedingt gültig anzusehen[18].

Vor allem wird jedoch auf den dieses Grundprinzip relativierenden Charakter der Generalermächtigung des Art. 235 EWGV sowie anderer dynamischer Elemente des Gemeinschaftsrechts[19] verwiesen, vor allem die extensive Auslegung des Gemeinschaftsrechts durch den EuGH.

---

13 Art. 137 EWGV.

14 Art. 145, 155, 3. Spiegelstrich, 189 EWGV.

15 Art. 155, 2. Spiegelstrich EWGV.

16 Schon gegen die Existenz eines Prinzips begrenzter Ermächtigung im Gemeinschaftsrecht spricht sich Temple Lang, vor allem unter Hinweis auf die Folgen der EEA, aus (NILQ 1988, 209/224): „It is now clear that the community institutions have comprehensive general powers and not a series of limited, specific powers (compétences d'attribution).“
Die Einschätzung der Bedeutung der EEA als Mittel der umfassenden Kompetenzausweitung der EG, die in dem Beitrag Temple Langs immer wieder aufscheint, wird dabei durchaus nicht einhellig geteilt. S. dazu unten E. II.
Von einem „angeblichen Prinzip begrenzter Einzelermächtigung“ spricht auch *Everling*, FS Ipsen, S. 595/600. Zum Prinzip begrenzter Ermächtigung meint *Pescatore*, The Law of Integration, S. 32, dies sei „. . . demonstrative of a political attitude, rather than (. . .) a finding based on legal analysis.“.

17 *Everling*, EuR 1987, 214/217. Nicht zu übersehen ist jedoch der vorsichtige Grundton Everlings hinsichtlich der Reichweite der EG-Kompetenzen, wenn man diesen Beitrag mit dem in der Ipsen-Festschrift (a.a.O.) vergleicht. Sprach er noch 1977 geradezu apodiktisch davon, die „potentielle Totalität der Aufgaben der EG sei nicht zu bestreiten“ (S. 607), beschwört er 10 Jahre später die Gefahr eines „uferlosen Verständnisses der Vertragsziele“ (S. 226) und widmet den Fragen der „Grenzen des Regelungsbedarfs der Gemeinschaft“ mehrere Seiten seines Beitrages.

18 *Tizzano*, in: Dreißig Jahre Gemeinschaftsrecht, S. 47.

19 S. dazu *Bieber / Ress* (Hrsg.), Die Dynamik des Europäischen Gemeinschaftsrechts, Baden-Baden 1987. Der dynamische Charakter des Gemeinschaftsrechts wurde auch jüngst wieder durch das Bundesverfassungsgericht bestätigt (BVerfGE 75, 223/242).

Verweise auf dynamische und faktisch sich vollziehende Prozesse im Rahmen einer Integrationsgemeinschaft wie der EG sind dabei zwar notwendig und die Analyse derartiger Prozesse und ihrer Auswirkungen wichtig, sie dürfen aber nicht den Blick auf die Grundsätze der Kompetenzregelungen der Gemeinschaft verstellen. Nur die besondere Aufmerksamkeit für das Prinzip begrenzter Ermächtigung als einer der Grundstrukturen der EG-Verträge, ohne dabei deren dynamische Elemente zu negieren[20], ermöglicht eine erschöpfende Erörterung etwa der Frage, wie die Kompetenzen der Gemeinschaft gegenüber denen der Mitgliedstaaten abgegrenzt werden können, einer Frage, die „mit fortschreitender Rechtsentwicklung immer nachdrücklicher gestellt wird“[21].

Weder die isolierte Betrachtung der statischen noch der dynamischen Elemente der Kompetenzverteilung zwischen der EG und den Mitgliedstaaten vermag den Problemen gerecht zu werden, die sich aus der Kompetenzzuordnung an verschiedene Hoheitsträger ergeben können.

b) Allgemeine Rechtsetzungskompetenz der EG-Organe

Weniger aus faktischen als aus rechtlichen Erwägungen verneint eine andere Gruppe von Autoren die allgemeine Geltung eines Prinzips begrenzter Ermächtigung im Gemeinschaftsrecht.

Sie vertritt die Ansicht, Rat und Kommission der EG besäßen eine allgemeine Rechtsetzungskompetenz, wobei meist aus der rechtsvergleichenden Betrachtung der Verfassungen der Mitgliedstaaten der EG eine Befugnis dieser Organe gefolgert wird, zur Erreichung der Ziele des Vertrages „Ausführungsverordnungen“ zu erlassen, ohne speziell im Vertrag dazu ermächtigt zu sein[22].

So räumen einzelne Bestimmungen mitgliedstaatlicher Verfassungen[23] der Exekutive generell die Kompetenz ein, Verordnungen zu erlassen, ohne an besondere Voraussetzungen, wie etwa eine inhaltliche Konkretisierung der Verordnungsermächtigung in einem zugrundeliegenden Gesetz, gebunden zu sein. Sei beispielsweise der EG-Kommission gemäß Art. 155 EWGV die Aufgabe übertragen worden, „für die Anwendung dieses Vertrages (. . .) Sorge zu tragen“, komme darin, in Verbindung mit dem in den angesprochenen Verfassungsnormen erwähnten Rechtsgedanken, eine generelle Befugnis zum Verordnungserlaß zum Ausdruck[24].

---

[20] Zur Unterscheidung dynamischer und statischer Elemente im Kompetenzschema der EG-Verträge besonders deutlich *Constantinesco,* S. 264 ff.

[21] *Everling,* EuR 1987, 214/235.

[22] S. dazu die Nachweise bei *Ipsen,* a.a.O., (Fn. 9), S. 427, Fn. 8.

[23] Z.B. Art. 21 Franz. Verf. von 1958; Art. 67 Belg. Verf. von 1831; mit Einschränkungen Art. 89 I Niederl. Verf. von 1983.

[24] S. etwa *v. Kraushaar,* DÖV 1959, 726/730.

Die Auseinandersetzung mit dieser, inzwischen ohnehin kaum noch vertretenen Ansicht, wurde schon an anderer Stelle ausführlich geführt[25]. Es sei deshalb nur noch einmal kurz auf einige wenige kritikwürdige Punkte hingewiesen:

— Art. 80 GG und Art. 76 Ital. Verf. von 1947 stehen einem Verständnis einer generellen Verordnungsermächtigung der Exekutive auf Gemeinschaftsebene entgegen, da sie gerade deren Rechtsetzungskompetenzen an eine konkretisierende Ermächtigung binden.

— Art. 235 EWGV als Auffangnorm für die Rechtsetzungsbefugnis des Rates wäre überflüssig, wenn dieser schon kraft eines allgemeinen Grundsatzes entsprechende Kompetenzen hätte.

— Die EG-Verträge regeln in einem komplexen System die Kompetenzabgrenzung zwischen der EG und den Mitgliedstaaten, sowie zwischen den Organen der EG. Dieses detaillierte System steht einer allgemeinen Verordnungsermächtigung der EG-Organe völlig konträr gegenüber.

— EWG-Vertrag und EAG-Vertrag sind, im Gegensatz zum EGKS-Vertrag, sogenannte Rahmenverträge (traité cadre). Rechtsetzung ist damit nicht nur exekutive Tätigkeit, sondern gestaltende Tätigkeit in Ausfüllung des Primärrechtes, die sich nicht in bloßen Ausführungsverordnungen erschöpft[26].

4. Ergebnis

Sind somit Überlegungen über ein Prinzip begrenzter Ermächtigung im Gemeinschaftsrecht weder durch den Hinweis auf faktische Entwicklungen, noch durch eine vermeintlich bestehende generelle Rechtsetzungskompetenz der Gemeinschaftsorgane obsolet, soll in einem nächsten Schritt der Inhalt dieses Prinzips begrenzter Ermächtigung näher untersucht werden.

II. Der Inhalt des Prinzips begrenzter Ermächtigung

1. Definition

Wie schon oben angesprochen, hat das Prinzip begrenzter Ermächtigung die Aussage zum Inhalt, daß Gemeinschaftsorgane nur tätig werden dürfen, wenn und soweit sich in den EG-Gründungsverträgen dazu eine Ermächtigungsgrundla-

[25] *Rabe*, S. 71 ff.; *Ipsen*, a.a.O., (Fn. 9), S. 428 f.; *Wagner*, S. 260 („Das ist Begriffsjurisprudenz reinsten Wassers: Weil in den Staatsrechten der Mitgliedstaaten die Exekutiven vielfach eine allgemeine Normsetzungsbefugnis haben, und diese Verordnungsbefugnis heißt, sollen auch die Exekutivorgane der Gemeinschaften, weil ihre Beschlüsse ‚Verordnungen' heißen, eine allgemeine Normsetzungsbefugnis haben. So läßt sich nicht argumentieren.").

[26] *Ipsen*, a.a.O., (Fn. 9), S. 428.

ge findet. Ob dieser Grundsatz nur für verbindliche Rechtsakte oder allgemein gilt, ob möglicherweise auch zwischen verschiedenen Organen der EG unterschieden werden muß, was die Frage der Striktheit der Anwendung dieses Grundsatzes anbetrifft, all dies soll später erörtert werden. Zunächst gilt es den Inhalt des Grundsatzes allgemein herauszuarbeiten.

2. Der Inhalt des Prinzips begrenzter Ermächtigung im einzelnen

a) Abgrenzung des Regelungsbereiches der Gemeinschaft und der Mitgliedstaaten

Die EG hat im Rahmen des ihr zustehenden Aufgabenbereichs sowohl ausschließliche Kompetenzen[27], d. h. solche, die unabhängig von deren Vollzug allein bei der Gemeinschaft liegen[28], und konkurrierende Kompetenzen, die sowohl der EG als auch den Mitgliedstaaten zustehen. Nach Ausübung durch die EG-Organe allerdings fallen auch Materien im Bereich konkurrierender Kompetenzen in die alleinige Regelungszuständigkeit der Gemeinschaft, soweit die entsprechende Kompetenz ausgeschöpft wurde[29].

Von größerem Interesse ist im vorliegenden Zusammenhang jedoch die Grenze zwischen diesem gesamten (ausschließlichen oder konkurrierenden) Kompetenzbereich der EG und dem ausschließlichen Zuständigkeitsbereich der Mitgliedstaaten. Diese Grenze ist gemeint, wenn von „vertikaler Gewaltenteilung" zwischen der EG und den Mitgliedstaaten die Rede ist.

Wichtig ist zunächst festzuhalten, daß es überhaupt eine derartige Grenze gibt[30], daß die EG keine Allzuständigkeit besitzt, keine Totalität des Aufgabenbereiches.

Diese Tatsache ergibt sich daraus, daß die Mitgliedstaaten der Gemeinschaft nur in begrenztem Umfang Hoheitsrechte eingeräumt haben; diese von der Gemeinschaft erworbenen bzw. ihr eingeräumten Hoheitsrechte haben nur „punktuellen Charakter"[31], die EG besitzt nur eine Art „gebündelter Teilsouveränität"[32], auf die die Mitgliedstaaten insoweit verzichtet haben.

---

[27] Z.B. im Bereich der Handelspolitik (Rs. 174/84, Slg. 1986, 559/586) oder der Fischereipolitik (Rs. 804/79, Slg. 1981, 1045/1072).

[28] Es sei denn, ausschließliche Kompetenzen werden ausdrücklich auf Mitgliedstaaten, zurückübertragen oder diese werden unter den einschlägigen Voraussetzungen als „Sachwalter des gemeinsamen Interesses" tätig. S. dazu *Pechstein,* Die Mitgliedstaaten der EG als Sachwalter des gemeinsamen Interesses, Baden-Baden, 1987.

[29] *Temple Lang,* (a.a.O., (Fn. 16), S. 209 ff.), spricht in diesem Zusammenhang anschaulich von einer „moving boundary" zwischen dem Regelungsbereich der EG und dem der Mitgliedstaaten.

[30] Mag diese Grenze auch fließend sein (EuGH Beschl. 1/78, Slg. 1978, 2151/2180 f.).

[31] *Henrichs,* EuGRZ 1989, 237/241.

Eine Übertragung oder Einräumung von Allzuständigkeit würden weder der Staatscharakter der Mitgliedstaaten noch die einschlägigen Verfassungsbestimmungen der Mitgliedstaaten erlauben, die sich mit der Stellung der einzelnen Staaten in zwischenstaatlichen Einrichtungen bzw. internationalen Organisationen befassen.

So sieht etwa Art. 24 GG nur eine derartige „Öffnung der nationalen Rechtsordnung“ vor, „daß der ausschließliche Herrschaftsanspruch der Bundesrepublik Deutschland im Geltungsbereich des Grundgesetzes zurückgenommen und der unmittelbaren Geltung und Anwendbarkeit eines Rechtes aus anderer Quelle innerhalb des staatlichen Herrschaftsbereiches Raum gelassen wird“[33]. Damit ist es auch von verfassungsrechtlicher Erheblichkeit, ob sich die EG „in den Grenzen der ihr übertragenen Hoheitsrechte hält oder aus ihnen ausbricht“[34].

Gleiches gilt für die Verfassungen der anderen Mitgliedstaaten, die alle nur eine Einräumung einzelner Befugnisse an die EG zulassen und damit von einem verbleibenden alleinigen eigenen Zuständigkeitsbereich der Mitgliedstaaten ausgehen[35].

Auch der EuGH anerkannte in seiner Rechtsprechung im Bereich des EGKSV die Existenz eines Prinzips begrenzter Ermächtigung, nicht zuletzt auch im Hinblick auf die Abgrenzung des Gesamtregelungsbereiches der EG[36]. Dabei wurde auch auf den Zusammenhang dieses Grundsatzes mit dem begrenzten Souveränitätsverzicht der Mitgliedstaaten hingewiesen[37].

Es ist kein Zufall, daß sich diese Rechtsprechung vor allem mit dem EGKS-Vertrag beschäftigte, hat dieser doch im Vergleich zum EWG-Vertrag mit seinem weitgefaßten Ziel- und Aufgabenbereich eine enger umrissene Zielsetzung, nämlich ausschließlich die Errichtung eines gemeinsamen Marktes für Kohle und

---

32 *Henrichs,* a.a.O., (Fn. 31); s. *Ress,* Souveränitätsverständnis in den Europäischen Gemeinschaften, Baden-Baden, 1980, allgemein zu diesem Thema.

33 BVerfGE 37, 271/280.

34 BVerfGE 75, 223/242.

35 — Art. 11 Verfassung der Republik Italien vom 27.12.1947.
— Art. 28 Abs. 2 Verfassung der Republik Griechenland vom 11.6.1975.
— Art. 55 Verfassung der Republik Frankreich vom 4.10.1958 und Erwägung 15 der Präambel der Verfassung der Französischen Republik vom 27.10.1946.
— Art. 92 Verfassung des Königreichs der Niederlande vom 17.2.1983.
— Art. 49bis Verfassung des Großherzogtums Luxemburg vom 17.10.1868.
— Art. 29 Abs. 4 Nr. 3 Verfassung der Republik Irland vom 1.7.1937.
— § 20 Abs. 1 Verfassung des Königreichs Dänemark vom 5.6.1953.
— Art. 93 Verfassung des Königreichs Spanien vom 29.12.1978.
— Art. 8 Abs. 3 Verfassung der Republik Portugal vom 2.4.1976.
— Art. 25bis Verfassung des Königreichs Belgien vom 7.2.1831
— European Communities Act von 1972.

36 Verb. Rs. 7/56 und 3/57-7/57, Slg. 1957, 87/167; verb. Rs. 3-18, 25 und 26/58, Slg. 1960, 377/411; Rs. 30/59, Slg. 1961, 5/48.

37 Verb. Rs. 7/56 und 3/57-7/57, Slg. 1957, 87/167.

Stahl. So hat sich der EuGH später auch nicht mehr ausdrücklich auf das Prinzip begrenzter Ermächtigung berufen[38], jedoch der Sache nach auch im Bereich des EWG-Vertrages Maßnahmen der EG-Organe daraufhin überprüft, ob sie sich im Rahmen der Verbandskompetenz der Gemeinschaft hielten. Der EuGH[39] hat beispielsweise die „Entscheidung der Kommission Nr. 85/381 zur Einführung eines Mitteilungs- und Abstimmungsverfahrens über die Wanderungspolitik gegenüber Drittländern" unter anderem insoweit für nichtig erklärt, als in Artikel 1 der Entscheidung der Gegenstand des Mitteilungs- und Abstimmungsverfahrens auf Fragen der kulturellen Eingliederung der Arbeitnehmer aus Drittländern und ihrer Familienangehörigen ausgedehnt wurde, da damit der Bereich der sozialen Fragen, in dem der Kommission nach Art. 118 EWGV die Aufgabe zufällt, die Zusammenarbeit zwischen den Mitgliedstaaten zu fördern, verlassen wurde. Allerdings handelt es sich bei diesem Urteil des EuGH auch um das bisher einzige, das eine (teilweise) Nichtigerklärung einer Gemeinschaftsmaßnahme wegen des Eingriffs in den Regelungsbereich der Mitgliedstaaten zum Gegenstand hat; dies ist sowohl das Ergebnis des relativ weit gefaßten Zuständigkeitsrahmens des EWG-Vertrages als auch der integrations-freundlichen Rechtsprechung des EuGH, auf deren Bedeutung später zurückzukommen sein wird.

b) Eine Tätigkeit von Organen der EG ist nur gestattet, wenn dies im Vertrag vorgesehen ist

Der Inhalt des Prinzips begrenzter Ermächtigung erschöpft sich nicht in der oben dargestellten Aufgabenabgrenzung zwischen der Gemeinschaft und den Mitgliedstaaten, ja genau betrachtet ist diese Aufgabenverteilung nicht einmal logisch mit der Existenz eines Prinzips begrenzter Ermächtigung verknüpft[40].

Aufgabenverteilung und Abgrenzung von Befugnissen zwischen verschiedenen Hoheitsträgern gibt es auch in einem Bundesstaat wie der Bundesrepublik Deutschland, wo etwa Gesetzgebungsbefugnisse nach dem Kompetenzschema der Art. 30, 70, ff. GG zwischen Bund und Ländern verteilt sind.

Dies bedeutet jedoch nicht, daß etwa Bundesorgane nur dann auf dem Gebiet der dem Bund überlassenen Materien handeln dürfen, wenn und soweit für die

---

[38] Etwa in Rs. 6/64, Slg. 1964, 1251 ff.; sinngemäß umschrieben wird das Prinzip aber etwa in der Rs. 56/86, NJW 1989, 3090 („In diesem Zusammenhang ist daran zu erinnern, daß die Befugnisse der Organe der Gemeinschaft und die Voraussetzungen ihrer Ausübung im System der Gemeinschaftskompetenzen sich aus unterschiedlichen besonderen Bestimmungen des Vertrages ergeben.").

[39] Verb. Rs. 281, 283-285, 287/85, Slg. 1987, 3203/3252 f.

[40] Auf die logische Trennung eines Prinzips begrenzter Ermächtigung von der Frage der Aufgabenverteilung zwischen Hoheitsträgern weist in dieser Deutlichkeit nur *Ipsen*, a. a. O., (Fn. 9) hin. Richtigerweise unterscheiden zwischen Verbandskompetenz der EG und spezifischer Organkompetenz der Kommission aber auch der EuGH in verb. Rs. 281, 283-285, 287/85, Slg. 1987, 3203/3205 und GA Mancini in seinem Schlußantrag (S. 3230).

beabsichtigte konkrete legislative Maßnahme eine spezielle Ermächtigung im Grundgesetz dafür vorgesehen ist, die sowohl die Kompetenz des Bundes als auch das dabei zu beachtende Verfahren sowie eventuell erforderliche Mehrheitsverhältnisse in den Gesetzgebungsorganen regeln würde. Ein derartiges System spezieller Ermächtigung ist dem Grundgesetz nämlich fremd, begnügt es sich doch damit, eine allgemeine Kompetenzabgrenzung innerhalb der föderalen Ordnung nach Materien vorzunehmen, sowie Verfahrensregeln in für alle gesetzgeberischen Maßnahmen geltenden Bestimmungen gleichsam „vor die Klammer zu ziehen".

Anders im Bereich der EG: Organe der EG dürfen im Rahmen des Aufgabenbereiches der Gemeinschaft nur tätig werden, wenn und soweit sich dafür im Vertrag gerade eine spezielle Grundlage findet, eben „nach Maßgabe des Vertrages"[41].

Daraus folgt dann allerdings grundsätzlich auch, daß dann, wenn ein Gemeinschaftsorgan nicht auf Grund einer vertraglichen Ermächtigung handelt, es auch den Aufgabenbereich der Gemeinschaft insgesamt überschreitet, so daß es insofern gerechtfertigt erscheint, bei Überschreitung dieses Kompetenzbereiches auch von einem Verstoß gegen das Prinzip begrenzter Ermächtigung zu sprechen.

Dieses Prinzip wird auch nicht, wie erwähnt, durch generalklauselartige Bestimmungen wie Art. 235 EWGV (Art. 95 I EGKSV, Art. 203 EAGV) in Frage gestellt. Auch diese Vorschriften weisen dem Rat bzw. der Hohen Behörde (Art. 95 EGKSV) Befugnisse zu, mögen diese auch weit gefaßt sein, was sich jedoch mit dem Auffangcharakter[42] dieser Bestimmungen erklären läßt und nicht etwa Ausdruck einer behaupteten „Durchbrechung" des Prinzips begrenzter Ermächtigung ist[43].

Als Kompensation für die fehlende Konkretisierung der Befugnisse des Rates etwa in Art. 235 EWGV (der Rat erläßt „die geeigneten Vorschriften") ist nämlich die Anwendbarkeit der Vorschrift an den Eintritt von vier im einzelnen aufgeführten Voraussetzungen geknüpft, die insoweit den Anwendungsbereich des Art. 235 EWGV zu begrenzen haben. Die, sicher richtige, Feststellung, diese Voraussetzungen seien ihrerseits weit gefaßt, ändert nichts an deren beschränkender Funktion.

c) Festlegung von Handlungsformen der Gemeinschaftsorgane

Nach dem Prinzip begrenzter Ermächtigung haben die Organe der EG die Wahlfreiheit zwischen den in Art. 189 EWGV, Art. 14 EGKSV, Art. 161 EAGV aufgeführten Rechtsakten nur dann, wenn ihnen nicht der Gebrauch bestimmter Handlungsformen durch die jeweilige Einzelermächtigung vorgeschrieben und damit ihre Wahlmöglichkeit begrenzt ist.

---

41 S. die oben unter I. 2. aufgeführten Vorschriften der EG-Verträge.

42 „Subsidiarium" im Sinne *Ipsens*, a.a.O., (Fn. 9), S. 435.

43 So auch *Ipsen*, a.a.O., (Fn. 9), S. 435 („Art. 235 EWGV allenfalls Korrektiv des Prinzips begrenzter Ermächtigung") und *Dorn*, S. 94.

So trifft beispielsweise der Rat Maßnahmen zur Verwirklichung der in Art. 48 EWGV garantierten Freizügigkeit im Wege von Richtlinien oder Verordnungen (Art. 49 EWGV), die gegenseitige Anerkennung von Befähigungsnachweisen wird durch Erlaß von Richtlinien herbeigeführt (Art. 57 I, 66 EWGV), im Bereich der gemeinsamen Verkehrspolitik kann der Rat dagegen „alle zweckdienlichen Vorschriften" erlassen (Art. 75 Abs. 1 c EWGV), ist insoweit also an keine bestimmte Handlungsform gebunden.

In ständiger Rechtsprechung vertritt der EuGH darüber hinaus die Auffassung, daß dann, wenn der Vertrag eine spezifische Befugnis vorsieht, um eine Materie zu regeln, diese Befugnis sich jedoch als unzureichend erweist, das Gemeinschaftsziel zu erreichen, zu dessen Verwirklichung sie vorgesehen ist, Art. 235 EWGV Anwendung findet, seine oben beschriebene subsidiäre Funktion also nicht nur bei fehlender, sondern auch bei unzureichender Befugnis eines Gemeinschaftsorgans zum Tragen kommt. Beispielsweise kann eine Vereinheitlichung des Zollrechts durch Verordnungen auf Grund von Art. 235 EWGV vorgenommen werden, wenn Art. 100 EWGV, der nur den Erlaß von Richtlinien vorsieht, sich als nicht ausreichend erweist[44].

Diese Rechtsprechung des EuGH ist nur unter dem Blickwinkel der „dynamischen Interpretation des Gemeinschaftsrechts" durch den Gerichtshof verständlich, mit einer statischen Handhabe und strikten Beachtung des Prinzips begrenzter Ermächtigung nicht in Einklang zu bringen[45], wobei eine weitere Darstellung und Wertung derartiger Tendenzen einem späteren Kapitel vorbehalten bleibt.

d) Festlegung spezifischer Verfahrensweisen bei der Tätigkeit von EG-Organen

Nach dem Prinzip begrenzter Ermächtigung sind die EG-Organe bei der Ausübung der ihnen übertragenen Aufgabenbereiche weder frei in der Wahl ihrer Vorgehensweise, was sich von selbst versteht, ist doch jeder Akt hoheitlicher Tätigkeit, sei es im nationalen oder im internationalen Rahmen, an eine bestimmte Verfahrensweise gebunden, die in Verfassungen bzw. völkerrechtlichen Verträgen grundgelegt ist. Darüber hinaus sind entsprechende verfahrensrechtlichen Regelungen nach den EG-Verträgen jedoch jeder Einzelermächtigung im Primärrecht speziell zugeordnet, die somit neben der grundsätzlichen Aufgabenverteilung zwischen den EG-Organen bei der Rechtsetzung auch eine Aufgabenzuteilung an EG-Organe bei der Beteiligung an der Entstehung dieser Rechtsakte vorsehen sowie Einstimmigkeits- oder Mehrheitserfordernisse beim Erlaß der Akte festlegen.

---

[44] Rs. 8/73, Slg. 1973, 897/907. Zum Meinungsstreit, ob im Falle nur unzureichender vertraglich vereinbarter Kompetenzen Art. 235 EWGV Anwendung findet, s. den Überblick bei *Grabitz,* EWGV, Art. 235, Rdnr. 48 ff. (vor allem zu den dagegen unter Berufung auf Art. 4 Abs. 1 EWGV und das Prinzip begrenzter Ermächtigung vorgebrachten Einwendungen: Rdn. 52).

[45] So auch *Constantinesco,* S. 277.

So fordern etwa die oben erwähnten Art. 49, 57 I, 66, 75 Ic EWGV teils qualifizierte Mehrheiten, teils Einstimmigkeit im rechtsetzenden Organ, dem Rat, wobei hinsichtlich dieser Erfordernisse auch noch teilweise zwischen verschiedenen Phasen der Entwicklung der Gemeinschaft unterschieden wird (z. B. Art. 57 I EWGV).

Weiterhin sind die zu treffenden Entscheidungen an die Mitwirkung des Europäischen Parlamentes und, in einzelnen Fällen, des Wirtschafts- und Sozialausschusses gebunden. Dabei kann, was die Mitwirkung des Parlamentes anbetrifft, auch noch danach differenziert werden, ob sie sich im Rahmen eines Zusammenarbeitsverfahrens gemäß Art. 149 EWGV[46] vollzieht (so Art. 49 I, 57 I, 66 EWGV) oder im Wege bloßer Anhörung (Art. 75 Ic EWGV). Es existiert somit auch in Bezug auf die verfahrensrechtliche Seite der Befugnisse ein komplexes System spezieller Ermächtigungen und Verpflichtungen der Gemeinschaftsorgane.

3. Ergebnis

Das Prinzip begrenzter Ermächtigung hat demnach zum Inhalt:

— Die Festlegung der Aufgabenverteilung zwischen der EG und den Mitgliedstaaten.

— Die Festlegung der Aufgabenverteilung zwischen den EG-Organen durch spezielle Aufgabenzuweisung an jedes Organ.

— Die Zuweisung spezifischer Handlungsformen an die EG-Organe.

— Die Zuordnung verfahrensrechtlicher Regelungen zu den Einzelermächtigungen.

III. Funktion und Bedeutungsgehalt des Prinzips begrenzter Ermächtigung

1. Die Funktionen im einzelnen

Aus dem aufgezeigten Inhalt des Prinzips begrenzter Ermächtigung läßt sich teilweise schon dessen Funktion und Bedeutung ableiten, doch soll deren Darstellung noch einmal im Zusammenhang erfolgen. Folgende Funktionen lassen sich unterscheiden:

a) Die Abgrenzung der Kompetenzen zwischen der EG und den Mitgliedstaaten

Das Prinzip begrenzter Ermächtigung bezeichnet „die Grenze des Willens der Mitgliedstaaten (der EG) auf die Ausübung ihrer eigenen Hoheitsrechte zu ver-

---

46 Eingeführt durch die Einheitliche Europäische Akte (s. o. A. Fn. 1).

zichten"[47]. Es stellt damit die gemeinschaftsrechtliche Umsetzung der schon oben erwähnten Verfassungsnormen der Mitgliedstaaten dar, die nur die Einräumung einzelner Hoheitsbefugnisse an die Gemeinschaft erlauben.

Ob es die notwendige Abgrenzung der beiden Hoheitssphären befriedigend zu leisten vermag und, wenn dies nicht der Fall sein sollte, welche zusätzlichen Kriterien es zur Lösung dieses wichtigen Problems gibt, wird später zu untersuchen sein.

b) Rechtsschutzfunktion

Das Prinzip begrenzter Ermächtigung beschränkt die Hoheitsgewalt der Gemeinschaft „von der Quelle her"[48]. Durch die genaue oder wenigstens bestimmbare Festlegung von Kompetenzen und zu deren Ausübung zu nutzender Handlungsformen ermöglicht es eine Kontrolle der Tätigkeit der Gemeinschaftsorgane, etwa im Wege der Nichtigkeitsklage gem. Art. 173 EWGV, die der einzelne Bürger, aber auch Mitgliedstaaten der Gemeinschaft anstrengen können, um etwa die mangelnde Kompetenz eines EG-Organes zum Erlaß bestimmter Rechtsakte zu rügen.

Die Begrenzung gemeinschaftlicher Hoheitsbefugnisse hat damit neben dem sich entwickelnden System grundrechtlicher Gewährleistung[49] eine wichtige Bedeutung bei der Kontrolle der Ausübung hoheitlicher Tätigkeit gegenüber dem einzelnen, bedeutet doch „Globalität der Ermächtigung zugleich Verkümmerung des Rechtsschutzes, Spezifikation der Ermächtigung seine Vervollkommnung"[50].

c) Vorbehalt des Gesetzes

Eng im Zusammenhang mit der Rechtsschutzfunktion des Prinzips der begrenzten Ermächtigung steht, unter rechtsstaatlichen Gesichtspunkten, seine Vergleichbarkeit mit dem Grundsatz des Vorbehalts des Gesetzes, der besagt, daß, soweit der Grundsatz Anerkennung findet, staatliches Handeln nur dann zulässig ist, wenn es in Rechtsnormen eine Ermächtigungsgrundlage findet. Dabei kann in diesem Zusammenhang dahingestellt bleiben, ob dieser Grundsatz auf Gemeinschaftsebene, ebenso wie etwa nach überwiegender Meinung, im bundesdeutschen Verwaltungsrecht[51], nur Eingriffe des Hoheitsträgers in Rechtspositionen sowie die für die grundsätzliche Ordnung eines Verwaltungsbereiches wesentli-

---

[47] *Nicolaysen,* EuR 1966, 135.

[48] *Ipsen,* a.a.O., (Fn. 9), S. 432; *Nicolaysen,* a.a.O., (Fn. 7) S. 43 f.

[49] „Der Grundrechtsstandard ist mittlerweile (...) inhaltlich ausgestaltet worden, gefestigt und zureichend gewährleistet" (BVerfGE 73, 339/378). Zum Zusammenhang von Grundrechtsschutz und Schutzfunktion von Kompetenzregelungen, *Stettner,* S. 320 ff.

[50] *Ipsen,* a.a.O., (Fn. 9).

[51] *Mayer / Kopp,* S. 129 ff.

chen Entscheidungen erfaßt, oder auch den Bereich rein leistender, also begünstigender Tätigkeit[52]; eine Frage, die erst im Rahmen der Erörterung der Reichweite des Prinzips der begrenzten Ermächtigung eine Rolle spielen wird[53].

Allerdings ist „bestimmender Faktor bei der Funktionsaufteilung zwischen den Gemeinschaftsorganen nicht primär der Schutz der Individualsphäre gegenüber hoheitlicher Machtentfaltung gewesen", sondern die „Abgrenzung gemeinschaftlicher von nationaler Regelungsbefugnis"[54], also die oben unter a) erwähnte Funktion des Prinzips begrenzter Ermächtigung. An der tatsächlich bestehenden Sicherung der Individualsphäre ändert diese primäre Intention der Schöpfer der EG-Gründungsverträge jedoch nichts.

d) Gewaltenteilung im Interorganverhältnis

Das Prinzip begrenzter Ermächtigung grenzt den Aufgabenbereich der EG-Organe voneinander ab, bzw. regelt die Zusammenarbeit der Organe bei der Ausübung der ihnen zugewiesenen Tätigkeit. Damit sorgt es für Kompetenzabgrenzung und -beschränkung, gleichsam ein gemeinschaftsinternes System von „checks and balances", das rechtsstaatliche Funktionen hat und das in den Mitgliedstaaten im Prinzip der Gewaltenteilung seine, wenn auch differenzierte, Entsprechung findet[55].

e) Demokratieprinzip[56]

Das „Demokratiedefizit" der Gemeinschaft wird immer wieder als besonderer Mangel empfunden, da vor allem dem Europäischen Parlament als dem einzigen unmittelbar demokratisch legitimierten Organ[57], verglichen mit anderen Gemeinschaftsorganen, nur unzureichende Befugnisse zustehen.

Darüber hinaus ist festzustellen, daß die bindende legislative Tätigkeit auf Gemeinschaftsebene auch zu einer Schwächung des parlamentarischen Elementes in den Mitgliedstaaten führt, da die nationalen Parlamente kaum in einer, über die Form bloßer Unterrichtung hinausgehenden Weise steuernd oder kontrollierend auf diesen expandierenden Rechtsetzungsprozeß Einfluß nehmen können. Daß diese parlamentarisch-demokratischen Erosionserscheinungen erst recht die

---

52 Gegen diesen sogenannten „Totalvorbehalt" auf Gemeinschaftsebene *Bleckmann*, DÖV 1977, 615/618. A. A. *Dorn*, S. 89 f.; *Lecheler*, Allgemeine Rechtsgrundsätze, S. 61; *Rengeling*, S. 260.

53 S. unten D.

54 *Schwarze*, Europäisches Verwaltungsrecht I, S. 238, der deshalb nicht von „Vorbehalt des Gesetzes", sondern von „Vorbehalt vertraglicher Ermächtigung" spricht.

55 *Ipsen*, a.a.O., (Fn. 9), S. 432.

56 Zum demokratischen Prinzip als Verfassungsprinzip der EG s. verb. Rs. 138 und 139/79, Slg. 1980, 3333/3393.

57 Seit der ersten Direktwahl zum Europäischen Parlament im Jahre 1979.

Landesparlamente betreffen, stellt dabei ein für einen Bundesstaat wie die Bundesrepublik Deutschland zusätzlichen besorgniserregenden Faktor dar[58].

Wenn nun davon gesprochen wird, daß gleichsam als „Kompensation“[59] dieses Demokratiedefizits die Beteiligung der nationalen Parlamente an der innerstaatlichen Ratifizierung der Gründungsverträge, aber auch von Vertragsänderungen gem. Art. 236 Abs. 3 EWGV, zuletzt im Rahmen der Verabschiedung der schon mehrfach angesprochenen Einheitlichen Europäischen Akte, diene, so ist dies wohl nicht ohne Einschränkungen zu bejahen.

Ebensowenig wie von einer „Kompensation“ des Demokratiedefizits auf EG-Ebene durch die neuen Bestimmungen der Zusammenarbeitsverfahren gem. Art. 149 EWGV, das Zustimmungsverfahren gem. Art. 237, 238 EWGV oder die Beteiligung nationaler Parlamente im Vorfeld von Entscheidungen der EG etwa gem. Art. 2 EEAG gesprochen werden kann[60] kann das Ratifikationsverfahren gem. Art. 236 Abs. 3 oder 247 EWGV diese Funktion erfüllen[61], bedenkt man, daß angesichts einer dynamischen Interpretation der Rechtsetzungsgrundlagen des EG-Primärrechts und der neuen Kompetenztitel nach der Einheitlichen Europäischen Akte derartige Mechanismen den Erfordernissen einer wirklichen parlamentarisch-demokratischen Kontrolle und echter legislativer Tätigkeit nicht entsprechen.

Dennoch kann in diesem Zusammenhang festgehalten werden, daß die Beteiligung nationaler Parlamente gem. Art. 236 Abs. 3 und 247 EWGV, mag sie auch demokratische Defizite der Gemeinschaft nicht „kompensieren“ können, als Schranke rechtsetzender Aktivitäten der EG im Rahmen des Prinzips begrenzter Ermächtigung dennoch Bedeutung erlangt.

Die Zustimmung der demokratisch legitimierten nationalen Parlamente erfaßt nämlich nur die Übertragung von nach Gegenstand und Umfang begrenzten Zuständigkeiten, einschließlich künftiger Entwicklungen, die sich aber im Rah-

[58] S. zur Problematik des Demokratiedefizits der EG *Hänsch*, EA 1986, S. 191 (auch zur „Entparlamentarisierung“ in den Mitgliedstaaten, S. 195 ff.), sowie ausführlich *Ress*, in: GS *Geck*, Köln 1989, S. 625 ff., der im Zuge fortschreitender europäischer Integration aus Art. 1 Abs. 1 EEA i. V.m. der Präambel der EEA eine Verpflichtung zur Schaffung parlamentarisch-demokratischer Strukturen auf EG-Ebene durch die Mitgliedstaaten bejaht.

[59] *Grabitz*, EWGV, Art. 235, Rdnr. 24.

[60] *Herzog*, in: *Maunz / Dürig / Herzog / Scholz*, GG, Art. 20, Rdnr. 114. Ablehnend zum Gedanken der „Kompensation“ in diesem Zusammenhang auch Ress, a.a.O., (Fn. 58), S. 657 ff. A. A. *Bleckmann*, a.a.O., (Fn. 6), S. 361.

[61] Dies wird deutlich, wenn man den von *Ress* gebrauchten Begriff der Kompensation zugrundelegt (a.a.O., (Fn. 58), S. 658): „Kompensation als Rechtsinstitut bedeutet den Ersatz einer an sich notwendigen Regelung (Kompetenz) durch eine solche, die im wesentlichen einen vergleichbaren Inhalt oder vergleichbare Folgen (Auswirkungen) hat (...). Sie tritt nicht ein beim Ersatz durch völlig disparate Befugnisse oder Rechte. Den Maßstab des Vergleichs bildet das Demokratieprinzip: Wie weit darf die Gesetzgebungsbefugnis des Parlamentes durch andere Formen (...) ersetzt werden?“ S. auch *Klein*, DVBl 1981, 661 ff.

men des angelegten „Integrationsprogrammes“[62] zu halten haben. Damit ist die Tatsache nur beschränkter Übertragung von Kompetenzen auf die EG nicht nur Ausdruck „vertikaler Gewaltenteilung“ zwischen dieser und ihren Mitgliedstaaten, sondern findet ihre Begründung auch im (wenn auch unzureichenden) Schutz der demokratischen Legitimation von Entscheidungen der Gemeinschaftsorgane[63].

2. Ergebnis

Das Prinzip begrenzter Ermächtigung erfüllt folgende Funktionen:

— Vertikale Gewaltenteilung zwischen der EG und den Mitgliedstaaten

— Rechtsschutzfunktion durch Kompetenzbegrenzung

— Sicherung einer Art Vorbehalt des Gesetzes

— Gewaltenteilung und Gewaltenverschränkung

— Wahrung demokratischer Legitimation von Hoheitsentscheidungen der Gemeinschaftsorgane in begrenztem Umfang.

IV. Zusammenfassung

Wie aufgezeigt wurde, erfüllt das Prinzip begrenzter Ermächtigung, seinerseits unterteilt in vier Hauptinhalte, wesentliche Funktionen rechtsstaatlicher und demokratischer Art, sowie der Gewaltenteilung zwischen verschiedenen Hoheitsträgern. Seine grundsätzliche Bedeutung sollte daher nicht in Zweifel gezogen werden. Allerdings wird das Prinzip begrenzter Ermächtigung als statisches Element des Kompetenzschemas der EG-Verträge in der Praxis der EG-Organe, vor allem in der Rechtsprechung des EuGH zur Auslegung von Kompetenzbestimmungen, und auch im Vertrag selbst, ergänzt durch dynamische Elemente[64].

Es soll deshalb nun dargestellt werden, um welche Elemente es sich handelt und wie diese sich im einzelnen zum Grundsatz des Kompetenzschemas, dem Prinzip begrenzter Ermächtigung, verhalten.

---

[62] Zum Begriff des „Integrationsprogrammes“ bei der Übertragung von Hoheitsrechten auf zwischenstaatliche Einrichtungen im Sinne des Art. 24 I GG BVerfGE 68, 1/112 ff.

[63] *Grabitz*, a.a.O. (Fn. 60); *Zuleeg*, Der Staat 1978, 27/40 ff.

[64] Zu statischen und dynamischen Elementen der EG-Verträge s. o. Fn. 20.

C. Dynamische Elemente des Gemeinschaftsrechts

I. Die EG als „dynamischer Integrationsverband"

Versucht man sich zunächst von Struktur und Rechtsnatur der Europäischen Gemeinschaften ein Bild zu machen, so stellt man fest, daß sich, trotz aller im einzelnen differenzierenden Ansichten, hinsichtlich wesentlicher Charakteristiken der EG etwa folgender Grundkonsens gebildet hat[1]:

— Die EG stellt keinen Staat, auch keinen Bundesstaat[2], dar, insoweit sind die in der Frühzeit der Gemeinschaften vertretenen „Bundesstaatstheorien" obsolet[3].

Es handelt sich bei der EG andererseits auch nicht um eine völkerrechtliche Organisation im eigentlichen Sinne[4]. Dagegen sprechen der Übergang von Aufgaben existentieller Ranges auf die EG, die Tatsache des Bestehens von den Mitgliedstaaten unabhängiger Organe wie Kommission, Parlament oder Gerichtshof, der Vorrang des Gemeinschaftsrechts vor nationalem Recht, die unmittelbare Wirkung und Anwendbarkeit des Gemeinschaftsrechts, die Möglichkeit von Mehrheitsbeschlüssen in den Leitungsorganen.

— Die zuletzt genannten Besonderheiten begründen den Charakter der Gemeinschaft als eines Integrationsverbandes eigener Art[5], einer Organisation sui generis[6] oder auch supranationalen Organisation[7].

---

1 Einige Elemente wurden oben (B.I.1.) bereits angesprochen.

2 S. o. B.I.1., mit dem Hinweis auf BVerfGE 37, 271/278.

3 Angesichts einer sich abzeichnenden Öffnung der Gemeinschaft nach Osten sowie des Beitrittsgesuchs Österreich, rücken an staatlichen Strukturen orientierte Modelle ohnehin in weitere Ferne. Probleme bereitet vor allem die Frage der Vereinbarkeit des neutralen Status Österreichs mit der zunehmenden politischen Kooperation der EG. S. dazu Pechstein, EuR 1989, 54 ff.
Zu ähnlichen Schwierigkeiten Irlands im Hinblick auf Art. 30 EEA *McCutcheon*, LIEI 1988, 93. Irland hat diese Schwierigkeiten durch eine Verfassungsänderung gelöst (Art. 29 Abs. 4 Nr. 3 Irische Verfassung).

4 Anders insoweit etwa *Seidl-Hohenveldern* oder *Bleckmann*, die zu den „Internationalisten" gerechnet werden, also eher von einem völkerrechtlichen Verständnis der europäischen Integration her kommen. Zu den verschiedenen „Schulen" der Europarechtswissenschaft *Oppermann*, in FS Ipsen, S. 657 f.

5 Zum Streit um den ähnlichen Begriff eines „Zweckverbandes funktionaler Integration", der von *Ipsen* geprägt wurde, s. o. B. Fn. 2.

6 *W. Bernhardt*, S. 170; von der „Doppelgesichtigkeit" der EG angesichts staatenbündischer und bundesstaatlicher Elemente spricht Goyard, DÖV 1989, 259.

Hinsichtlich des Begriffs der Supranationalität gibt es dabei durchaus unterschiedliche Auffassungen darüber, welche Voraussetzungen das Rechtsgefüge einer internationalen Organisation aufweisen muß, um in diese Kategorie eingeordnet werden zu können[8].

Darüber hinaus hat der Terminus in der geschichtlichen Entwicklung auch einen Bedeutungswandel[9] erfahren, so daß Stimmen laut werden, die Zweifel daran äußern, ob „Supranationalität" überhaupt die Funktion eines faßbaren und inhaltlich abgegrenzten Rechtsbegriffs erfüllen kann, der für die Frage der Einordnung und Charakterisierung der EG auch tatsächlich einen Erkenntnisgewinn verspricht[10].

Verlangt man von einem Rechtsbegriff als wesentliche Elemente und Funktionen inhaltliche Klarheit und eine eindeutige Aussage zu den sich aus ihm ergebenden Rechtsfolgen, läßt sich „Supranationalität" wohl in der Tat kaum als solcher bezeichnen, zumal auch bei einer Beschreibung der EG als supranational viele Fragen, etwa im Hinblick auf die bei der Auslegung des Gemeinschaftsrechts anzuwendenden Grundsätze oder die Stellung der Mitgliedstaaten (Herren der Verträge?) nicht beantwortet sind.

Wenn im folgenden also der Begriff der Supranationalität der Gemeinschaft verwendet wird, dann in Kenntnis seiner Schwächen als Rechtsbegriff, auf Grund seiner verbreiteten Anwendung und in der Annahme, daß es sich nicht um mehr handelt, als um einen gemeinsamen Oberbegriff für einige, die EG besonders kennzeichnende Merkmale[11].

---

7 *Schweitzer / Hummer,* S. 239 f., allerdings unter Hinweis auf Divergenzen zwischen den angeführten Besonderheiten und deren praktischer Umsetzung, vor allem unter Hinweis auf die Einschränkung von Mehrheitsbeschlüssen im Rat durch die sog. „Luxemburger Vereinbarung" v. 28.1.1966. S. dazu ausführlich Streinz, Die Luxemburger Vereinbarung, München 1984.

8 Zu inhaltlichen Kriterien des Supranationalitätsbegriffes *Ipsen,* Über Supranationalität, in: ders., Europäisches Gemeinschaftsrecht in Einzelstudien, S. 97 ff., mit dem richtigen Hinweis, daß der etwas diffus gewordene Begriff der Souveränität die angesprochenen Kategorisierungsprobleme wohl nicht lösen dürfte (S. 102).

9 Bezeichnete der Begriff zunächst die Höherrangigkeit des Völkerrechts gegenüber dem staatlichen Recht, diente er später aufgrund der vertraglichen Bestimmungen des EGKSV (Art. 9 Abs. 5 und 6) als Beschreibung der Stellung der Hohen Behörde (caractère supranational) und schließlich der Charakterisierung der Europäischen Gemeinschaften insgesamt, wurde also von einem einzelnen Organ auf die gesamte Organisation übertragen. Zu diesem Bedeutungswandel zuletzt näher Zuleeg, Integration 1988, 103 ff.

10 Kritisch *Lecheler,* JuS 1974, 7/10, mit dem Hinweis neben einer völkerrechtlichen oder staatsrechtlichen Einordnung gebe es keine dritte Kategorie.

11 Zuleeg a. a. O., (Fn. 9), kommt zu dem Ergebnis, daß auch die Europäische Organisation zur Sicherung der Luftfahrt (Eurocontrol) eine supranationale Organisation sei; er sieht insoweit die EG „ihrer Einmaligkeit entkleidet". Ein Grund mehr, sich der Schwächen des Begriffs „Supranationalität" zur speziellen Kennzeichnung der EG bewußt zu sein.

— Die Gemeinschaftsverträge und das sie ergänzende sonstige Primärrecht[12] werden überwiegend auch als „Verfassung" der Gemeinschaft bezeichnet[13].

Verfassung in diesem Sinne kann dabei jedoch nur bedeuten, daß man es vorliegend mit Normen zu tun hat, „die für alle Gemeinschaftsorgane verbindlich sind — nicht zu ihrer Disposition stehen — die insbesondere in den Gemeinschaftsverträgen enthalten sind, ausnahmsweise aber auch in besonders qualifizierten Akten der Gemeinschaftsorgane ihren Niederschlag gefunden haben oder als ungeschriebenes Verfassungsrecht verbindlich sein können"[14].

Eine Qualifizierung der Gemeinschaftsverträge und ihrer Änderungen und Ergänzungen als Verfassung „impliziert also nicht die Annahme, die Gemeinschaften besäßen, weil „verfaßt", staats- oder staatsartigen Charakter"[15]. Dies verbietet sich schon aus der oben vorgenommenen Einordnung der EG als Organisation sui generis. Soweit in der Literatur der Verfassungsbegriff keine Zustimmung erfährt, dann deshalb, weil der Verfassungscharakter ausschließlich im Zusammenhang mit dem Staatsbegriff und der damit verbundenen Frage der Souveränität bzw. Totalität des Aufgabenbereichs und der sog. Kompetenz-Kompetenz gesehen wird[16].

Trennt man Staatsbegriff und Verfassungsbegriff voneinander, ergeben sich dagegen bei der Deutung der EG-Verträge als Verfassung keine Schwierigkeiten. Ähnlich wie bei der Kategorisierung der EG als „supranational" sei aber auch hier die Frage nach dem Erkenntnisgewinn erlaubt. Zu beobachten ist, nicht nur im Europarecht, die Tendenz, ehemals klaren und distinkten Begriffen ihren eindeutigen Inhalt weitgehend zu entziehen, um sie auf Erkenntnisgegenstände anwenden zu können, für die sie ursprünglich nicht geprägt wurden. Die Folge ist ein Verlust an Eindeutigkeit, der dazu führt, daß viele Begriffe, wie hier der der „Verfassung" geradezu beliebig eingesetzt werden können, ohne daß aus dieser Anwendung dann eindeutige Rechtsfolgerungen gezogen zu werden ver-

---

[12] Also etwa das Abkommen über gemeinsame Organe für die Europäischen Gemeinschaften vom 25. März 1957 (BGBl. II S. 1156), der sog. Fusionsvertrag vom 8. April 1965 (BGBl. II S. 1454), Beitrittsverträge und Beitrittsakte bzgl. Spaniens und Portugals (ABl. 1985 Nr. L 302).

[13] S. z. B. *Beutler / Bieber / Pipkorn / Streil*, S. 44; *R. Bernhardt*, in: Dreißig Jahre Gemeinschaftsrecht, S. 77 f.; *Ipsen*, Gemeinschaftsrecht, S. 64 ff.; *ders.*, EuR 1987, 195/196; BVerfGE 22, 293/296: „Der EWG-Vertrag stellt gewissermaßen die Verfassung dieser Gemeinschaft dar"; *Fugmann*, Politische Studien 1989, 459; *Temple Lang*, NILQ 1988, 209/223; *Stettner* S. 14, Fn. 69: „Verfassung in statu nascendi".

[14] *R. Bernhardt*, a. a. O., (Fn. 13), S. 78.

[15] *Ipsen*, Gemeinschaftsrecht, S. 64.

[16] *W. Bernhardt*, S. 53 Fn. 4 unter Hinweis auf *Donner*, CMLR 1974, 127/129: „A real constitution puts limits on sovereign, that is in principle unlimited, powers and organizes the manner in which such powers are to be exercised. The treaties go no further yet than the conferring of limited powers, that only in so far can be called sovereign as their transfer to the Community implies a definite limitation of the sovereignty, that is the unbounded responsibility of the member states.".

mögen. Der Gewinn solcher Begriffserweiterungen wird dadurch mit einem Verlust an rechtlicher Verwertbarkeit erkauft[17].

— Ebenso wie Verfassungen staatlicher Organisationsstrukturen[18] ist auch das „Verfassungsrecht „ der EG einem Wandel unterworfen[19], jedoch wird der sich wandelnde Charakter auf Gemeinschaftsebene noch dadurch unterstrichen und erweitert, daß die Gemeinschaftsverträge ihre Unvollkommenheit und Zielgerichtetheit aufgrund der Formulierung der Verträge einschließlich der Präambeln gleichsam „auf der Stirn tragen". Die EG stellt eine Integrationsgemeinschaft dar, die eine prozeßhafte Entwicklung durchläuft, eine Organisation, deren wesentliches Merkmal meist kurz mit dem Begriff der „Dynamik"[20] umschrieben wird, wobei diese dynamische Entwicklung in erheblicher Weise gerade die Kompetenzverteilung zwischen der EG und ihren Mitgliedfstaaten erfaßt[21]. Auch der EuGH betont mit der häufig gebrauchten Formel „beim gegenwärtigen Entwicklungsstand des Gemeinschaftsrechts" dessen dynamischen Charakter[22].

Dabei ist allerdings zu beobachten, daß der „Charakter der EG als Integrationsgemeinschaft gegenüber dem Prinzip der begrenzten Einzelermächtigung von der Kommission und manchmal auch vom EuGH überstrapaziert wird"[23], d. h. statische und dynamische Elemente der Gemeinschaftsverträge schließen sich nicht aus[24], sondern sollten als in einem „Spannungsverhältnis"[25] zueinander stehend gesehen werden.

---

17 Anderer Auffassung in dieser Hinsicht wohl *Wuermeling*, Kooperatives Gemeinschaftsrecht, S. 80 ff., der — allerdings in anderem Zusammenhang z. B. für einen „offenen Begriff des Gemeinschaftsrechts" eintritt (S. 90 ff.) und damit von den von ihm genannten zwei Zielen der Bestimmung der Rechtsnatur eines Aktes, nämlich Systematisierung des Rechtsstoffes und Deduktion von Rechtswirkungen, der Systematisierung den Vorzug gibt.

18 Zum Verfassungswandel des Grundgesetzes *Maunz / Zippelius*, S. 47 ff. mit der Darstellung von Verfassungsänderung und stillem Verfassungswandel; weitere Nachweise bei *Bryde*, Verfassungsentwicklung, sowie *Schneider*, DVBl 1990, 282/284 f.

19 *Schneider*, a. a. O., (Fn. 18), auch unter Darlegung der Besonderheiten eines Verfassungswandels im Gemeinschaftsrecht; sehr weitgehend Ipsens Begriff der „Wandelverfassung" in Schwarze (Hrsg.), Der Europäische Gerichtshof, S. 29/32, kritisch dazu *Bruha*, ZaöRV 1986, 1/16 f.

20 S. dazu die Beiträge in *Bieber / Ress* (Hrsg.), Die Dynamik des Europäischen Gemeinschaftsrechts; zum Vergleich der Dynamik auf der Ebene der EG und des Bundesstaates *Böhm*, S. 89 ff.; *W. Bernhardt*, S. 70 ff.

21 Zur Dynamik unter dem Kompetenzaspekt *Usher*, JCMS 1985, 121; ders., in: *Schwarze / Schermers* (Hrsg.), S. 25; *Tizzano*, in: Dreißig Jahre Gemeinschaftsrecht, S. 47 ff.; *ders.*, RDE 1981, 139/149 („Una prassi estremamente dinamica ha portato (. . .) al progressivo ampliamento delle competenze . . ."); *Hailbronner*, JZ 1990, 149; *Beyerlin*, UPR 1989, 361/362 kritisch zum Begriff der „Regelungsdynamik"; EuGH Beschl. 1/78 Slg. 1978, 2151/2180 (variable Verteilung der Außenkompetenzen).

22 S. z. B. verb. Rs. 281, 283-285, 287/85, Slg. 1987, 3203/3254.

23 *Streinz*, in: *Heckmann / Meßerschmidt* (Hrsg.), Gegenwartsfragen, S. 15/49 Fn 238.

24 So schon oben B.I.3.a).

25 *Everling*, in: FS Ipsen, S. 595/615.

Aufbauend auf diese Erkenntnisse sollen nun im folgenden, gleichsam kontrastierend zur Darstellung der theoretischen Grundlage des Prinzips begrenzter Ermächtigung im ersten Kapitel, die angesprochenen dynamischen Elemente des Gemeinschaftsrechts dargestellt werden. So wird zunächst nach konkreten Anhaltspunkten im EWG-Vertrag selbst gesucht (II), bevor dann auf dynamische Elemente im Prozeß der Rechtsetzung (III.), die Rolle des EuGH (IV.) sowie die Bedeutung der Mitgliedstaaten (V.) eingegangen wird, wobei eine Beschränkung auf wesentliche Grundlinien vorgenommen werden mußte.

II. Dynamische Elemente des EWG-Vertrages

Die folgende Übersicht beschränkt sich auf Beispiele aus dem EWG-Vertrag, gemäß dem Rahmen der vorliegenden Untersuchung. In ihm sind dynamische Elemente am deutlichsten angelegt, darüber hinaus ist er gegenüber EGKSV und EAGV von erheblich größerer Bedeutung.

— Der EWGV ist von seiner Struktur her als „traité cadre“[26] bezeichnet worden, wodurch in besonderer Weise zum Ausdruck kommt, daß er einer inhaltlichen Ausgestaltung vor allem durch die rechtsetzende Tätigkeit der EG-Organe bedarf (im Gegensatz dazu ist der EGKSV als „traité loi“ weniger ausfüllungsbedürftig, woraus sich die stärkere Stellung der Kommission als — auch im Montanbereich — vorwiegend exekutiv tätiges Organ erklärt).

— Der selbst auf unbestimmte Dauer geschlossene EWG-Vertrag (Art. 240 EWGV) stellt seinerseits nach der Intention der Vertragspartner nur eine Zwischenstufe dar auf dem Weg zu einem „immer engeren Zusammenschluß der europäischen Völker“ (Präambel 1. Erwägungsgrund EWGV) bzw. auf dem Weg zur „Europäischen Union“[27] (Präambel 1. Erwägungsgrund EEA). Diese eher am Horizont des gesamten europäischen Einigungswerkes liegenden Ziele werden im EWGV selbst noch durch konkretere Ziele in Art. 2 EWGV, die Aufgabennorm des Art. 3 des EWGV und Einzelziele wie etwa die Verwirklichung der Freizügigkeit gem. Art. 48 EWGV spezifiziert.

Diese Ziel- und Aufgabenorientierung des Vertragswerkes, an die die Kompetenznormen des Vertrages weitgehend anknüpfen[28], führt zwangsläufig zu größe-

---

[26] S. o. B.I.3.b) sowie *Beutler / Bieber / Pipkorn / Streil*, S. 37; *Temple Lang*, NILQ 1988, 209/223 spricht im Zusammenhang mit der EEA von einem „framework treaty“und zieht daraus die — so undifferenziert sicher zu weit gehende Schlußfolgerung — „it is for the participants to build on it and to make it into whatever they may ultimately decide“.

[27] Form und Erscheinungsbild der Europäischen Union liegen allerdings noch im Dunkel. Unklar ist auch, ob die Formulierung in der Präambel des EWGV überhaupt (im Gegensatz zur Präambel der EEA) auf einen Endzustand hinausläuft oder ob gar ein permanenter Prozeß der Integration angestrebt wird, ohne sich an einem festen und konkreten Endzustand zu orientieren; s. dazu *Ress*, in: GS Geck, S. 625/636 Fn. 29.

ren Schwierigkeiten bei der Abgrenzung von Kompetenzen zwischen der Gemeinschaft und den Mitgliedstaaten als dies bei an Materien orientierten Kompetenzabschichtungsmodellen (etwa Art. 70 ff. GG) zwischen verschiedenen Hoheitsträgern der Fall ist[29].

Der Verwirklichung der vom Vertrag angestrebten Ziele dienen auch Unterlassungspflichten der Mitgliedstaaten, wie sie etwa in Art. 5 Abs. 2 EWGV allgemein normiert sind.

— Der EWGV sieht selbst eine gleichsam „gleitende Integration" vor, indem er Übergangszeiten bestimmt (Art. 8 EWGV[30]) und zwischen Integrations- (wie etwa Agrarbereich Art. 38 ff. EWGV) und Kooperationsbereichen (etwa Wirtschaftspolitik Art. 105 EWGV) unterscheidet[31], wobei auch Kooperations- und Integrationsphasen hintereinander geschaltet sein können (s. etwa Art. 45 Abs. 1, 88, 111, 116 Abs. 2 EWGV, später Art. 43, 89, 113, 116 Abs. 1 EWGV).

— Die Organstruktur der EWG unterteilt sich in die von den Mitgliedstaaten unabhängigen, und damit von Natur aus eher dynamischen, Organe Europäisches Parlament, Kommission und Europäischer Gerichtshof, während der Rat als Gremium der Vertreter der Mitgliedstaaten (Art. 2 I FusV) ein eher „retardierendes Element" im dynamischen Integrationsprozeß darstellt, dies zumal , wenn die einzelnen Kompetenznormen einstimmige Ratsentscheidungen verlangen.

— Der EWGV ist sowohl nach außen (Art. 237 EWGV[32]), als auch nach innen, d. h. hinsichtlich der Möglichkeit von Vertragsänderungen, offen, wobei zwischen beschleunigten Möglichkeiten, etwa gem. Art. 138 Abs. 3 EWGV oder Art. 201 Abs. 3 EWGV und den eher langwierigen Verfahren gem. Art. 236 EWGV unterschieden werden kann; dabei werden Vertragsänderungsmöglichkeiten nach Art. 236 EWGV im Vertrag auch selbst angesprochen (Art. 102 a Abs. 2 Satz 1 EWGV).

— Sollten einzelne Organe ihren, aus dem Vertrag resultierenden, auf Integration angelegten Verpflichtungen nicht nachkommen, sieht der EWGV auch die Möglichkeit einer Klage gegen das vertragswidrig handelnde, da untätig bleibende, Organ vor (Art. 175 Abs. 1 EWGV[33]).

---

28 Etwa Art. 235 oder Art. 75 Abs. 1 lit. c EWGV. Ob „Ziele" im Sinne der Kompetenznormen auch tatsächlich alle, auch in der Präambel niedergelegten Ziele der EWG sind, soll an dieser Stelle offenbleiben; insoweit verneinend (zu Art. 235 EWGV) *Grabitz*, EWGV, Art. 235, Rdnr. 25.

29 Während also bei zielorientierten Kompetenzabgrenzungen die genaue Bestimmung der dem jeweiligen Hoheitsträger zur Regelung vorbehaltenen Materien Schwierigkeiten bereitet, kann bei Materienabgrenzungen das Problem auftauchen, daß der eine Hoheitsträger die von anderen verfolgten Ziele mit Hilfe legislativer Maßnahmen konterkariert; s. dazu *Bleckmann*, DÖV 1986, 125.

30 S. jetzt auch Art. 8 a EWGV; zur Bedeutung dieser Frist s. Erklärung 3 der Schlußakte der EEA.

31 *Constantinesco*, S. 146 ff.

32 Zu jüngsten Beitrittsgesuchen s. den Überblick bei *Klein / Beckmann*, DÖV 1990, 179/181 f.

— Auch die von den Mitgliedstaaten zugunsten der Gemeinschaft im Rahmen ihrer jeweiligen verfassungsrechtlichen Bestimmungen[34] erfolgte Einräumung von Hoheitsrechten vollzieht sich nicht punktuell im Wege von Einzelübertragungen, sondern im Rahmen eines Integrationsprogrammes[35]; diese Verfahrensweise unterstützt also auch den prozeßhaften Verlauf der Entwicklung des Gemeinschaftsrechts.

— Schließlich seien noch die zuweilen weit gefaßten Kompetenznormen des EWG-Vertrages erwähnt, etwa Art. 100 oder 235 EWGV, sowie Art. 75 Abs. 1 lit. c EWGV oder Art. 43 EWGV, die — eine extensive Auslegung durch die EG-Organe einmal beiseite gelassen[36] — schon von ihrem Wortlaut her der Rechtsetzungstätigkeit der Gemeinschaft einen breiten Raum eröffnen. Auf sie ist nun bei der Darstellung der Anwendung des EWG-Vertrages näher einzugehen.

III. Dynamische Elemente im Prozeß der Rechtsetzung

1. Das Verhalten der EG-Organe

Der wesentliche Faktor bei der als dynamisch verstandenen Fortentwicklung des EG-Rechts sind die in den Rechtsetzungs- und Rechtsanwendungsprozeß eingebundenen Gemeinschaftsorgane. Ihr vor allem am Gesichtspunkt der Funktionsfähigkeit der Gemeinschaft orientiertes Verständnis von der Reichweite der ihrem Handeln zugrundeliegenden Normen des Primärrechts prägt in entscheidender Weise das sich dem Betrachter bietende Bild von dem Ausmaß des Tätigkeitsbereichs der EG. Dabei steht den Organen keineswegs eine Kompetenz-Kompetenz im Sinne eines eingeräumten oder angemaßten Rechtes zur unbegrenzten Erweiterung der eigenen Kompetenz[37] zu. Eine derartige Kompetenz-Kompetenz

---

33 Beispiel: Die (erfolgreiche) Untätigkeitsklage des EP gegen den Rat wegen dessen unterbliebener Festsetzung einer gemeinsamen Verkehrspolitik wie sie der Vertrag in Art. 74 EWGV vorsieht (Rs. 13/83, Slg. 1985, 1513). Die Untätigkeitsklage wird allerdings dennoch allgemein als „nicht wirksames" Rechtsinstrument bezeichnet, *Beutler / Bieber / Pipkorn / Streil*, S. 259.

34 S. dazu oben B.II.2.a) Fn. 35.

35 Zum „Integrationsprogramm" im Zusammenhang mit Art. 24 Abs. 1 GG BVerfGE 75, 223/240; kritisch dazu *Rupp*, ZRP 1990, 1/2 f. sowie *Dörr*, NWVBl 1989, 289/291 und *Geiger*, Völkerrecht und Grundgesetz, S. 163 f.

36 S. zur Kompetenzerweiterung im Rahmen der Art. 100 und 235 EWGV vor allem Usher, in: *Schwarz / Schermers* (Hrsg.), S. 25; *ders.*, JCMS 1985, 121; zu Art. 235 speziell Tizzano, RDE 1981, 139/159: „I Trattati hanno predisposto un apposito strumento normativo per l'ampliamento delle competenze comunitarie al fine di provvedere, in modo formale ma con più agili procedure, ai progressivi adeguamenti che di certo si sarrebero imposti per organizzazioni estremamente dinamiche come quelle comunitarie." Art. 235 EWGV sei dabei „(lo) strumento (. . .) che riveste di gran lunga (. . .) la maggiore importanza".

37 *Schilling*, ZaöRV 1988, 637/657. Allerdings billigt der Autor dem EuGH eine sog. formelle Kompetenz-Kompetenz zu, da dieser die Befugnis habe, der EG im Gründungs-

ist nämlich ein „wesentliches Attribut des Staates“[38], nicht aber einer „zwischenstaatlichen Einrichtung“ i. S. d. Art. 24 Abs. 1 GG. Andererseits stellen sich die Grenzen von autonomer Kompetenzschöpfung und extensiver Nutzung bestehender Kompetenzbereiche oftmals als fließend dar.

Einige besonders häufig wiederkehrende Mechanismen und Instrumente in diesem Grenzbereich seien im folgenden anhand von Beispielen ebenso dargestellt wie die möglichen Auswirkungen einer derartigen Praxis auf die Interpretation von Kompetenznormen selbst.

a) Der Beitrag der EG-Organe zur dynamischen Entwicklung des Gemeinschaftsrechts

— Vor allem seit Beginn der 70er Jahre hat die EG ihren Tätigkeitsbereich stetig vergrößert. Als Beispiele für derartige neue Aktionsfelder der Gemeinschaft seien genannt:

— *Energiepolitik;* Grundlage: Entschließung des Rates vom 17.12.1974[39]

— *Forschung und Technologie;* Grundlage: Entschließung des Rates vom 14.1.1974[40]

— *Industriepolitik;* Grundlage: Entschließung des Rates vom 17.12.1973[41]

— *Regionalpolitik;* Grundlage: Verordnung des Rates vom 18.3.1975[42]

— *Umweltpolitik;* Grundlage: Erklärung des Rates und der im Rat vereinigten Vertreter der Regierungen der Mitgliedstaaten (1. Aktionsprogramm) vom 22.11.1973[43]

— *Verbraucherpolitik;* Grundlage: Entschließung des Rates vom 14.4.1975 (1. Programm für eine Politik zum Schutz und zur Unterrichtung der Verbraucher)[44]

---

vertrag eingeräumte Befugnisse im einzelnen autonom zu bestimmen, also den Gründungsvertrag letztverbindlich auszulegen, allerdings müsse die deutsche Selbstentscheidung in der Kompetenzfrage durch das BVerfG gesichert sein, um den Anforderungen des Art. 24 Abs. 1 GG gerecht zu werden (s. Schilling, Der Staat 1990, 161/180). Daß diese Bezeichnung formelle Kompetenz-Kompetenz damit mißverständlich ist, sieht Schilling selbst (a. a. O., Fn. 87). Grundsätzlich entspricht jedoch das Verständnis der Kompetenz-Kompetenz im formellen Sinne, d. h. als Befugnis zur alleinigen und bindenden Entscheidung von Kompetenzkonflikten, der eigentlichen Bedeutung dieses Begriffes.

38 *BK / Tomuschat,* Art. 24, Rdnr. 20 a E.; *AK / Zuleeg,* Art. 24, Rdnr. 4 und 43.

39 ABl. 1975 Nr. C 153/5.

40 ABl. 1974 Nr. C 7/2.

41 ABl. 1973 Nr. C 117/2.

42 ABl. 1975 Nr. C 73/1.

43 ABl. 1973 Nr. C 112/1.

44 ABl. 1975 Nr. C 92/1.

— *Bildungspolitik;* Grundlage: Entschließung des Rates und der im Rat vereinigten Minister für Bildungswesen (Aktionsprogramm im Bildungsbereich) vom 9.2.1976[45]

— *Kulturpolitik;* Grundlage: Schlußfolgerungen des Rates und der im Rat vereinigten für Kulturfragen zuständigen Minister (betr. künftige vorrangige Aktionen im Kulturbereich) vom 27.5.1988[46])

Einen guten Überblick über die Reichweite der Aktionen der EG vermittelt auch der jährlich erscheinende „Gesamtbericht über die Tätigkeiten der Europäischen Gemeinschaften", der fast alle Bereiche politischer Gestaltungsmöglichkeiten ausführlich würdigt, sieht man einmal von der Sicherheits- und Außenpolitik im engeren Sinne ab, die als Teil der Europäischen Politischen Zusammenarbeit (EPZ) nicht in die EG-Verträge integriert wurde und in dem Bericht nur kurz erwähnt wird.

Es handelt sich somit in der Breite um eine umfassende Tätigkeit, mag auch die Regelungsintensität und der Grad der Vergemeinschaftung im einzelnen noch unterschiedlich sein. Dies kann nicht verwundern, ist doch die Rede davon, „kein Sektor öffentlicher Aufgaben der Mitgliedstaaten" werde nicht „durch Gemeinschaftskompetenzen betroffen oder wenigstens in irgendeiner Weise berührt"[47]. Dabei kann festgestellt werden, daß sich Gemeinschaftsmaßnahmen vor allem auf Tätigkeitsbereiche ausdehnten, die auch auf staatlicher Ebene in den letzten Jahren so an Bedeutung gewonnen haben, daß sie teils sogar Verfassungsrang erhalten haben[48]; die EG ist demnach in ihrem Regelungsanspruch auch durchaus „modischen Tendenzen" erlegen, ohne daß sich an ihren Kompetenzgrundlagen etwas geändert hätte. Ein gängiges Schema zur Rolle der einzelnen Organe bei der Entwicklung neuer sogenannter „flankierender Politiken" sei dabei kurz skizziert:

— Initiativ- und impulsgebende Funktionen üben vor allem der Europäische Rat und das Europäische Parlament aus.

Der Europäische Rat (institutionell verankert in Art. 2 EEA ohne dort seine Aufgabe näher zu umschreiben) soll nicht nur dem Aufbauwerk der EG einen politischen Impuls verleihen sowie Leitlinien für die Arbeit von EG und EPZ vorgeben, sondern auch „neue Tätigkeitsbereiche für die Zusammenarbeit eröffnen"[49]. Das Europäische Parlament seinerseits ist nicht nur auf eine stete Erweite-

---

[45] ABl. 1976 Nr. C 38/1.

[46] ABl. 1988 Nr. C 197/2.

[47] Everling, EuR 1987, 214/219.

[48] Beispiele: Umweltschutz Art. 45 Span. Verf./Art. 21 Niederl. Verf. Verbraucherschutz Art. 51 I Span. Verf./Art. 81 Port. Verf. Gesundheitsschutz Art. 49 Span. Verf./Art. 64 Port. Verf./Art. 22 Niederl. Verf.

[49] Feierliche Deklaration zur Europäischen Union v. 19.6.1983 (Punkt 2.1.2.) EA 1983, D 420/422. Die Formulierung ist im übrigen in dieser Allgemeinheit abzulehnen,

rung seiner Aufgaben und Befugnisse im interinstitutionellen Gefüge der Gemeinschaft bedacht, sondern sieht sich selbst auch als Motor der Integration[50].

Die Umsetzung politischer Vorgaben und Initiativen ist Sache der Kommission, die diese Rolle aufgrund des ihr nach dem EWGV zugewiesenen Vorschlagsrechtes nach den jeweiligen Einzelbestimmungen des Vertrages ausübt. Dabei muß die Kommission aber auch die Chance der Realisierung konkreter verbindlicher Rechtsakte im Auge behalten, was auch zu Kontakten mit den im Rat entscheidenden Mitgliedstaaten im Vorfeld gesetzgeberischer Initiativen zwingt[51].

Konkrete neue verbindliche Rechtsakte der Gemeinschaft erläßt dann der Rat, der gerade in neuen Politikbereichen häufig noch eine Entwicklungsstufe zwischenschaltet, d. h. im Wege von Entschließungen, Aktionsprogrammen, Schlußfolgerungen oder ähnlichem ein Rahmenprogramm für spätere Aktivitäten vorgibt. Der Rat hat bei alledem die Möglichkeit, etwaige Kompetenzzweifel dadurch zu umgehen, daß er zugleich als Gremium der Regierungsvertreter der Mitgliedstaaten tagt, mit der Konsequenz der Entstehung sog. „gemischter Formeln", deren rechtliche Einordnung nach wie vor sehr umstritten ist, was ihre zunehmende praktische Relevanz nicht hindern konnte[52].

Das eben theoretisch dargestellte Zusammenspiel der Organe muß dabei nicht stets gleichartig ablaufen, außerdem beeinflussen sich die Organe auch wechselseitig. Praktisch sollen nun diese Zusammenhänge und Interdependenzen anhand des Beispiels des sog. „Europa der Bürger" aufgezeigt werden.

— Hinter dem Schlagwort „Europa der Bürger" steht das Bemühen der EG, ihre Aktivitäten über einen engen, im wesentlichen wirtschaftlichen Bereich hinaus auf weitere Politikbereiche auszudehnen, um dadurch vor allem die Akzeptanz der Gemeinschaft beim Bürger zu verstärken. Es sollen Maßnahmen getroffen werden, durch die die Identität der Gemeinschaft gegenüber dem einzelnen und der Welt gestärkt und gefördert wird.

Die Initiative dazu ging 1974 von der Gipfelkonferenz der Staats- und Regierungschefs in Paris aus, die die Frage untersuchen ließ, welche Sonderrechte den Bürgern der Mitgliedstaaten als Mitgliedern der Gemeinschaft zugestanden werden könnten[53], wobei im folgenden unter solchen Sonderrechten oder besonderen Rechten vor allem das aktive und passive Wahlrecht, der Zugang zu öffentlichen Ämtern sowie das Petitionsrecht angesehen wurden[54]. Im Anschluß an die Konfe-

---

da neue Tätigkeitsbereiche nicht per Beschluß der Staats- und Regierungschefs dekretiert, sondern grundsätzlich unter Mitwirkung der nationalen Parlamente im Verfahren gem. Art. 236 EWGV auf die EG übertragen werden.

50 S. Vertragsentwurf zur Errichtung einer Europäischen Union v. 14.2.1984 (ABl. 1984 Nr. C 77/33).

51 S. etwa *Siedentopf / Hauschild,* DÖV 1990, 445/448.

52 Zu den „gemischten Formeln" und „gemischten Verträgen" *Wuermeling,* a. a. O., (Fn. 17), S. 213 ff.

53 Kommuniqué der Konferenz, Ziff. 11 (EG-Gesamtbericht 8/1974, S. 337 ff.).

renz über „Besondere Rechte und die Charta der Bürger der Europäischen Gemeinschaft“ vom Oktober 1978 in Florenz kam die Diskussion zu einem vorläufigen Stillstand[55].

Der Europäische Rat vom Juni 1984 in Fontainebleau ergriff erneut die Initiative und setzte einen speziellen Ausschuß ein („Adonnio-Komission“), der konkrete Vorschäge für Maßnahmen der Gemeinschaft zum „Europa der Bürger“ entwikkeln sollte[56]. Dieser ad-hoc-Ausschuß legte im März und Juni 1985 dem beauftragenden Europäischen Rat zwei Berichte vor, die kurz- und mittelfristige Ziele und Maßnahmen in folgenden Bereichen vorsahen: Freizügigkeit der Bürger; Abbau der Grenzkontrollen; besondere Bürgerrechte; Kultur und Kommunikation; Information; Jugend, Erziehung, Austausch und Sport; freiwilliger Entwicklungsdienst in der Dritten Welt; Gesundheit, soziale Sicherheit und Drogen, Städtepartnerschaften[57].

Der Europäische Rat hat beiden Berichten seine Zustimmung erteilt und „die Kommission und die Mitgliedstaaten beauftragt, jeweils für ihren Zuständigkeitsbereich die für die Durchführung erforderlichen Vorkehrungen zu treffen“[58]. Die geplanten Vorhaben sollen damit die Initiativphase verlassen und in konkrete gesetzgeberische und exekutive Akte umgesetzt werden, doch nehmen sich die bisher vorliegenden Ergebnisse eher bescheiden aus, was nicht zuletzt auch daran liegt, daß die Kompetenzen der Gemeinschaft für ein Europa der Bürger nur in Randbereichen existieren. Welche konkreten Schwierigkeiten dabei die Suche nach geeigneten Kompetenzgrundlagen hervorruft, beweist nicht zuletzt die rechtliche Diskussion um ein Wahlrecht für EG-Bürger auf kommunaler Ebene[59], für das der Adonnino-Ausschuß noch keine Kompetenzgrundlage im EWG-Vertrag sah[60], während die Kommission, vor allem nach Inkrafttreten der EEA, Art. 235 EWGV favorisiert[61].

Eine Zusammenfassung bisheriger Umsetzungsakte der Initiativen gibt der Bericht der Bundesregierung zum Europa der Bürger[62]. Kaum niedergeschlagen

---

54 *Nickel / Bieber*, EuGRZ 1979, 21/25; Bull. EG Beil. 7/1975, S. 23 ff.

55 Zur gesamten Entwicklung s. auch *Magiera*, DÖV 1987, 221 ff.

56 Bull EG 6/1984 Ziff. 1.1.1. ff.

57 Bull EG Beil. 7/85; s. auch den Überblick in BT-Drs. 11/6297.

58 Bull EG Beil. 7/85, S. 16 und 34. Besonders hervorzuheben ist, daß sich der Auftrag — aus Kompetenzgründen — auch an die Mitgliedstaaten richtete und nicht nur an die Organe der EG, wie die Kommission in Bull EG Beilage 2/88, S. 6 und 29 glauben machen will, was vor allem für das kommunale Wahlrecht von Bedeutung ist, für dessen Normierung die „Adonnio-Kommission“ keine EG-Kompetenz sieht.

59 Richtlinienentwurf ABl. 1988 Nr. C 246/3 ff.; dazu ausf. *de Lobkowicz*, DÖV 1989, 519; s. auch den weitgehend identischen geänderten Vorschlag ABl. 1989 Nr. C 290/4.

60 A. a. O. (Fn. 57), S. 21.

61 Bull EG Beil. 2/88, S. 32 ff.; zur gegenwärtigen Verfassungswidrigkeit eines Kommunalwahlrechts für Ausländer in der Bundesrepublik s. BVerfG EuGRZ 1990, 438 ff. und 445 ff.

hat sich das Konzept „Europa der Bürger“ in der Einheitlichen Europäischen Akte, will man nicht soweit gehen und auch die u. a. neu aufgenommenen Politikfelder Umwelt- und Währungspolitik in diese Kategorie einzuordnen[63], was dem noch nie sonderlich klaren Begriff „Europa der Bürger“[64] wohl jegliche Konturen nähme.

Das soeben dargestellte Zusammenspiel von Europäischem Rat, Gemeinschaftsorganen, Mitgliedstaaten, Expertenkonferenzen und ad-hoc-Ausschüssen ließe sich auch noch in anderen Bereichen, etwa der Kulturpolitik, darstellen. Deutlich wurde vor allem, daß im Wege dieser „dynamischen Interaktionen“ Rechtsfragen, vor allem Kompetenzfragen, erst in einem relativ späten Stadium eine Rolle spielen, da sie einer Entwicklung der Gemeinschaftspolitik eher hinderlich erscheinen. Symptomatisch dafür ist etwa die Haltung der französischen Regierung im „Blaubuch für ein Europa der Bildung und der Kultur“[65]:

„Sie (= die Franz. Regierung, Anm. d. Verf.) ist aber auch überzeugt, daß es zur Verstärkung des Umfangs und der Leistungsfähigkeit der europäischen Zusammenarbeit im Bildungs- und Kulturbereich eines sehr pragmatischen Konzepts bedarf, das jede vorherige Debatte über die Rechtsform oder den institutionellen Rahmen der Zusammenarbeit vermeidet“, und weiter „die zuständigen französischen Minister würden ihre Kollegen gerne im Einvernehmen mit dem Vorsitz zu einer Diskussion einladen, die um so mehr in die Tiefe gehen wird, als alle rechtlichen oder institutionellen Erwägungen unberücksichtigt bleiben“.

b) Die Bedeutung der Praxis der Organe für die Interpretation der Kompetenzgrundlagen des Primärrechts

Im Zusammenhang mit der geschilderten Rolle der Gemeinschaftsorgane fragt es sich, ob eine sich im Einzelfall wie auch immer darstellende extensive Nutzung bestimmter Kompetenznormen unter dem Aspekt der Erschließung neuer Politikbereiche die Interpretation dieser Kompetenznormen beeinflussen kann. Konkret gesprochen: Muß etwa eine extensive Nutzung des Art. 235 EWGV, auf die später noch zurückzukommen sein wird, Auswirkungen auf dessen Auslegung haben?

Zu denken wäre dabei an Art. 31 Abs. 3 lit. b WVRK, der bestimmt, daß „jede spätere Übung bei der Anwendung des Vertrages aus der die Übereinstimmung der Vertragsparteien über seine Auslegung hervorgeht“ bei der Vertragsinterpretation zu berücksichtigen sei. Da diese Problematik schon an anderer Stelle

---

62 BT-Drs. 11/6297.

63 Wie die Kommission in Bull. EG Beil. 2/88, S. 6.

64 *Magiera*, a. a. O., (Fn. 55), S. 222 („eher Eindruck einer gewissen Orientierungslosigkeit als einer klaren Zielvorgabe“).

65 Bull. EG 3/1987, S. 122 ff.

ausführliche Würdigung erfahren hat[66] und hier nur ein kurzer Abriß dynamischer Vertragsanwendung erfolgen kann, seien nur einige wenige Anmerkungen gemacht.

— Der EWGV ist eine „Gründungsurkunde einer internationalen Organisation" i. S. d. Art. 5 WVRK, so daß diese Konvention, allerdings „unbeschadet aller einschlägigen Vorschriften der Organiation", Anwendung finden kann[67].

Dem Charakter der EG als Integrationsform sui generis kann durch Berücksichtigung dieser einschlägigen Vorschriften Rechnung getragen werden.

— Der besondere Charakter der Gemeinschaft läßt eine unbesehene Anwendung von Art. 31 WVRK nicht zu. Wenn und soweit etwa Art. 31 Abs. 3 lit. b WVRK über die Berücksichtigung des Verhaltens der Mitgliedstaaten, das sich auch im Rate widerspiegelt[68], gleichsam eine stillschweigende Änderung des Primärrechts zuließe, widerspräche dies den Grundsätzen des Prinzips begrenzter Ermächtigung[69], vor allem aber dem Sinn des Art. 236 EWGV, der Vertragsänderungen gerade an die Mitwirkung nationaler Parlamente koppelt und bei einer beliebigen Vertragsänderung qua Konsens weitgehend obsolet würde. Dabei wird hier, dies im Vorgriff auf die Erläuterungen zu Art. 235 EWGV, davon ausgegangen, daß eine extensive Nutzung dieser Norm etwa zur Ausgestaltung eines Europa der Bürger oder im Kulturbereich, einer Vertragsänderung gleich käme.

— Eine letztverbindliche Wirkung des mitgliedstaatlichen Konsensus, etwa durch einstimmig gefaßte Beschlüsse des Rates, wäre auch rechtlich nicht zu kontrollieren, da darin eben der Wille der Vertragsparteien zum Ausdruck käme[70]; ein Umstand, der der Verpflichtung des EuGH zuwiderliefe, auch einstimmige Beschlüsse auf Verletzung des Gemeinschaftsrechts, wozu auch die Kompetenzordnung gehört, hin zu überprüfen[71].

— Die ablehnende Haltung des EuGH zur Berücksichtigung konsensualen Verhaltens der Mitgliedstaaten[72] kann demnach nicht nur für den Fall gelten, daß darin ein Rückschritt gegenüber den Zielen des auszulegenden Vertrages zu sehen ist, sondern auch, wenn es sich um einen Fortschritt handelt, der aber mit den Grundsätzen der Vertragsänderung in Kollision gerät.

---

66 S. vor allem *Bieber / Ress* (Hrsg.), Die Dynamik des Europäischen Gemeinschaftsrechts, Baden-Baden 1987.

67 *Grabitz*, EWGV, Art. 236, Rdnr. 23; *Karl*, in: *Bieber / Ress*, a. a. O., (Fn. 66), S. 96.

68 Zum — für Art. 31 Abs. 3 lit. b WVRK wichtigen — Schluß von der Organpraxis auf den Willen der Mitgliedstaaten *Klein*, in: *Bieber / Ress*, a. a. O., (Fn. 66), S. 104.

69 „Zu den einschlägigen Regeln der Organisation i. S. d. Art. 5 WVRK gehören auch die unausgesprochenen Strukturmerkmale der Gemeinschaft," *Karl*, a. a. O., (Fn. 67), S. 96.

70 *Böhm*, S. 27.

71 *Böhm*, S. 27, Fn. 59 m. w. N.; *Bleckmann*, Europarecht, S. 234 ff.

72 S. etwa Rs. 43/75, Slg. 1976, 455/477 ff. und Rs. 59/75, Slg. 1976, 91/101 f.; zusammenfassend *Slynn*, in: *Bieber / Ress*, a. a. O., (Fn. 66), S. 137 ff.

— „Übung" i. S. d. Art. 31 Abs. 3 lit. b WVRK setzt darüber hinaus eine längere Konsistenz und Dauer voraus, sowie die Übereinstimmung aller Mitgliedstaaten. Diese kumulativ zu erfüllenden Voraussetzungen dürften dabei ohnehin selten gegeben sein.

2. Die weite Auslegung von Kompetenznormen

a) Die dynamische Auslegung des Gemeinschaftsrechts

Die soeben skizzierten umfangreichen Aktivitäten der Gemeinschaftsorgane finden ihre Ursache vor allem in der sog. dynamischen Auslegung der ihrem Handeln zugrundeliegenden Kompetenznormen. Dabei ist diese dynamische oder auch teleologische Auslegungsmethode vor allem auf die Verwirklichung der Integrationsziele der Gemeinschaft hin gerichtet und soll damit von den eher statischen Interpretationsgrundsätzen des Völkerrechts wegführen[73]. Wenn demnach grundsätzlich von der „Ambivalenz der Kompetenz" die Rede ist, ihrer statischen und dynamischen Komponente, ja einer „Dialektik von Ruhe und Bewegung"[74], so ist dieses dialektische Verhältnis im Gemeinschaftsrecht durch eine klare Betonung des dynamischen Elements gestört. Deshalb verwundert es nicht, wenn die Dominanz dieser Auslegungsmethode neben Zustimmung[75] auch Kritik erfährt[76] und daran erinnert wird, daß Kompetenzbestimmungen neben einer dynamischen Integrationsfunktion auch eine statische Ordnungsfunktion[77] haben, wobei sich letztere gerade im Prinzip begrenzter Ermächtigung ausdrückt. Dabei kann es jedoch nicht darum gehen, Kompetenzen etwa im Sinne der „Versteinerungstheorie"[78] des Österreichischen Verfassungsrechts ausschließlich aus dem Zeitpunkt des Inkrafttretens der entsprechenden Bestimmungen heraus auszulegen, eine Methode, die schon der besondere Charakter des europäischen Integrationsprozesses verbietet. Von Bedeutung ist jedoch der Hinweis auf die Problematik allzu einseitiger Interpretationsansätze, deren Konflikt mit Grundprinzipien der Gemeinschaftsrechtsordnung[79] vorprogrammiert erscheint.

---

73 Zu verschiedenen Begriffsinhalten der „dynamischen Auslegung" *Bleckmann*, NJW 1982, 1177/1180. Zusammenfassende Hinweise zur spezifischen Gemeinschaftsrechtsinterpretation bei *Wuermeling*, a. a. O., (Fn. 17), S. 30, Fn. 117 und S. 144 ff.

74 *Stettner*, S. 13.

75 S. etwa *W. Bernhardt*, S. 70 ff.

76 *Bruha*, ZaÖRV 1986, 1/18 im Zusammenhang mit der Rechtsangleichungskompetenz.

77 *Bruha*, a. a. O., (Fn. 76).

78 Vgl. *Walter / Mayer*, S. 48 und 100.

79 Vgl. dazu *Dorn*, Art. 235 EWGV, Kehl, 1986.

b) Insbesondere Art. 100 EWGV

— Art. 100 EWGV ist die grundlegende Norm für die Rechtsangleichung im Gemeinschaftsrecht, deren Ziel die Erleichterung der Grundfreiheiten des EWGV, die Beseitigung und Verhinderung von Wettbewerbsverzerrungen sowie die „Schaffung solider Rechtsstrukturen als Grundlage für die wirtschaftliche und institutionelle Verfestigung der Gemeinschaft"[80] ist. Ebenso wie Art. 235 EWGV dient dabei Art. 100 EWGV vorwiegend der Schließung bestehender Kompetenzlücken im System begrenzter Ermächtigung, ist also insofern eine Annexrechtsetzungskompetenz[81]. Abweichend von dieser Ansicht wurde auch Art. 100 EWGV zunehmend großzügig ausgelegt und dient inzwischen u. a. als Grundlage einer umfassenden Privatrechtsfortbildung durch die EWG mit allen Konsequenzen, die damit für die nationalen Rechtsordnungen verbunden sind[82].

— Wenn etwa die Voraussetzung des Art. 100 EWGV, die anzugleichenden Rechts- und Verwaltungsvorschriften müßten sich „unmittelbar" auf die Errichtung oder das Funktionieren des Gemeinsamen Marktes auswirken, immer dann als erfüllt angesehen wird, wenn unterschiedliche Rechtsvorschriften existieren, da diese Tatsache zu Wettbewerbsverzerrungen führen könne[83], so ist eine Grenze einer so verstandenen Regelungsbefugnis aus Art. 100 EWGV nur mehr schwer auszumachen. Rechtsangleichung wird damit gesehen als „nicht bloße mechanische Beseitigung von Disparitäten, sondern als eigene gesetzgebungspolitische Aufgabe"[84] oder gar als „rechtsschöpferische Zuständigkeit, die über eine Angleichung bestehender oder sich abzeichnender Rechtszustände hinausgeht"[85]. So interpretierte Rechtsangleichung ist demnach schon dann zulässig, wenn dies für den Gemeinsamen Markt nützlich und förderlich ist[86], eine Interpretation, die den unterschiedlichen Wortlaut des Art. 100 a I EWGV nicht zu erklären vermag (Art. 100 a EWGV ermächtigt zur Rechtsangleichung von Vorschriften, die „die Errichtung und das Funktionieren des Binnenmarktes zum Gegenstand haben", ist insoweit also weiter formuliert als Art. 100 EWGV).

Schließlich sehen selbst Autoren, die das Erforderlichkeitskriterium des Art. 3 lit. b EWGV in die Kompetenznorm des Art. 100 I EWGV hineinlesen[87], dieses Kriterium weitgehend richterlicher Nachprüfbarkeit entzogen, da es sich bei

---

80 *Beutler / Bieber / Pipkorn / Streil,* S. 368.

81 *Bruha / Kindermann,* ZG 1986, 293/296.

82 Dazu *Hauschka,* JZ 1990, S. 21 ff.

83 „Die unterschiedlichen Rechtsvorschriften können zu Wettbewerbsverzerrungen zwischen den Kreditgebern auf dem gemeinsamen Markte führen" („Verbraucherkredit-Richtlinie" vom 22.12.1986/ABl. 1987 Nr. L 42/48).

84 *Grabitz / Langeheine,* EWGV, Art. 100, Rdnr. 1.

85 *GBTE / Taschner,* Art. 100, Rdnr. 23.

86 *Ipsen,* a. a. O., (Fn. 15), S. 690.

87 *Zweigert,* in: FS Dölle, S. 401/406; ebenso *Bruha,* a. a. O., (Fn. 76), S. 14 f.

der Feststellung der Erforderlichkeit um eine wirtschaftspolitische Ermessensentscheidung des Rates handle, die den „spitzigen Werkzeugen der Jurisprudenz“ nicht zugänglich sei[88].

— Es verwundert daher nicht, daß der weitgehend seiner Konturen beraubte Art. 100 EWGV in der Praxis in vielfältiger Weise zur Anwendung gelangt. Beispiele dafür sind etwa der Umweltbereich[89] (vor Inkraftreten der EEA mit Art. 130 r ff. EWGVmit noch größerer Bedetung), der Verbraucher-[90] und Gesundheitsschutz[91], die Freizügigkeit für alle EG-Bürger[92] sowie die Asylrechtskoordinierung[93].

c) Insbesondere Art. 235 EWGV

— Ebenso wie Art. 100 EWGV ist auch Art. 235 EWGV Ausdruck des Prinzips begrenzter Ermächtigung (nicht Einzelermächtigung[94]), mag er auch mit diesem — auch materiell zu verstehenden Prinzip[95] — aufgrund der Weite seiner tatbeständlichen Voraussetzungen in einem gewissen Spannungsverhältnis stehen.

Keinesfalls kann man jedoch davon sprechen, das (ohnehin diffuse) Prinzip des effet utile habe sich in Art. 235 EWGV gegen das Prinzip begrenzter Ermächtigung durchgesetzt[96].

— In der praktischen Anwendung des Art. 235 EWGV sind dessen Konturen, ebenso wie die des Art. 100 EWGV, weitgehend verschwommen, zumal im Gefolge der vielzitierten Pariser Gipfelkonferenz vom 19./20.10.1972, die gefordert hatte „alle Bestimmungen der Verträge, einschließlich des Art. 235 EWGV, weitestgehend auszuschöpfen“[97]. Gegen die Tendenz, Art. 235 EWGV damit einem politisch motivierten gestalterischen Freiraum zu überlassen, zeigt sich allerdings in letzter Zeit das Bemühen in der Literatur, diese Norm wieder gleichsam juristisch einzufangen[98].

---

88 *Zweigert*, a. a. O., (Fn. 87).

89 Überblick bei *Behrens*, S. 238/258 ff.

90 S. z. B. oben Fn. 83; kritisch *Usher*, in: *Schwarz / Schermers* (Hrsg.), S. 25/29, Kompetenzherleitung über das Argument der Wettbewerbsverzerrung kraft unterschiedlicher Normen.

91 Zu den — auf Art. 100 a EWGV — gestützten sog. „Tabak-Richtlinien“ *Scholz*, in: *Friauf / Scholz*, S. 53 ff.

92 Geänderter Vorschlag für eine Richtlinie des Rates über das Aufenthaltsrecht (ABl. 1990 Nr. C 26/22); die verabschiedete Richtlinie wurde jetzt auf Art. 235 EWGV gestützt (ABl. 1990 Nr. L 180/26).

93 Vorentwurf einer EG-Asylrechtsrichtlinie; s. *Wollenschläger / Becker*, EuGRZ 1990, 1/5.

94 Zu dieser Unterscheidung s. oben B.I.1. Fn. 11.

95 *Dorn*, a. a. O., (Fn. 79), S. 93.

96 *Ehle / Meier*, S. 23.

97 Bull. EG 10/1972, S. 24.

Die Auslegung der Tatbestandsmerkmale des Art. 235 EWGV ist im einzelnen höchst umstritten[99]; in der Praxis wird vor allem der Begriff der Vertragsziele über Art. 2 und 3 EWGV sowie die im Vertrag konkretisierten Einzelziele hinaus auch auf die Präambel ausgedehnt[100], eine Methode, die, verbunden vor allem mit der weitgehenden Funktionslosigkeit des Merkmals „im Rahmen des Gemeinsamen Marktes“[101], der Norm einen praktisch unbegrenzten Anwendungsbereich eröffnet, zumal, wenn die Beurteilung der Erforderlichkeit des Tätigwerdens der Gemeinschaft richterlicher Kontrolle (wie bei Art. 100 EWGV) weitgehend entzogen erscheint[102]. Insgesamt bietet sich, gerade im Hinblick auf Art. 235 EWGV, dem Betrachter ein Bild, das kurz umschrieben wurde: „. . . The present author still wonders if it would be an exaggeration to say that the scope of the Community's competence is ultimately what the Council of Ministers chooses to make it.“[103]

— Aus der Breite des Anwendungsbereichs des Art. 235 EWGV seien erwähnt Akte aus den Sektoren Umwelt[104] (wie bei Art. 100 stellt sich auch hier die Frage nach den Auswirkungen des Inkrafttretens der Art. 130 r ff. EWGV[105]), Tourismus[106] oder auch der Richtlinienentwurf zum Kommunalwahlrecht der EG-Bürger[107]. Die kompetenzerschließende Funktion des Art. 235 EWGV wird nicht zuletzt aus der Tatsache deutlich, daß die durch die EEA in den EWGV eingefügten Politikbereiche weitgehend schon durch Maßnahmen aufgrund des Art. 235 EWGV abgedeckt worden waren, so daß die Verankerung im EWGV nur mehr als deklaratorische Handlung empfunden wurde[108].

d) Exkurs: Die Wahl der Rechtsgrundlage

— Die Auslegung von Kompetenznormen ist die notwendige Vorstufe der Wahl der richtigen Rechtsgrundlage für einen Gemeinschaftsrechtsakt. Am Erfordernis einer konkreten Rechtsgrundlage zeigen sich die Konsequenzen des Prinzips begrenzter Ermächtigung. „Dynamische Elemente“ bei der Wahl der Rechtsgrundlage können dabei in der Praxis nicht ausbleiben, doch besteht wohl eine

---

98 S. dazu *Dorn*, a. a. O., (Fn. 79): „. . . Resignation gegenüber Schwierigkeiten einer juristischen Behandlung des Art. 235 EWGV nicht berechtigt . . .“.

99 *Dorn*, a. a. O., (Fn. 79), S. 15 ff.

100 *Rabe*, S. 154; *Priebe*, S. 96; *Nicolaysen*, EuR 1966, 129/133.

101 Als ohne Bedeutung sieht dieses Merkmal etwa *Everling*, EuR 1976, Sonderheft, S. 11, an.

102 „Politische Opportunität“ *GBTE / Schwartz*, Art. 235, Rdnr. 172.

103 *Usher*, in: *Schwarze / Schermers* (Hrsg.), S. 25/36.

104 Beispiele bei *Behrens*, S. 265/292 f.

105 *Molkenbur*, DVBl. 1990, 677/683 m. w. N.

106 S. etwa „Entscheidung betreffend ein System von Konsultation und Kooperation im Tourismus“ (ABl. 1986 Nr. L 384/52).

107 ABl. 1988 Nr. C 246/3; dazu u. a. *de Lobkowicz*, a. a. O., (Fn. 59) und oben Fn. 61 sowie ABl. 1989 Nr. C 290/4.

108 So eine wohl verbreitete Einschätzung der EEA; s. etwa *Glaesner*, in: *Schwarze*, Der Gemeinsame Markt, S. 9 ff.

gewisse Neigung des EuGH, strenge Maßstäbe an diese Wahl anzulegen. Auch hierzu einige Beispiele, die auch zeigen, aus welcher Motivation heraus oftmals Kompetenzgrundlagen gewählt werden mögen:

(1) Wahl zur Umgehung des Einstimmigkeitserfordernisses:

— Der Vorschlag für eine EWG-VO des Rates über das Statut für Europäische Aktiengesellschaften (SE) und der Vorschlag für eine Richtlinie des Rates zur Ergänzung des SE-Statuts hinsichtlich der Stellung der Arbeitnehmer gründet sich auf Art. 100 a EWGV bzw. Art. 54 Abs. 3 lit. g EWGV[109].

Letztere Norm wurde deshalb gewählt, da Art. 100 a Abs. 2 EWGV keine auf Art. 100 a gestützte Regelung über Arbeitnehmermitbestimmung zuläßt, eine Einstimmigkeitsregelung aber wegen des zu erwartenden Widerstandes Großbritanniens umgangen werden sollte. Deshalb fiel die Wahl auf Art. 54 Abs. 3 lit. g EWGV, was Großbritannien schon juristische Schritte in Erwägung ziehen ließ[110].

— Der EuGH hat es für rechtens erklärt, daß Harmonisierungsrichtlinien im Bereich gemeinsamer Agrarpolitik nur auf Art. 43 EWGV gestützt werden (der Mehrheitsentscheidungen zuläßt) und nicht auch — entgegen langjähriger Praxis — auf Art. 100 EWGV, auch wenn die Regelung durch den Schutz menschlicher oder tierischer Gesundheit mitveranlaßt sein mag[111].

(2) Wahl zur Beschleunigung des Verfahrens (Umgehung des Europäischen Parlaments)

— Der EuGH hat gegenwärtig die in der Folge des Tschernobyl-Reaktorunfalls erlassene Strahlenschutzverordnung für Nahrungs- und Futtermittel zu prüfen, weil diese auf Art. 31 EAGV gestützt wurde (der die bloße Anhörung des EP vorschreibt) statt auf Art. 100 a EWGV (der die Durchführung des Kooperationsverfahrens vorsieht)[112]. Das Parlament hatte daher Klage erhoben, da es sich in seinem Recht verletzt fühlt.

Insgesamt muß hinreichend erkennbar sein, auf welcher Rechtsgrundlage das EG-Organ gehandelt hat, außerdem kann im Rahmen des Zuständigkeitssystems der Gemeinschaft die Auswahl der Rechtsgrundlage eines Rechtsaktes nicht allein davon abhängen, was ein Organ für das verfolgte Ziel hält, sondern sie muß sich auf objektive, gerichtlich nachprüfbare Umstände gründen[113]. Einer „Dynamik" bei der Wahl der Rechtsgrundlage sind damit Grenzen gesetzt[114].

---

109 ABl. 1989 Nr. C 263/41.

110 *Jürgens,* BB 1990, 1145/1149.

111 Rs. 68/86, Slg. 1988, 855/892 ff. und Rs. 131/86, Slg. 1988, 905/925 ff.

112 Die Entscheidung Rs. C-70/88 EuZW 1990, 221 f. betraf nur die Vorfrage der Zulässigkeit einer gegen diesen Akt gerichteten Klage des Europäischen Parlamentes.

113 Rs. 45/86, Slg. 1987, 1493/1520.

114 S. insg. ausführlich *Bradley,* ELR 1988, 379 ff. zu Rechtsproblemen im Zusammenhang mit der Wahl der Rechtsgrundlage.

3. Der Begriff der „Querschnittskompetenz"

Wenn von Dynamik im Rechtsetzungsprozeß der Gemeinschaft die Rede ist, spielt dabei vor allem die schon erwähnte Tatsache eine Rolle, daß der EG grundsätzlich keine Sachbereiche zur Regelung übertragen wurden, sondern zielorientierte Einzelkompetenzen, die verschiedene Materien überlagern können. Man spricht in diesem Zusammenhang von einer Querschnittskompetenz [115]. Auf welche Sachgebiete sich die danach erlassenen Regelungen beziehen, ist sonach für die Gemeinschaft unerheblich, Bereichsausnahmen, etwa für Gebiete der Kultur, werden überwiegend nicht anerkannt [116]. Schließlich zeigt sich bei derart zielorientiertem Handeln auch die Neigung, von Inhalts- und Zweckbestimmungen für Organhandlungen auf die zu ihrer Realisierung erforderlichen Handlungsermächtigungen zu schließen [117], wohingegen aus dem Prinzip begrenzter Ermächtigung folgt, daß die Vertragsziele zwar zur Auslegung der Einzelkompetenzen herangezogen werden können, diese aber nicht zu ersetzen vermögen. Ausdruck der sachbereichsübergreifenden Tätigkeit der Gemeinschaft ist auch die sog. „Casagrande-Formel" des EuGH [118] dergemäß „die Ausübung bestehender Gemeinschaftszuständigkeit nicht dadurch eingeschränkt wird, daß sie Auswirkungen auf Gebiete hat, die nicht in die Zuständigkeit der Gemeinschaft fallen". Anschaulich wird in diesem Zusammenhang von „functional powers" (im Gegensatz zu „substantive competences") gesprochen [119].

Normatives Handeln der EG-Organe, das sich an diesen Grundsätzen orientiert, führt, soweit der eigentliche Kernbereich wirtschaftlicher Tätigkeit der Gemeinschaft verlassen wird, in jüngster Zeit vor allem im schon angesprochenen Bereich der Kultur zu Konflikten mit einigen Mitgliedstaaten bzw. zu innerstaatlichen Konflikten etwa in der Bundesrepublik im Hinblick auf die Kulturhoheit der Länder, zumal die EG durch die Prägung von Begriffen wie etwa den der „Kulturwirtschaft" den Eindruck erweckt, Wirtschaft und Kultur ließen sich gar nicht mehr voneinander trennen [120]; ein Aspekt, der vor allem bei der sog. „Fernsehrichtlinie" [121] zu Auseinandersetzungen um die EG-Kompetenzen führte, Auseinandersetzungen, die an ähnliche Konflikte innerhalb der Bundesrepublik erinnern, als es in den 60er Jahren um die Zuständigkeit des Bundes im Bereich Fernsehen ging [122]. Derartige Schwierigkeiten lassen sich also auch bei Zuständigkeitsab-

---

115 *Memminger*, DÖV 1989, 844/849.

116 *Roth*, ZUM 1989, 101/103; Schwartz, ZUM 1989, 381/382.

117 Krit. dazu vor allem *Ipsen*, in: GS Geck, S. 339/344 f.: „Zielbestimmungen stellen als solche keine selbständigen Ermächtigungs-und Handlungsgrundlagen der Organe dar.".

118 Rs. 9/74, Slg. 1974, 773/779.

119 *de Witte*, in: *Bieber / Ress* (Hrsg.), a. a. O., (Fn. 66), S. 261/262.

120 Zur Ableitung rechtlicher Folgen aus dem Begriff „Kulturwirtschaft" ablehnend *Ipsen*, a. a. O., (Fn. 117), S. 339/345 f.

121 Richtlinie zur Koordinierung bestimmter Rechts-und Verwaltungsvorschriften der Mitgliedstaaten über die Ausübung der Fernsehtätigkeit (ABl. 1989 Nr. L 298/23).

grenzungen zwischen Hoheitsträgern nach Sachgebieten nicht verhindern, finden aber eine Steigerung im EG-Bereich, was sich aus den Besonderheiten der Anwendung des gemeinschaftlichen Kompetenzschemas ergibt, wie sie oben dargestellt wurden.

Schließlich sei in diesem Zusammenhang noch auf die besondere Bedeutung hingewiesen, die gerade die Wechselbeziehung von Marktöffnung und Regelungsanspruch der Gemeinschaft hat. Am Beispiel der schon erwähnten Fernsehrichtlinie wird dies deutlich:

(1) Die Vorschriften über die Dienstleistungsfreiheit gem. Art. 59 ff. EWGV finden nach Ansicht der EG auf die Ausstrahlung von Fernsehsendungen Anwendung (s. dazu etwa Rs. 155/73, Slg. 1974, 409/428).

(2) Einschränkungen dieser Grundfreiheit sind aus Gründen des Allgemeininteresses unter Berücksichtigung des Verhältnismäßigkeitsgrundsatzes zulässig, solange noch keine mitgliedstaatliche Harmonisierung entsprechender Regelungen erfolgt ist (Rs. 52/79, Slg. 1980, 833/857, betr. nationale Werbebeschränkungen).

(3) Die zum Abbau der Schranken der Dienstleistungsfreiheit im Bereich der Werbung erforderliche Harmonisierung erfolgt durch Art. 10 ff. der oben erwähnten „Fernsehrichtlinie“[123].

(4) Diese Richtlinie geht aber über den Bereich notwendiger Harmonisierung zur Marktöffnung hinaus und legt etwa auch Quoten für die Ausstrahlung europäischer Fernsehproduktionen fest (Art. 4 ff.).

Die Stufen 1 und 2 beschreiben dabei die sogenannte „negative Integration“, d. h. die bloße Beseitigung nichtgerechtfertigter Handelshemmnisse mit Mitteln des EG-Primärrechts, die Stufen 3 und 4 die sogenannte „positive Integration“, worunter legislative Maßnahmen der Gemeinschaft zu verstehen sind, die, über die bloße Beseitigung von Diskriminierungen teilweise hinausgehend, bestimmte Politikbereiche aktivgestaltend beeinflussen. Beide Formen der Integration wirken dabei in dynamischer Weise aufeinander. Vor allem die Verwirklichung „negativer Integration“ fördert gesetzgeberischen Handlungsbedarf, der zuweilen eine nur mehr schwer zu kontrollierende Eigendynamik entfaltet. So überrascht es nicht, daß im Kulturbereich eine „positive Integration“ losgelöst von etwaigen Harmonisierungserfordernissen über Art. 235 EWGV für möglich gehalten wird[124].

---

122 S. zu diesem Parallelproblem *Ossenbühl*, Rundfunkrecht, S. 26 ff.

123 S. o. Fn. 121.

124 S. zu diesem gesamten Komplex *de Witte*, in: *Schwarze / Schermers* (Hrsg.), S. 195 ff. m. w. N.

4. Kompetenzherleitung aus mitgliedstaatenübergreifender Problematik

— Der zunehmende internationale Charakter politischer und wirtschaftlicher Problemstellungen, die zunehmenden Verflechtungen zwischen einzelnen Staaten, haben dazu geführt, daß viele dieser Probleme auch nur auf zwischenstaatlicher Ebene gelöst werden können. Ausdruck dieser Einsicht ist auch Art. 24 Abs. 1 GG sowie die die europäische Einigung ins Auge fassende Präambel des Grundgesetzes. Hauptzweck der europäischen Integration ist demnach die „Vergemeinschaftung, verstanden als schrittweise Zusammenführung der Mitgliedstaaten zur optimalen Wahrnehmung national nicht mehr wahrnehmbarer öffentlicher Aufgaben“[125]. Zu diesem Zwecke wurden der EG bestimmte inhaltlich begrenzte Kompetenzen übertragen.

— Daneben gibt es auch Ansätze, die diese Kompetenzbestimmungen extensiv interpretieren, um der Gemeinschaft die Wahrnehmung von Sachaufgaben zu ermöglichen, die infolge der Leistungsgrenzen der Mitgliedstaaten durch diese nicht mehr als sachgerecht erfüllbar erscheinen. Es ist dies ein Vorgang gewissermaßen stillschweigender Kompetenzwanderung, der ebenfalls „mit zunehmender Eigendynamik stattfindet“[126].

— Es geht hierbei, dies zur Klarstellung, nicht um die Herleitung von Kompetenzen Kraft Natur der Sache (resulting powers), sondern um die Auslegung bestehender Einzelermächtigungen. Dabei ergeben sich Schwierigkeiten vor allem daraus, daß aus der Notwendigkeit internationalen Handelns auf die Kompetenz der Gemeinschaft geschlossen wird, ein Ansatz also, der die Frage nach der Reichweite der der EG übertragenen Befugnisse aufkommen läßt. Auch hierzu einige Beispiele:

(1) Umweltbereich

Die „Richtlinie des Rates über die Erhaltung der wildlebenden Vogelarten“[127], gestützt auf Art. 235 EWGV, enthält in der ersten Begründungserwägung die Aussagen, bei den meisten Vögeln handle es sich um Zugvogelarten, der wirksame Schutz dieser Vogelarten stelle ein typisch grenzübergreifendes Problem dar, das gemeinsame Verantwortlichkeit mit sich bringe. Die weitere Erörterung der Voraussetzungen des Art. 235 EWGV fällt dann formelhaft aus, es ist deshalb auch verbreitete Meinung, der Bereich des Art. 235 EWGV sei hier überschritten[128].

Darüber hinaus spielte im gesamten Umweltbereich vor der Einfügung der Art. 130 r ff. in den EWGV der grenzüberschreitende Charakter der Ökologieproblematik bei der Interpretation der Art. 100 und 235 EWGV eine wesentliche Rolle[129].

---

125 *Ipsen*, in: *Schwarze* (Hrsg.), Der Europäische Gerichtshof, S. 9/32.

126 *Magiera*, in: GS *Geck*, S. 507/529; s. auch *Delbrück*, S. 47 ff.

127 ABl. 1979 Nr. L 103/1.

128 S. etwa *Böhm*, S. 371.

(2) Kulturbereich

Tätigkeiten der EG im kulturellen Bereich werden zuweilen als politische Notwendigkeit und sozioökonomisches Gebot gesehen, vor allem gelte es, die „Entstehung einer gemeinschafts- und weltweit wettbewerbsfähigen Kulturindustrie"[130] zu fördern, d. h. die Wettbewerbsfähigkeit soll durch Aktivitäten der EG gestärkt und gesichert werden, da dies durch mitgliedstaatliches Handeln nicht mehr als gewährleistet angesehen wird. Konkretes Beispiel ist hier die schon mehrfach erwähnte „Fernsehrichtlinie"[131], hier vor allem mit ihrer Quotenregelung für die Ausstrahlung europäischer Filmproduktionen.

(3) Asylrecht

Das Europäische Parlament bringt in einer Entschließung vom 12.3.1987 zu Fragen des Asylsrechts[132] die Überzeugung zum Ausdruck, daß durch nationale Regelungen ein internationales Problem nicht zu steuern ist, weil dadurch nur eine Verschiebung der Belastungen auf einen anderen Staat herbeigeführt wird.

Zu der, auch vom Parlament geforderten, „Richtlinie der EG zur Koordinierung von Regelungen im Bereich des Asylrechts" ist es jedoch nicht gekommen; statt dessen wurde eine Konvention verabschiedet, also der Weg zwischenstaatlicher Kooperation gewählt[133], ein Weg, der bei EG-weiten Problemstellungen natürlich offensteht, der aber bei der stillschweigenden Hochzonung[134] von Regelungskompetenzen auf die Gemeinschaftsebene mit der Konsequenz supranationaler Rechtsakte wohl nur dann eingeschlagen wird, wenn eben derartige Rechtsakte aufgrund allzu diffuser Gemeinschaftsbefugnisse an größeren Widerständen scheitern.

Fazit

Zunehmender Regelungsbedarf auf internationaler Ebene führt in nicht unerheblicher Weise auch zu einer großzügigen Auslegung von Kompetenzen der EG-Organe. Daß gerade diese Vorgehensweise auch aus der Motivation heraus geschehen kann, gerade in sensiblen Bereichen innerstaatliche Regelungsschwierigkeiten, ja auch Verfassungshindernisse, zu umgehen, sei hier nur am Rande erwähnt[135]. Auf die Bedeutung des Art. 130 r IV 1 EWGV, der bestimmt, daß die Gemeinschaft im Bereich der Umwelt insoweit tätig wird, als die in Absatz

129 *Kloepfer,* UPR 1984, 321/324.

130 S. Bull. EG Beil. 4/87 „Neue Impulse für die Aktion der Europäischen Gemeinschaft im kulturellen Bereich".

131 S. o. Fn. 121.

132 ABl. 1987 Nr. C 99/167.

133 Das Abkommen regelt jedoch Zuständigkeitsfragen und führt nicht zu einer materiellen Harmonisierung; s. die Hinweise in BT-Drs. 11/6297, S. 11 f.

134 Zur Hochzonung als paralleles Phänomen auch im nationalen Bereich etwa *Schoch,* VerwArch 1990, 18 ff.

135 Dazu *Streinz,* Bundesverfassungsgerichtliche Kontrolle, Berlin 1990, S. 42.

1 (des Art. 130 r) genannten Ziele besser auf Gemeinschaftsebene erreicht werden können als auf der Ebene der einzelnen Mitgliedstaaten, ist später einzugehen[136].

5. Grundrechte, Grundfreiheiten und Gemeinschaftskompetenzen

a) Problemstellung und Begriffsklärung

Kompetenznormen auf der einen sowie Grundrechte (bzw. Grundfreiheiten) auf der anderen Seite beeinflussen sich auf der Ebene der EG wie ihrer Mitgliedstaaten in vielfacher Weise wechselseitig. Dabei interessiert im vorliegenden Kontext primär die Rolle von Grundrechten und Grundfreiheiten im Rahmen eines dynamischen Kompetenzverständnisses der Gemeinschaft.

Grundrechte sind dabei die durch den EuGH aus allgemeinen Rechtsgrundsätzen sowie in Orientierung an die in der Europäischen Menschenrechtskonvention und ihren Zusatzprotokollen entwickelten subjektiven Rechte des einzelnen Bürgers gegen die EG, Grundfreiheiten dagegen die im EWGV aufgeführten Rechte, die vor allem der Errichtung eines gemeinsamen Marktes dienen und sich an die EG, aber auch und vor allem an die Mitgliedstaaten richten (Art. 7, 9 ff., 48 ff., 52 ff., 67 ff. EWGV).

Als *„Besondere Rechte"* bezeichnet man darüber hinaus im Anschluß an den sog. Scelba-Bericht des politischen Ausschusses des Europäischen Parlaments aus dem Jahre 1977 das Petitionsrecht, aktives und passives Wahlrecht sowie das Recht auf Zugang zu den öffentlichen Ämtern[137].

Diese „Besonderen Rechte" bleiben im folgenden insoweit außer Betracht, als sie weniger als Argumentationsmuster für die Erweiterung und Interpretation von Gemeinschaftskompetenzen dienen, als vielmehr selbst das Ergebnis derartiger Mechanismen darstellen.

b) Allgemeines zum Verhältnis von Grundrechten und Kompetenzen nach dem Grundgesetz

Grundrechte und Kompetenznormen stehen auch auf der Ebene des Grundgesetzes nicht völlig isoliert nebeneinander. So kommt eine gewisse Nähe schon in Versuchen zum Ausdruck, Grundrechte als „negative Kompetenzbestimmungen"[138] zu sehen bzw. Grundrechte im Unterschied zu staatlichen Kompetenzen als „Gemeinwohlkompetenzen"[139] zu definieren. Im Vordergrund stehen jedoch die nun kurz zu schildernden zwei Aspekte:

---

136 S. dazu unten G.III.

137 S. dazu die Hinweise bei Fn. 54.

138 Hinweise bei *Stettner,* S. 11 und 115 (auch zum theoretischen Hintergrund der Terminologie).

139 *Stettner,* S. 49 ff.; kritisch zur Verwendung der Kompetenzkategorie „auf der gesellschaftlichen Seite" *Stettner,* S. 52.

(1) Kompetenznormen als Rechtfertigung von Grundrechtseinschränkungen

— Beschränkungen der wirtschaftlichen Betätigung des einzelnen gelten als im Prinzip hingenommen und gebilligt, die sich aus der vom Grundgesetz angetroffenen Struktur der Monopole, z. B. der Versicherungsmonopole, ergeben. So folgert das Bundesverfassungsgericht aus Art. 74 Nr. 11 GG die Zulässigkeit landesrechtlicher Gebäudeversicherungsmonopole (BVerfGE 41, 205/218 ff.).

— Aus Art. 74 Nr. 19 GG ergibt sich, daß das GG Berufszulassungsregelungen im Apothekerberuf nicht schlechthin ausschließen wollte (BVerfGE 7, 377/401).

— Einschränkungen der Grundrechte der Eltern aus Art. 6 Abs. 2 GG sowie der Eltern und Schüler aus Art. 4 Abs. 1 GG finden ihre Rechtfertigung in der in Art. 7 Abs. 1 GG grundgelegten Schulhoheit (BVerfGE 41, 29/44 ff.; 41, 88/107 f.[140]).

(2) Grundrechte als Rechtfertigung und Verpflichtungsgrundlage staatlicher Kompetenzausübung

Grundrechte können auch dazu führen, den Staat zu veranlassen, seine, etwa legislative, Kompetenz zu gebrauchen. So kann sich etwa aus Art. 2 Abs. 2 GG eine Handlungspflicht des Gesetzgebers zur Bekämpfung der gesundheitsgefährdenden Auswirkungen des Fluglärms ergeben, wenn eine ursprünglich rechtmäßige Regelung verfassungsrechtlich untragbar geworden ist, der Gesetzgeber aber gleichwohl untätig blieb (BVefGE 56, 54 ff.[141]).

Allerdings ist in derartigen Fällen nicht die Kompetenz des Bundes strittig, sondern seine Pflicht zum Handeln. Entsprechende Probleme wie im Verhältnis zwischen EG und den Mitgliedstaaten entstünden im Verhältnis des Bundes zu den Ländern nur dann, wenn dieser sich in erweiternder Auslegung seiner Gesetzgebungsbefugnisse auf seine grundrechtsschützende Funktion gegenüber den Bürgern berufen würde. Dies ist jedoch bisher nicht geschehen, dies auch deshalb, weil der Bund gem. Art. 73 ff. GG schon umfassende Gesetzgebungskompetenzen hat, zu deren Ausbau es nicht entsprechender Argumentationsstrukturen bedarf.

c) Grundrechte, Grundfreiheiten und Kompetenzen auf EG-Ebene

Das Verhältnis von Grundrechten / Grundfreiheiten und Kompetenzen im Regelungsbereich des Gemeinschaftsrechts ist im wesentlichen durch folgende vier Beziehungen gekennzeichnet:

---

[140] Weitere Beispiele bei *Pieroth,* AöR 1989, 422/445 ff.

[141] Zu grundrechtlichen Schutzpflichten des Staates zuletzt ausführlich *Klein,* NJW 1989, 1633 ff.

(1) Grundfreiheiten als Einschränkung mitgliedstaatlicher Rechtsetzungskompetenzen

Soweit der Anwendungsbereich der Grundfreiheiten des EWGV zur Verwirklichung des Gemeinsamen Marktes reicht (Art. 7, 9 ff., 48 ff., 52 ff., 59 ff. EWGV), sind mitgliedstaatliche Regelungen, die diese Grundfreiheiten beeinträchtigen, nur insofern zulässig, als der EWGV dies ausdrücklich erlaubt oder soweit dies von der Rechtsprechung des EuGH im Bereich nichtdiskriminierender Regelungen anerkannt ist[142].

Mitgliedstaatliche Kompetenzen werden also durch Grundfreiheiten des EWGV eingeschränkt. Hierbei können auch mehrere Grundfreiheiten zusammenwirken. So verbietet es etwa Art. 7 EWGV im Zusammenspiel mit der passiven Dienstleistungsfreiheit der Art. 59 ff. EWGV, EG-Bürger durch nationale Gesetze, die eine Entschädigung für Opfer von Gewalttaten aus anderen EG-Staaten nur unter der Bedingung der Gegenseitigkeit gewähren, zu diskriminieren[143].

(2) Grundrechte als Einschränkung von Kompetenzen auf EG-Ebene

Grundrechtlich geschützte Positionen einzelner EG-Bürger können Gemeinschaftskompetenzen limitieren, etwa durch die Verpflichtung, Funktionen von Presse- und Verlagserzeugnissen bei ihrer Unterstellung unter das Wettbewerbs- und Warenverkehrsrecht des EWGV zu berücksichtigen, da hierbei in besonderer Weise die Informationsfreiheit der Marktbürger als Bücher- und Zeitschriftenleser sowie die Veröffentlichungs- und Meinungsfreiheit der Verleger tangiert ist[144].

(3) Grundrechte und Grundfreiheiten zur Stützung und Interpretation von EG-Kompetenzen

EG-Organe verweisen zur Rechtfertigung ihrer Kompetenzausübung häufig auf von ihnen zu beachtende und zu schützende Grundrechte und Grundfreiheiten, wobei die Grenzen zwischen Kompetenzinterpretation und Kompetenzschöpfung wie immer nicht leicht zu ziehen sind (dazu unten 4.).

— Im 8. Erwägungsgrund der „Fernsehrichtlinie" heißt es, das Recht zur freien Erbringung von Dienstleistungen, zu dem auch die Ausstrahlung von Fernsehsendungen gezählt wird, sei insoweit eine „spezifische gemeinschaftsrechtliche Ausprägung eines allgemeinen Prinzips, nämlich der Freiheit der Meinungsäußerung wie sie in Art. 10 Abs. 1 der EMRK verankert" sei. Daher müsse „durch den Erlaß von Richtlinien betreffend die Ausstrahlung und Verbreitung von Fernsehprogrammen sichergestellt werden, daß diese Tätigkeit (. . .) ausgeübt werden kann"[145].

---

142 Zur sog. „Cassis-Rechtsprechung" des EuGH *Schweitzer / Hummer*, S. 270 ff.

143 EuGH Rs. 186/87, NJW 1989, 2183; dazu *Hackspiel*, NJW 1989, 2166.

144 EuGH Rs. 43 und 63/68, Slg. 1984, 19 und der Hinweis bei *Ipsen*, a. a. O., (Fn. 112), S. 339/347.

— Der 7. Erwägungsgrund des Vorschlags für eine „Richtlinie über das Kommunalwahlrecht für Angehörige von Mitgliedstaaten im jeweiligen Aufenthaltsstaat“ [146] spricht davon, die Gemeinschaft müsse tätig werden, „um zu verhindern, daß die Wahrnehmung der Freizügigkeit (also einer Grundfreiheit, Anm. d. Verf.) mit dem Verlust der politischen Rechte der Bürger auf Gemeinschaftsebene verbunden ist“.

— Gesichtspunkte des Grundfreiheitenschutzes spielen auch im Bereich des Bildungswesens eine Rolle. So hat sich der EuGH vor allem um den diskriminierungsfreien Zugang von EG-Angehörigen zu den Ausbildungseinrichtungen in anderen Mitgliedstaaten bemüht, ein Aspekt, der den Boden dafür bereitet hat, daß die Kommission ihren Vorschlag für eine „Richtlinie über das Aufenthaltsrecht der Studenten“ auf Art. 7 Abs. 2 EWGV stützen konnte [147].

— Diese Entwicklungen ermöglichten dann erst folgende Feststellung: „Festgehalten werden kann im Ergebnis, daß die Gemeinschaft befugt ist, zur Effektivierung ihrer Handlungskompetenzen, die sich auf der Kehrseite ja als Grundrechte der Gemeinschaftsbürger darstellen, Hoheitsakte ergänzender Art zu erlassen, die mit dem eigentlichen Bezugsgegenstand jener Kompetenzen in keinem unmittelbar sachlich-thematischen, sondern nur in einem funktionellen Zusammenhang stehen“ [148].

Derart als Grundrechtsverwirklichung verstandene Kompetenzen lassen aber die Berücksichtigung des Prinzips begrenzter Ermächtigung vermissen, das einer kompetenzausweitenden Interpretation qua Grundrechts- und Grundfreiheitsschutz Schranken setzt.

(4) Grundrechte und Grundfreiheiten zur Begründung von Kompetenzen

Der oben unter (3) dargelegte Ansatz läßt somit, wie häufig bei der Auslegung von Kompetenzen der Gemeinschaft, die Frage nach der Grenze von zulässiger Vertragsauslegung und unzulässiger Vertragsdurchbrechung aufkommen, konkret der Grenze zwischen der Interpretation bestehender Kompetenzen im Lichte von Grundrechten und Grundfreiheiten auf der einen Seite, der Ausübung einer nicht vom Primärrecht gedeckten Kompetenz auf der anderen Seite. Die Feststellung der Grenze ist dabei eine Frage der Prüfung im Einzelfall.

---

145 Zur Richtlinie s. o. Fn. 121; Art. 10 Abs. 1 EMRK umfaßt sowohl die Sendung von Rundfunkprogrammen über den Äther oder deren Weiterübertragung durch Kabel wie auch deren Empfang. S. dazu zuletzt EGMR Nr. 14/1988/158/214, EuGRZ 1990, 255/256 und EGMR Nr. 15/1989/175/231, EuGRZ 1990, 261/262.

146 ABl. 1988 Nr. C 246/3; ABl. 1989 Nr. C 290/4.

147 S. allg. den Überblick bei *Lenz*, EA 1989, 125 ff., sowie zu der Richtlinie den geänderten Vorschlag für eine Richtlinie über das Aufenthaltsrecht der Studenten (ABl. 1990 Nr. C 26/15); die Richtlinie wurde jetzt endgültig auf Art. 235 EWGV gestützt (ABl. 1990 Nr. L 180/30).

148 *Tomuschat*, Rechtliche Aspekte des Gemeinschaftshandelns im Bereich der Kultur. FIDE-Report — Volume I, 1988, S. 21/29.

Generell kann jedoch gesagt werden, daß Grundrechte als Handlungsermächtigungen im Gemeinschaftsrecht wegen der Geltung des Prinzips begrenzter Ermächtigung ausscheiden. Daß derartige Überlegungen nicht graue Theorie sind, zeigen die Beratungen des Elften Kongresses der „Fédération Internationale pour le Droit Européen" im September 1984 in Den Haag, wo erörtert wurde, ob nicht als Legitimationsbasis für ein Handeln der EG im Rundfunkbereich auf ein gemeinschaftsrechtliches Grundrecht der Meinungsfreiheit zurückgegriffen werden könne[149].

IV. Die Rolle des EuGH

1. Allgemeines zur Stellung und Funktion des EuGH im Integrationsprozeß

Wenn von einer dynamischen Entwicklung des Gemeinschaftsrechts die Rede ist, so spielt dabei der EuGH mit Hilfe seiner — nicht selten auch rechtsschöpferischen — Judikate[150] eine prominente Rolle.

— Im Vergleich mit anderen internationalen Gerichten wie dem Internationalen Gerichtshof, dem Europäischen Gerichtshof für Menschenrechte oder dem Interamerikanischen Gerichtshof für Menschenrechte weist der EuGH einige Besonderheiten auf[151]:

— Die Rechtsprechung des EuGH ist obligatorisch, eine besondere Unterwerfungserklärung unter seine Gerichtsbarkeit ist für eine Zuständigkeitsbegründung nicht erforderlich[152].

— Beteiligte am Streitverfahren sind nicht nur Staaten, sondern auch natürliche oder juristische Personen[153] (s. etwa Art. 173 Abs. 2 EWGV).

— Die Mitgliedstaaten sind verpflichtet, Streitigkeiten nicht im Wege der Selbsthilfe beizulegen (Art. 219 EWGV).

— Die Zuständigkeit des EuGH ist wesentlich weitreichender als die herkömmlicher internationaler Gerichte (Art. 164 ff. EWGV).

---

149 Dazu ausführlich (und ablehnend mit dem Hinweis auf das Prinzip begrenzter Ermächtigung) *Ossenbühl*, Rundfunk, S. 15 ff.: s. auch *Steindorff*, Grenzen, S. 42: „Gemeinschaftsgrundrechte schaffen also keine Kompetenzen, sondern setzen sie voraus"; *Delbrück*, S. 50, mit Blick auf den bloßen Abwehrcharakter von Grundrechten auf internationaler Ebene.

150 Kritisch dazu etwa *Oppermann*, EG-Freizügigkeit, Berlin 1988.

151 Ausführlich dazu etwa *Lecheler*, Allgemeine Rechtsgrundsätze, Berlin 1971, S. 30 ff.

152 Vgl. dagegen etwa Art. 36 IGH-Statut, Art. 46 EMRK.

153 Vgl. dagegen etwa Art. 34 I IGH-Statut, Art. 44 EMRK.

Diese Charakteristika modifizieren zwar somit das tradierte Erscheinungsbild internationaler Gerichte, machen den EuGH aber nicht etwa zu einem staatlichen Gericht, da auch der Gemeinschaft selbst noch kein Staatscharakter zukommt. Darüber hinaus besitzt der EuGH wie auch andere internationale Gerichte nur eine reduzierte Möglichkeit, seine Urteile auch durchzusetzen[154].

— Die spannungsgeladene Beziehung dynamischer und statischer Elemente des Gemeinschaftsrechts kommt in den zwei wesentlichen Funktionen des EuGH zum Ausdruck. Zum einen kommt dem EuGH eine Integrationsfunktion[155] zu, d. h. die Aufgabe für eine einheitliche Anwendung und Auslegung des EG-Rechts zu sorgen. In der Praxis wurde dabei die Grenze zur Rechtsfortbildung häufig überschritten, was mit der Lückenhaftigkeit des Gemeinschaftsrechts erklärt wird. So wird denn etwa auch eine Befugnis des EuGH zur Rechtsschöpfung praeter legem gefordert, der Gerichtshof dürfe sich z. B. in Anbetracht der lebhaften Entwicklung des Europäischen Rechts keinesfalls damit begnügen, durch inhaltsgetreue Anwendung mangelhafter Vorschriften des Gesetzgebers lediglich auf eine rechtsstaatliche Störung hinzuweisen[156].

Die neben der Integrationsfunktion existierende Kontrollfunktion tritt dagegen weitgehend in den Hintergrund. Dies geschieht durchaus zu Unrecht, hat doch die darin zum Ausdruck kommende Rechtsbewahrungsfunktion, die sich aus Art. 164 EWGV ableitet, nicht zuletzt das Ziel, „die Rechtsordnungen der Mitgliedstaaten vor einer übermäßigen Ausdehnung des Gemeinschaftsrechts und der Kompetenz der EG (ebenso) zu schützen"[157] (vertikale Kompetenzverteilung) wie die horizontale Kompetenzverteilung zwischen den einzelnen Gemeinschaftsorganen zu wahren (institutionelles Gleichgewicht).

— Wenn Art. 164 EWGV dem EuGH die Aufgabe zuweist, „die Wahrung des Rechts bei der Auslegung und Anwendung dieses Vertrages zu sichern", so gehört dazu auch die Achtung und Sicherung des im EWGV verankerten Prinzips begrenzter Ermächtigung. Dieses Prinzip spielt dabei für den EuGH eine prozessuale wie eine materiell-rechtliche Rolle.

Zum einen hat der Gerichtshof nur die ihm im Vertrag übertragenen Kompetenzen, da Art. 4 Abs. 1 Satz 2 EWGV auch den EuGH erfaßt. Dabei gehören „zu den in diesem Vertrag zugewiesenen Befugnissen" die Art. 169 ff. EWGV, nicht aber etwa Art. 164 EWGV, der zwar zur Auslegung der Kompetenznormen herangezogen werden kann, selbst aber nicht eine Art Blankettbefugnis darstellt. Dies ergibt sich schon aus der im EWGV konsequent durchgehaltenen Trennung von Aufgaben und Befugnissen[158].

---

154 Art. 171, 176 EWGV; Art. 94 UN-Charta, Art. 53, 54 EMRK.

155 *W. Bernhardt,* S. 70 ff.; *Beutler / Bieber / Pipkorn / Streil,* S. 213.

156 *Zweigert,* KSE 1, 580/597.

157 *Bleckmann,* in: *GS Constantinesco,* S. 61/67; BVerfGE 75, 223/242: „Auf die EG (wurde) keine Rechtsprechungsgewalt zur unbegrenzten Kompetenzerweiterung übertragen.".

Zum anderen hat der derart in seiner Zuständigkeit determinierte EuGH die Achtung des Prinzips begrenzter Ermächtigung durch andere EG-Organe zu kontrollieren, wenn er dazu aufgerufen ist, etwa Kompetenznormen des Primärrechts auszulegen und Sekundärrecht auf seine Vereinbarkeit mit dem EWGV hin zu prüfen. Inwieweit der EuGH dieser Aufgabe nachkommt, soll unter dem Stichwort „restriktive und extensive Tendenzen in der Rechtsprechung des EuGH" skizziert werden. Zunächst ist aber noch auf die in der Gerichtsbarkeit entwickelten Kompetenzmuster der „implied powers" und „resulting powers" einzugehen, auch dies nicht zuletzt unter dem Gesichtspunkt ihrer Vereinbarkeit mit dem Prinzip begrenzter Ermächtigung.

2. implied powers

— Die Lehre von den sog. implied powers geht davon aus, daß „die Vorschriften eines völkerrechtlichen Vertrages oder eines Gesetzes zugleich diejenigen Vorschriften beinhalten, bei deren Fehlen sie sinnlos wären oder nicht in vernünftiger oder zweckmäßiger Weise zur Anwendung gelangen könnten"[159].

Dabei bildet den Anknüpfungspunkt zur Erörterung konkreter Kompetenzfragen eine enge, ausdrücklich übertragene Befugnisnorm, aus der sich mittels eines Schlusses von Ziel und Zweck dieser Norm auf das Mittel durch Auslegung der Umfang bestimmter Handlungsermächtigungen ergibt. Durch die Figur der implied powers werden also keine neuen eigenständigen Kompetenzgrundlagen gewonnen, sondern bestehende Kompetenzen im Wege der Interpretation für die konkrete Anwendung fruchtbar gemacht[160].

Grundgelegt ist der Gedanke der implied powers im Verfassungsrecht der Vereinigten Staaten von Amerika, speziell der sog. „sweeping clause" des Art. 1 Sec. 8 US-Verf., der im Anschluß an die enumerative Auflistung von Gesetzeskompetenzen des Bundes festlegt, daß „the Congress shall have power (. . .) to make all laws which shall be necessary and proper for carrying into execution the foregoing powers, and all other powers vested by this Constitution in the Government of the United States, or in any department or officer there-of"[161]. Dabei hat die Klausel „necessary and proper" eine — beginnend bei der grundlegenden Rechtssache Mc Culloch vs. Maryland[162] — zunehmend großzügigere und bundesfreundlichere Auslegung erfahren, eine Tendenz, die auch bei dem in der Rechtsprechung des Bundesverfassungsgerichts entwickelten Parallelinstitut der Gesetzgebungskompetenz kraft Sachzusammenhang bzw. Annexkompe-

---

158 Zu einer umfassenderen Sicht des Art. 164 EWGV, der von der Verweisung des Art. 4 Abs. 1 Satz 2 EWGV miterfaßt sein soll, s. *W. Bernhardt,* S. 27 und passim.

159 Rs. 8/55, Slg. 1955/56, 297/312.

160 *Behrens,* S. 44; *Böhm,* S. 152 f.; *Nicolaysen,* a. a. O., (Fn. 100), 129/131.

161 Zitiert nach *Currie,* Die Verfassung der Vereinigten Staaten von Amerika, S. 85.

162 17 U. S. 316 (1819); s. dazu *Currie,* a. a. O., (Fn. 161), S. 23 ff.

tenz zu beobachten war[163]. War dabei zunächst eine Bundeskompetenz kraft Sachzusammenhang nur dann anerkannt worden, wenn „eine den den Bund ausdrücklich zugewiesene Materie verständigerweise nicht geregelt werden kann, ohne daß zugleich eine nicht ausdrücklich zugewiesene Materie mitgeregelt wird, wenn also ein Übergreifen in nicht ausdrücklich zugewiesene Materien unerläßliche Voraussetzung ist für die Regelung einer der Bundesgesetzgebung zugewiesenen Materie"[164], wurde das Kriterium der Unerläßlichkeit durch das der Notwendigkeit[165] ersetzt, ja der Sachzusammenhang schon aus einer wesensmäßigen und historischen Zuständigkeit gefolgert[166].

— Die Geltung der Interpretationsmethode der implied powers im Gemeinschaftsrecht ist inzwischen weitgehend anerkannt[167]; dem ist zuzustimmen, zumal die notwendige Vereinbarkeit mit Grundprinzipien des EWG-Vertrages, wie etwa dem Prinzip begrenzter Ermächtigung aus folgenden Gründen und mit folgenden Kautelen gesichert erscheint:

(1) Implied powers werden im Wege der Auslegung aus bestehenden Kompetenzen gewonnen, die den Organen der EG im Sinne des Art. 4 Abs. 1 Satz 2 EWGV zugewiesen wurden. Soweit demnach die Anknüpfung an solche Kompetenzen erfolgt und nicht Befugnisse derart gewonnen werden daß von den Zielen des EWG-Vertrages mit Hilfe der implied powers auf die zur Zielerreichung notwendigen Kompetenzen geschlossen wird, ergeben sich aus dem Grundsatz der Spezialzuweisung keine Bedenken[168].

(2) Die an Zielen des EWG-Vertrages orientierte Herleitung von Kompetenzen erfolgt über die Lückenfüllungsklausel des Art. 235 EWGV. Diese ist selbst schon eine Kompetenznorm und knüpft nicht an bestehende Kompetenzen an. Der Gehalt von Art. 235 EWGV und der Figur der „implied-powers" ist daher deutlich verschieden. Ein Ausschluß der implied powers durch Art. 235 EWGV kommt somit nicht in Frage[169].

---

163 Zu den „ungeschriebenen" Bundeskompetenzen *Stettner,* S. 428 ff. m. w. N.

164 BVerfGE 3, 407/421; 26, 246/257.

165 BVerfGE 32, 199/216.

166 BVerfGE 36, 193/202.

167 *Böhm,* S. 174 ff.; *Köck,* in: FS Seidl-Hohenveldern, S. 279 ff.

168 Gegen einen derartigen Ziel-Mittel-Schluß ausdrücklich *Nicolaysen,* a. a. O., (Fn. 100), 129, 134; *Priebe,* S. 164; *Hartley* (S. 103) unterscheidet demgemäß zwischen „implied powers" im engeren Sinne, die an eine bestehende Kompetenz anknüpfen und „implied powers" im weiteren Sinne, die aus einem vorgegebenen Ziel oder einer Aufgabe erschlossen werden können. Letztere sind mit dem Prinzip begrenzter Ermächtigung nicht zu vereinbaren; bedenklich ist es daher, wenn der EuGH in der Rs. 281, 283-285 und 287/85, Slg. 1987, 3203/3253 aus den Aufgaben der Kommission gem. Art. 118 EWGV auf dieser damit gleichzeitig übertragene „unerläßliche" Befugnisse schließt. Diese Bedenken werden auch nicht dadurch geringer, daß aus dem Urteil nicht klar hervorgeht, ob diesen Schlußfolgerungen die Argumentationsfigur der „implied powers" oder die des „effet utile" zugrundeliegt (s. dazu unten Fn. 176). Auf mögliche Konsequenzen einer Verallgemeinerung dieser Rechtsprechung weist *Hartley* auf S. 103 f. hin.

169 *Böhm,* S. 177 ff.; *Nicolaysen,* a. a. O., (Fn. 100), S. 129 ff.; a. A. *Rabe,* S. 157.

(3) Wenn argumentiert wird, aus Art. 155 UA 2 EWGV ergebe sich im Umkehrschluß, daß den EG-Organen grundsätzlich nur ausdrücklich zugewiesene Kompetenzen zustünden, was implizite Befugnisse ausschlösse, so kann dem schon deshalb nicht gefolgt werden, weil Art. 155 UA 2 EWGV nur die unverbindlichen Empfehlungen und Stellungnahmen behandelt, daraus aber keine Schlußfolgerungen gezogen werden können, ob implied powers zur Herleitung der Befugnisse für verbindliche Rechtsakte, um die es primär geht, herangezogen werden können[170].

Ob und inwieweit das Prinzip begrenzter Ermächtigung überhaupt für unverbindliche Akte der Gemeinschaft Anwendung findet, wird im nächsten Kapitel zu erörtern sein.

(4) Auch aus den Funktionen des Prinzips begrenzter Ermächtigung[171] ergibt sich nichts anderes. Die Schutzfunktion gegenüber dem Bürger[172] wie die Kompetenzabgrenzungsfunktion gegenüber den Mitgliedstaaten ist gewahrt, soweit die Anwendungsvoraussetzungen der implied powers eng gefaßt bleiben und nicht zu einem einfachen Schluß von Gemeinschaftszielen auf entsprechende Mittel unter Mißachtung des Art. 235 EWGV ausgeformt werden. Die Abgrenzung von Kompetenzen zwischen den Organen ist dadurch gewährleistet, daß die implied powers stets an konkrete Kompetenznormen mit ihren Verfahrensregelungen anknüpfen, sich insoweit also keinerlei Machtverschiebungen zulasten oder zugunsten eines Organs ergeben.

(5) Sichergestellt muß sein, daß dann, wenn eine Ermächtigungsgrundlage bestimmte Mittel zu ihrer Durchführung bezeichnet, mit Hilfe der implied-powers-Doktrin den Organen nicht andere Handlungsmittel zur Verfügung gestellt werden können[173].

— Zuletzt noch eine kurze Anmerkung:

Die Geltung der implied-powers-Doktrin wird stets auf die Judikatur des EuGH zurückgeführt, der in der Tat, vor allem in der Frühzeit seiner Rechtsprechung[174] entsprechende Formeln gebrauchte, ohne allerdings den Begriff „implied powers" expressis verbis zu verwenden. Dies kann auch nicht verwundern, sind doch die Grenzen zwischen einer teleologischen Auslegung der EG-Kompetenzen, den implied-powers und der Auslegungsmethode des sog. effet utile (demzufolge Rechtsnormen vernünftigerweise so auszulegen sind, daß sie ihr Ziel oder ihren Zweck nicht verfehlen und diejenige Auslegung den Vorrang verdient, die mit dem erkennbaren Vertragszweck harmoniert und am meisten zu seiner Erreichung

---

170 Zur Argumentation aus Art. 155 UA 2 EWGV *Rabe,* S. 156.

171 S. o. B.III.

172 *Nicolaysen,* a. a. O., (Fn. 100), S. 136 f.

173 *Behrens,* S. 45 m. w. N.

174 Rs. 8/55, Slg. 1955/56, 297 ff.; Rs. 20/59, Slg. 1960, 681; Rs. 25/59, Slg. 1960, 743 ff.

beiträgt) in der Praxis des Gerichtshofs nur mehr schwer auszumachen, was oftmals den Verdacht nahelegt, es werde nur eine wissenschaftliche Rechtfertigung für eine extensive Vertragsinterpretation gesucht, ohne etwa den Versuch zu machen, den jeweiligen Auslegungsmethoden stärkere Konturen zu verleihen. Daraus erklärt sich die Tatsache, daß so manche Urteile des EuGH sowohl unter die Rubrik „implied powers" wie auch „effet utile" eingeordnet werden[175] oder auch Generalanwalt und EuGH zum selben Ergebnis gelangen, jedoch die eine Seite unter Berufung auf „effet utile", die andere Seite unter Aufführung von Grundsätzen, die eher an „implied powers" denken lassen[176], verkürzt ausgedrückt: „One man's implicit power is another man's extensive interpretation."[177]

3. resulting powers

Resulting powers oder Kompetenzen kraft Natur der Sache[178] leiten sich nicht wie implied powers aus der Auslegung einer konkreten Befugnisnorm ab, sondern können eine zweifache Grundlage haben. Entweder sie werden durch Rechts- oder Gesetzesanalogie aus mehreren Kompetenzgrundlagen gewonnen oder gründen sich auf „evident höherwertige Bundesinteressen"[179]. Ihren Ausgang genommen hat diese Form ungeschriebener Kompetenzen wie die implied powers im amerikanischen Verfassungsrecht[180].

Zwar hat der EuGH in verschiedenen Urteilen durch Rechts- bzw. Gesetzesanalogie auch Gesetzeslücken der Gemeinschaft gefüllt, ohne allerdings, ähnlich wie bei den implied powers, ausdrücklich auf die Figur der resulting powers Bezug zu nehmen[181]. Anders jedoch als implied powers sind resulting powers der EG-Organe wegen des Prinzips begrenzter Ermächtigung ausgeschlossen[182].

— Zunächst ist eine Kompetenzherleitung im Gemeinschaftsrecht nur anhand zugewiesener Einzelkompetenzen möglich, diese Voraussetzung ist bei implied powers, die nur an bestimmte singuläre Befugnisse anknüpfen gewahrt, nicht jedoch bei resulting powers, werden hier doch neue Kompetenzen erst aus einer Gesamtschau verschiedener Befugnisnormen geschaffen. Diese Methode ist nicht mehr durch den Grundsatz der Einräumung bestimmter Kompetenzen an die EG durch die Mitgliedstaaten gedeckt.

---

175 S. etwa die Kommentierung bei *Grabitz / Pernice*, EWGV, Art. 164, Rndr. 27.

176 Verb. Rs. 281, 283-285, 287/85 Slg. 1987, 3203/3241 und 3253.

177 *Bradley*, ELR 1988, 379/400.

178 Zur Rechtsprechung des BVerfG *Stettner*, S. 434 ff.

179 *Behrens*, S. 46; s. allgemein auch *Priebe*, S. 159 ff.

180 *Priebe*, S. 159 Fn. 500 m. w. N.; resulting powers werden zuweilen auch unter die „implied powers im weiteren Sinne" gerechnet, s. *Nicolaysen*, a. a. O., (Fn. 100), 129/131.

181 Übersicht über die Rechtsprechung bei *Böhm*, S. 218 ff.

182 *Behrens*, S. 46 ff.; *Priebe*, S. 162 f. unter Hinweis auf Art. 235 EWGV.

— Aus dem Prinzip begrenzter Ermächtigung folgt demnach, was Kompetenzen der EG anbetrifft, ein Analogieverbot (Induktionsverbot). Wenn dagegen eingewandt wird, im EWGV wäre das „nur der Fall, wenn alle Einzelkompetenzen nicht in der Form einer generellen Ermächtigung, wie z. B. Art. 74 Abs. 1 oder 84 Abs. 2 EWGV, sondern als abschließende Formulierungen sowohl in den Voraussetzungen als auch in den Rechtsfolgen verfaßt wären“[183], so liegt das Gegenargument nahe, gerade aus der Tatsache teilweise recht weiter Ermächtigungen des EWGV ergebe sich ein Hindernis, diese Bestimmungen auch noch analog anzuwenden.

— Daneben können resulting powers auch nicht auf „verfassungsgestaltende Grundentscheidungen des EWGV“ gestützt werden, da diese Grundentscheidungen gerade die Berufung auf ein kompetenzbegründendes „Wesen der Gemeinschaftsverfassung“ nicht zulassen, ist doch das Prinzip begrenzter Ermächtigung selbst eine elementare Grundentscheidung des EWGV[184].

— Da resulting powers auch eine Neuschöpfung nicht speziell vorgesehener Kompetenzen darstellen, ist auch das Problem fehlender Allzuständigkeit oder Kompetenz-Kompetenz der EG berührt; anders ist es auf der Ebene von Bundesstaaten, wo es im Rahmen der Kompetenz kraft Natur der Sache, allein um die Verteilung von Hoheitsrechten, nicht dagegen um deren Neubegründung geht[185].

— Schließlich sei noch erwähnt, daß manche Beispielsfälle, die die Notwendigkeit von resulting powers erweisen sollen, insoweit nicht überzeugen, als die dort angesprochenen Sachverhalte auch einer anderen Lösung zugeführt werden können. Wenn etwa die Befugnis der EG-Organe, sich eine Geschäftsordnung zu geben, über Art. 142 und 196 Abs. 2 EWGV hinaus auf resulting powers gestützt wird[186], so scheint für eine derartige Befugnis ein allgemeiner Grundsatz einer Geschäftsordnungsautonomie von Organen internationaler Organisationen ausreichend, zumal zweifelhaft ist, ob hier überhaupt das Prinzip begrenzter Ermächtigung gilt[187].

4. Extensive und restriktive Tendenzen in der Rechtsprechung des EuGH

a) Vorbemerkung

Im Zuge der primär auf Integration der EG angelegten Rechtsprechung des EuGH spielen bestimmte Argumentationslinien und Auslegungselemente eine Rolle. Beispielhaft wurden oben „implied powers“ sowie der Grundsatz des „effet

---

[183] *Böhm,* S. 211.

[184] Ebenso *Behrens,* S. 47.

[185] *Behrens,* S. 47 f.; *Nicolaysen,* a. a. O., (Fn. 100), 129/141.

[186] *Böhm,* S. 217.

[187] S. dazu die Ausführungen unter D.

utile" erwähnt (2.); die unter 3. erwähnten „resulting powers" waren dagegen nur von untergeordneter Bedeutung. Die Judikate des EuGH zeichnen sich dabei nur selten dadurch aus, daß sie sich einer bestimmten Argumentationsstruktur zuordnen lassen, was zu einer — unter dem Aspekt der Systematisierung solcher Strukturen — möglichen Einordnung einzelner Urteile in übergeordnete Kategorien führen könnte. Dazu sind die Urteilsbegründungen oft zu knapp, bisweilen geradezu apodiktisch, was sich mit den in der französischen Gerichtsbarkeit verankerten Elementen der EuGH-Rechtsprechung erklären läßt, eine genaue Analyse aber erschwert und kritische Stellungnahmen zu Urteilen nicht gerade fördert, mit Ausnahme der Kritik an ihrer Kürze[188]. Unverzichtbar sind daher vor allem die Schlußanträge der Generalanwälte[189].

Da eine eingehende Untersuchung einzelner Urteile im hier zur Verfügung stehenden Rahmen nicht geleistet werden kann, andererseits doch ein, wenn auch bruchstückhafter und an wenigen Beispielen orientierter Ausschnitt zur Rolle des EuGH im dynamischen Prozeß der Anwendung und Fortentwicklung des EG-Rechts dargestellt werden soll, wurden für eine grobe Einteilung der folgenden Beispiele die Kategorien „extensive" und „restriktive" Rechtsprechung gewählt. Dabei fallen unter die erste Alternative Urteile, die in besonderer Weise die Frage nach der Grenze zwischen zulässiger Anwendung, Auslegung und Fortentwicklung des Rechts und unzulässiger Rechtschöpfung aufgeworfen haben[190] und auch das Problem der zur Erfüllung der Funktionen des EuGH notwendigen Akzeptanz[191] haben virulent werden lassen, weil eben diese Akzeptanz von einer zum Teil nicht unerheblichen Zahl von Stimmen in der Literatur versagt wurde. Unter der zweiten Alternative wird danach gefragt, ob der EuGH in jüngster Zeit tatsächlich auch stärker die Grenzen der Integration und seiner Rechtsfortbildungsfunktion betont, dies nicht zuletzt auch im Hinblick auf die vertikale Gewaltenteilung zwischen der EG und ihren Mitgliedstaaten.

b) Extensive Tendenzen

Für extensive Tendenzen (zum Begriff s. o.) in der Rechtsprechung des EuGH mögen folgende Beispiele stehen:

(1) Urteile zur Arbeitnehmerfreizügigkeit im öffentlichen Dienst[192]

— Der Begriff des Arbeitnehmers im Sinne des Art. 48 Abs. 1 EWGV ist weit auszulegen (Rs. 66/85, Slg. 1986, 2121/2144); die wirtschaftliche Natur

---

188 *Forch,* NVwZ 1987, 27/31.

189 Ebenso *Bleckmann,* a. a. O., (Fn. 73), S. 1177 ff.

190 *Oppermann,* a. a. O., (Fn. 150), S. 20 spricht von der Grenze zwischen „normaler Rechtsauslegung" und „bewußter Rechtsfortbildung". Diese Gegenüberstellung widerspricht insofern dem Selbstverständnis des EuGH als dieser, wiederum in französischer Tradition, auch Fälle der Rechtsfortbildung noch als Interpretation ansieht; s. dazu *Schweitzer / Hummer,* S. 134.

191 Zur Bedeutung der Akzeptanzfähigkeit von EuGH-Urteilen W. *Bernhardt,* S. 34 ff.

einer Tätigkeit ist nicht deshalb zu verneinen, weil diese in einem öffentlich-rechtlichen Status ausgeübt wird (EuGH a. a. O., S. 2145); der Begriff „Beschäftigung in der öffentlichen Verwaltung“ i. S. d. Art. 48 Abs. 4 EWGV ist ein gemeinschaftsrechtlicher Begriff (Rs. 149/79, Slg. 1980, 3881/3903); Art. 48 Abs. 4 EWGV ist dabei eng auszulegen (Rs. 66/85, Slg. 1986, 2121/2146); schließlich, so der EuGH, ist die Ausgestaltung des Dienstverhältnisses für die Anwendbarkeit des Art. 48 Abs. 4 EWGV ohne Bedeutung (Rs. 152/73 Slg. 1974, 153/163).

— Anknüpfend an diese Rechtsprechung verstärkte die Kommission ihre Bemühungen zur Förderung der Freizügigkeit im öffentlichen Dienst durch eine systematische Aktion[193].

(2) Urteile zur Reichweite des Dienstleistungsbegriffs im Fernsehbereich[194]

— Auch Fernsehsendungen sind ihrer Art nach als Dienstleistungen anzusehen (Rs. 155/73 Slg. 1974, 409/428); diese Dienstleistungen werden auch entgeltlich erbracht, so daß Art. 59 ff. EWGV Anwendung finden (Rs. 352/85 Slg. 1988, 2085/2131); der EG stehen damit im Bereich von Vorschriften, die Art. 59 EWGV entgegenstehen, „im Allgemeininteresse“ aber gerechtfertigt sind, Befugnisse zur Rechtsangleichung zu (Rs. 52/79 Slg. 1980, 833/857).

— Die angesprochene Rechtsangleichung ist Inhalt der schon mehrfach erwähnten „Fernsehrichtlinie“[195].

(3) Urteile im Bereich des Bildungswesens[196]

— Zwar gehören die Organisation des Bildungswesens und die Bildungspolitik als solche nicht zu den Kompetenzen der EG, doch fällt der Zugang zur Berufsausbildung in den Anwendungsbereich des EWGV (Rs. 293/83, Slg. 1985 593/612 f.); der Begriff der Berufsausbildung wird dabei weitgefaßt und erfaßt auch ein Hochschulstudium (Rs. 24/86, Slg. 1988, 379/398 ff.); als Konsequenz sind diskriminierende Maßnahmen gegen EG-Bürger beim Zugang zur Berufsausbidlung als Verstoß gegen Art. 7 Abs. 1 EWGV unzulässig, eine Ausnahme gilt dabei für die Förderung von Studenten für Lebensunterhalt und Ausbildung (Rs. 39/86, Slg. 1988, 3161/3190 ff.).

— Eine konsequente Fortführung der Rechtsprechung stellt der Richtlinienentwurf über das Aufenthaltsrecht für Studenten, gestützt auf Art. 7 Abs. 2 EWGV, dar[197].

---

192 Überblick bei *Everling,* DVBl. 1990, 225 ff.; kritisch *Lecheler,* Interpretation, Berlin 1990.

193 S. oben A. Fn. 2.

194 Zu Fernsehen als Dienstleistung s. *Steindorff,* Grenzen, S. 40 ff., sowie zur Rs. 352/85 *Koszuszeck,* ZUM 1989, 541 ff.; ausführlich dazu auch *Gulich,* Rechtsfragen.

195 ABl. 1989 Nr. L 298/23.

196 Überblick bei *Lenz,* EA 1989, 125 ff.

197 ABl. 1990 Nr. C 26/15; zu den Aspekten Grundfreiheit und Kompetenz s. o. und zur endgültigen Richtlinie, gestützt auf Art. 235 EWGV, ABl. 1990 Nr. L 180/30.

(4) Urteile zu Förderungsprogrammen der Gemeinschaft[198]

— Die EG kann, gestützt allein auf Art. 128 EWGV, Programme zur Verbesserung der Berufsbildung oder der Förderung der Mobilität von Studenten erlassen, auch wenn diese erhebliche Fördermittel binden, solange der Forschungsbereich ausgeklammert bleibt (Rs. 56/88 NJW 1989, 3090 f. und Rs. 242/87 NJW 1989, 3091 ff.).

(5) Urteile zur Reichweite des Diskriminierungsverbotes gem. Art. 7 I EWGV

— Neben den schon erwähnten Urteilen im Bereich des Bildungswesens ist hier besonders Rs. 186/87 NJW 1989, 2183 hervorzuheben[199], demgemäß die Versagung eines Opferentschädigungsanspruchs gegenüber einem EG-Bürger unter Berufung auf eine fehlende Erfüllung des Gegenseitigkeitserfordernisses mit seinem Heimatstaat gegen Art. 7 Abs. 1 EWGV verstößt, soweit darin eine Einschränkung der passiven Dienstleistungsfreiheit (hier eines Touristen) zu sehen ist.

Daraufhin hat das Europäische Parlament die Kommission durch Entschließung vom 12.9.1989 aufgefordert, eine „Richtlinie zur Angleichung nationaler Vorschriften über die Entschädung von Verbrechensopfern" vorzulegen[200] (wohl gestützt auf Art. 7 Abs. 2 EWGV). Dieses weitere Beispiel für die Initialwirkung mancher EuGH-Urteile verdeutlicht zum einen erneut die Zusammenhänge von negativer und positiver Integration, läßt darüber hinaus aber auch auf mögliche Initiativen im vergleichbaren Bereich des Amtshaftungsrechts schließen[201]. Ein guter Hinweis darauf, wie weit die EG zum Teil den Kernbereich wirtschaftlichen Handelns verlassen hat.

c) Restriktive Tendenzen

Einige Vertreter der Literatur[202] vermeinen in letzter Zeit restriktive Tendenzen in der Judikatur des EuGH festzustellen. Dabei lassen sich im wesentlichen drei Bereiche unterscheiden:

(1) Urteile zur Wahl der Rechtsgrundlage

— Wie schon oben (III.2.d)) ausgeführt, gewinnt die Problematik der Wahl der Rechtsgrundlage für Akte der Gemeinschaft seit der Änderung der EG-Gründungsverträge durch die EEA zunehmend an Bedeutung. Primär betont wird der subsidiäre Charakter des Art. 235 EWGV und des Art. 100 EWGV gegenüber speziellen Kompetenzgrundlagen auf dem Agrarsektor[203] (Art. 43 EWGV/Rs. 68/86, Slg. 1988, 855/892 ff.) oder in der Handelspolitik[204] (Art. 113 EWGV/Rs. 45/86, Slg. 1987, 1993/1517 ff.).

---

198 S. dazu zuletzt *Classen*, EuR 1990, 10 ff.

199 Hinweis schon oben Fn. 143.

200 Zit. nach *Steindorff*, Grenzen, S. 37.

201 Ohne Rücksicht auf Art. 7 EWGV noch BGH IPrax 1986, 33.

202 *Dauses*, BayVBl 1989, 609/617; *Everling*, a. a. O., (Fn. 47), S. 235.

203 Dazu auch *Bradley*, a. a. O., (Fn. 114), S. 392.

Hierbei geht es jedoch nicht um die Reichweite der Kompetenzen der EG, fraglich ist nur die jeweilige Rechtsgrundlage. Daher kann man auch nicht von einer restriktiven Tendenz der EuGH-Rechtsprechung ausgehen, folgt daraus doch eine Verstärkung der Integration „in die Tiefe", insoweit durch Zurückdrängung zweier Generalklauseln mit Einstimmigkeitserfordernis Mehrheitsentscheidungen möglich werden. Die extensive Anwendung von Art. 100/235 EWGV weicht nur einer weiteren Auslegung spezieller Ermächtigungen.

(2) Urteile zur Reichweite der Kompetenzen der Gemeinschaft

— Erst ein Rechtsakt der Gemeinschaft wurde bis dato wegen Überschreitung der EG-Kompetenzen für nichtig erklärt[205], nämlich die schon angesprochene Entscheidung der EG im Bereich der Wanderungspolitik (verb. Rs. 281, 283-285, 287/85, Slg. 1987, 3203 ff.). Darüber hinaus wurden Grenzen der Gemeinschaftszuständigkeit durch die Formel „beim gegenwärtigen Stand des Gemeinschaftsrechts" aufgezeigt, so beim schon aufgeführten Urteil Rs. 39/86, Slg. 1988, 3161/3190 ff., nach dem die Versagung von Stipendien an EG-Ausländer nicht von Art. 7 Abs. 1 EWGV erfaßt wird.

(3) Sonstige Urteile im Spannungsfeld zwischen der EG und den Mitgliedstaaten

— Vereinzelt lassen Judikate des EuGH auch eine besondere Sensibilität für Interessen der Mitgliedstaaten erkennen, so etwa, wenn die Notwendigkeit der finanziellen Förderung bestimmter Gebiete gem. Art. 92 Abs. 3 lit. c EWGV sich nicht nach einem Gemeinschaftsrahmen sondern nach dem Vergleich mit der durchschnittlichen wirtschaftlichen Lage im jeweiligen Mitgliedstaat bestimmt (Rs. 248/84, Slg. 1987, 4013/4042[206] oder wenn kulturelle Interessen in besonderer Weise in die Verhältnismäßigkeitsprüfung bei der Rechtfertigung von warenverkehrsbeschränkenden Maßnahmen einzufließen scheinen (verb. Rs. 60 und 61/84, Slg. 1985, 2605 ff.[207]).

d) Fazit

Als Ergebnis dieses nur kursorischen Überblicks läßt sich feststellen, daß von der Bedeutung her extensive Tendenzen im Sinne einer dynamischen Rechtsprechung überwiegen; dies betrifft die Breite der EG-Kompetenzen (IV.4.b)) aber auch ihre Tiefe (IV.4.c) Teil 1). Tatsächlich restriktive Entwicklungen (IV.4.c) Teile 2 und 3) treten dahinter nicht nur quantitativ zurück. Das eingangs (IV.4.a)) festgestellte Verständnis des EuGH als primär Integrations- und weniger Kontrollorgan, findet damit seine Bestätigung.

---

204 *Bradley*, a. a. O., (Fn. 114), S. 390.

205 So auch *Steindorff*, Grenzen, S. 16.

206 Dazu *Rengeling*, ZHR 1988, 455/467.

207 S. dazu *Roth*, ZUM 1989, 101/110.

V. Die Rolle der Mitgliedstaaten

Zur Vervollständigung des Bildes einer als dynamisch verstandenen Entwicklung der Kompetenzsituation im Rahmen der EG soll zuletzt noch ein kurzer Blick auf die Rolle der Mitgliedstaaten der Gemeinschaft geworfen werden, die in vielfältiger Weise durch ihr Verhalten ebenfalls einen nicht unerheblichen Einfluß auf die Reichweite des Tätigkeitsbereichs der EG haben können.

1. Die Stellung der Mitgliedstaaten im Integrationsprozeß im allgemeinen

Zur „Ausweitung des Integrationsfeldes“[208] bieten sich den Mitgliedstaaten reichhaltige Möglichkeiten[209].

(1) Der klassische Fall ist dabei zunächst die Änderung der EG-Gemeinschaftsverträge im Verfahren nach Art. 236 EWGV, zuletzt durch Titel II der Einheitlichen Europäischen Akte[210], in dem Gemeinschaftskompetenzen in verschiedenen Bereichen festgeschrieben wurden[211]. Ob die Mitgliedstaaten parallel zu den Verfahren nach Art. 236 EWGV die Möglichkeit haben, durch allgemeine völkerrechtliche Verfahren gem. Art. 39, 40 WVRK Vertragsänderungen vorzunehmen, ist strittig[212]. De facto wurde dieser Weg schon beschritten, z. B. durch das „Abkommen über gemeinsame Organe für die EG vom 25.3.1957“[213]. Angeschnitten ist mit dieser Streitfrage das Problem, ob die Mitgliedstaaten noch „Herren der Verträge“ sind, eine Frage, die vom BVerfG jüngst positiv unter Hinweis auf die EEA beantwortet wurde[214]. Dieses Argument ist jedenfalls deshalb nicht überzeugend, weil die EEA gerade im Verfahren nach Art. 236 EWGV geschaffen wurde, eine Möglichkeit, die jedoch von niemandem in Abrede gestellt wird.

(2) Auf die kompetenzerweiternde Funktion der Generalklauseln des Art. 100 und 235 EWGV in der Praxis wurde oben (III.2.b) und III.2.c)) bereits hingewiesen[215]. Sie werden nicht selten auf konsensualem Wege als Grundlage für Rechts-

---

208 Begriff von *Wuermeling*, a. a. O., (Fn. 17), S. 4.

209 Überblick bei *Hilf*, in: *Bieber / Ress*, Dynamik, S. 251 ff.

210 BGBl. 1986 Teil II, S. 1102 ff.

211 *Glaesner*, EuR 1986, 119/126 ff.

212 Dagegen etwa *GBTE / Hilf*, Art. 249, Rdnr. 6, dafür *Grabitz / Vedder*, EWGV, Art. 236, Rdnr. 25.

213 BGBl. 1957 Teil II S. 1156; Grabitz / Vedder, a. a. O., (Fn. 212).

214 BVerfGE 75, 223/242.

215 Da die Regierungsvertreter im Rat weisungsgebunden sind, wird insofern der Einfluß der Mitgliedstaaten doch evident, auch wenn der Rat natürlich ein EG-Organ ist. Die Generalklauseln müssen daher auch in diesem Kontext Erwähnung finden. A. A. wohl *Gulmann*, in: *Bieber / Ress*, Dynamik, S. 241.

akte genutzt, die die Grenze zur stillschweigenden Vertragsänderung teilweise verschwimmen lassen. Aus der Tatsache der in diesen Normen vorgeschriebenen Einstimmigkeit sollte jedoch nicht der Schluß gezogen werden, die Kompetenzfrage werde dadurch irrelevant oder die Frage etwa nach einem Gebot gemeinschaftlicher Rücksichtnahme auf die Rechtslage in den Mitgliedstaaten stelle sich bei derartigen Konstellationen nicht mehr[216]. Bloßen Stimmverhältnissen kommen insoweit kein Aussagegehalt und keine rechtsändernde Wirkung zu.

(3) Auch auf die Stellung des Europäischen Rates wurde schon (III.1.a)) hingewiesen. Über ihn haben die Mitgliedstaaten einen erheblichen Einfluß auf den Integrationsprozeß, obwohl es sich dabei nicht um ein EG-Organ handelt (Art. 2 EEAG). Der Europäische Rat hat dabei eine Funktion vor allem in der Formulierung neuer Gemeinschaftsziele und der Eröffnung weiterer Perspektiven für den künftigen Fortgang der Integration[217]. In politischen Absichtserklärungen, wie etwa der „Feierlichen Deklaration zur Europäischen Union vom 19.6.1983“[218] kommt demnach der Wille der Mitgliedstaaten der EG zur Förderung und Vertiefung des europäischen Einigungsprozesses zum Ausdruck, was zwar per se die Kompetenzen der EG nicht erweitert[219], von den Gemeinschaftsorganen aber bei der Interpretation bestehender Kompetenzen genutzt wird[220].

(4) Ebenfalls außerhalb des durch die EG-Gründungsverträge vorgegebenen Rahmens haben sich Formen der Kooperation der Mitgliedstaaten[221] ergeben, denen auch eine dynamische Rolle im Kompetenzgefüge der Gemeinschaft zukommt.

— Zunächst wurde von der Möglichkeit des Abschlusses reiner völkerrechtlicher Verträge Gebrauch gemacht, etwa bei dem „Gründungabskommen über die Europäische Stiftung vom 29.3.1982“[222], das an die Stelle des ursprünglich geplanten Rechtsaktes nach Art. 235 EWGV trat[223], ein weiteres Beispiel dafür,

---

216 So z. B. *Herdegen*, EuGRZ 1989, 309/312.

217 *Grabitz / Schweitzer*, EWGV, Art. 146, Rdnr. 22.

218 EA 1983, D 420 ff.

219 S. dazu schon oben Fn. 49.

220 Dies wird vor allem aus der Erwähnung von Erklärungen des Europäischen Rates in den Erwägungsgründen der EG-Rechtsakte deutlich.

221 Vereinbarungen aufgrund Art. 220 EWGV können dagegen unmittelbar auf EG-Primärrecht zurückgeführt werden, wenn Art. 220 EWGV auch keine EG- Kompetenznorm darstellt, (a. A. *Wuermeling*, S. 68 ff.: Organschaftliches Handeln der Mitgliedstaaten im Rahmen einer Gemeinschaftskompetenz). Problematisch erscheint es, eine Funktion des Art. 220 EWGV darin zu sehen, die „Zuerkennung politischer Rechte an die Gemeinschaftsangehörigen in den Bereich der Gemeinschaftziele einzubeziehen“ (*Magiera*, in: *Zuleeg* (Hrsg.); Ausländerrecht, S. 123/132) und damit auf die Interpretation des Art. 235 Einfluß zu nehmen. Nach der Vertragssystematik sind Art. 220 EWGV mit den Instrumentarium des völkerrechtlichen Vertrages und Art. 235 EWGV klar getrennt. Eine Auslegung des Art. 235 EWGV über Art. 220 EWGV würde letzteren weitgehend einer eigenständigen Bedeutung berauben.

222 Bull. EG 3/82 S. 17; dazu ausführlich *Rudolf*, in: FS Mosler, S. 785 ff.

223 Dazu *de Witte*, a. a. O., (Fn. 119), S. 276 f.

auf welch wenig gesichertem Boden sich die EG in den „Grauzonen" ihres Tätigkeitsbereichs bewegt[224].

— Große Bedeutung haben die „Beschlüsse der im Rat vereinigten Vertreter der Regierungen der Mitgliedstaaten" erlangt. Dabei tagt der Ministerrat nicht als EG-Organ, sondern gleichsam als Regierungskonferenz, ein Umstand, der der jeweiligen Agenda die Fesseln der Kompetenzgrenzen der EG abzustreifen verhilft.

Erwähnt sei etwa die „Entschließung der im Rat vereinigten Minister für Bildungswesen über die Zusammenarbeit im Bildungswesen vom 6.6.1974"[225].

Akte des Rates und derartige „uneigentliche Ratsbeschlüsse" lassen sich dabei nicht immer leicht trennen. So kann diese Tatsache auch zur „Verkennung der vom Vertrag vorgesehenen Zuständigkeit und Verfahren"[226] führen.

„Uneigentliche Ratsbeschlüsse" dienten nämlich nicht mehr nur „wie in den Anfangsjahren der EG, zur Forcierung der Integration im Bereich bereits vergemeinschafteter Politikfelder, sondern auch der Erweiterung des Tätigkeitsfeldes der Gemeinschaft, obwohl „allein die organisatorische Vermischung zwischen Rat und im Rat vereinigten Regierungsvertretern keine Überleitung von Zuständigkeiten der Mitgliedstaaten auf die Gemeinschaft (...) bewirkt"[227]. Daran ändert auch die Einordnung der uneigentlichen Ratsbeschlüsse in die Kategorie „Gemeinschaftsrecht"[228] nichts. Der Einschätzung, durch derartige Beschlußformen würde „die minutiöse Zuständigkeitsverteilung" zwischen der EG und den Mitgliedstaaten weitgehend bedeutungslos[229], kann in dieser Form nicht zugestimmt werden, kommt den uneigentlichen Ratsbeschlüssen doch, ungeachtet der Frage ihrer Rechtsnatur im einzelnen[230], jedenfalls nicht die volle Wirkung von Rechtsakten nach Art. 189 EWGV zu. Das Prinzip begrenzter Ermächtigung behält somit nach wie vor seine Relevanz[231].

— In der Praxis noch mehr durchgesetzt haben sich sog. gemischte Formeln, d. h. Akte „des Rates und der im Rat vereinigten Vertreter der Regierungen der Mitgliedstaaten"[232]. Dabei handelt es sich um Mischformen gemeinschaftsrechtlicher Integrationsakte und mitgliedstaatlicher Kooperation, derer man sich vor

---

224 Weitere Beispiele bei *Gulmann*, a. a. O., (Fn. 215), S. 243.

225 ABl. 1974 Nr. C 98/2 f.

226 Generalanwalt *de Lamothe* Rs. C 22/70, Slg. 1971, 269/288.

227 *Wuermeling*, a. a. O., (Fn. 17), S. 186.

228 *Wuermeling*, a. a. O., (Fn. 17), S. 90 ff.

229 So *Wagner*, S. 242 mit dem Hinweis, das Prinzip begrenzter Ermächtigung erlange nur dann Bedeutung, wenn „Exekutivorgane" wie die Kommission oder der Rat mit Mehrheit entscheiden.

230 Überblick bei *Grabitz / Schweitzer*, EWGV, Art. 146, Rdnr. 13 ff.

231 Mit Hinweis auf das Prinzip begrenzter Ermächtigung auch *Wuermeling*, a. a. O., (Fn. 17), S. 185 ff.

232 Ausführlich dazu *Wuermeling*, a. a. O., (Fn. 17), S. 213 ff.

allem dann bedient, wenn die Kompetenz der EG für einen gesamten Rechtsakt zweifelhaft erscheint, hinsichtlich eines Teiles aber bejaht wird. Dabei unterbleibt meist eine exakte Abgrenzung beide Bereiche.

Beispiele sind etwa die „Schlußfolgerungen des Rates und der im Rat vereinigten, für Kulturfragen zuständigen Minister betreffend die künftigen vorrangigen Aktionen im Kulturbereich vom 27.5.88"[233], zahlreiche Akte im Bereich des Bildungswesens[234], die bisherigen 4 Aktionsprogramme der Gemeinschaft im Bereich der Umweltpolitik[235] oder auch die „Entschließung des Rates und der im Rat vereinigten Vertreter der Mitgliedstaaten der EG vom 19.12.1984 auf dem Gebiet der Sicherheit des Straßenverkehrs"[236].

Auch bei den gemischten Formeln, denen im Außenbereich die sogenannten „gemischten Abkommen" entsprechen[237], gilt es jedoch, wegen des Prinzips begrenzter Ermächtigung, die Kompetenzbereiche von EG und den Mitgliedstaaten deutlich zu trennen, doch gibt es Hinweise darauf, daß auch der EuGH den „Umstand, daß Entschließungen nicht nur vom Rat, sondern auch von den im Rat vereinigten Regierungsvertretern getragen werden, praktisch ignoriert"[238].

(5) Die soeben beklagte Verwischung und Verunklarung der Kompetenzen von Gemeinschaft und Mitgliedstaaten, vor allem durch verschiedene Formen mitgliedstaatlicher Kooperation und deren Verknüpfung mit EG-Akten im Sinne des EWG-Vertrages, liegt ganz im Sinne der Eigendynamik des Integrationsprozesses, die „hier Formen für ihre Entwicklung"[239] findet. Handlungen mitgliedstaatlicher Kooperation, die sich um den engen Integrationskern von Gemeinschaftsakten gem. Art. 189 EWGV legen, haben nicht nur die Funktion, das Handeln der EG flexibler zu gestalten, sondern auch eine Extensionsfunktion[240]. Auch in offiziellen Vereinbarungen und Plänen wird dieser Funktion nun Rechnung getragen, so etwa in der schon erwähnten „Erklärung zur Politischen Union" aus dem Jahre 1983 in der die Staats- und Regierungschefs hervorheben, daß „zwischen der Zugehörigkeit zu den Europäischen Gemeinschaften und der Teilnahme an den oben beschriebenen Tätigkeiten (= Formen mitgliedstaatlicher Kooperation, Anm. d. Verf.) ein Zusammenhang besteht"[241]. Auch der Entwurf

---

233 ABl. 1988 Nr. C 187/2.

234 S. dazu *Rat der EG / Generalsekretariat* (Hrsg.), Erklärungen zur europäischen Bildungspolitik, Luxemburg 1988.

235 ABl. 1973 Nr. C 112/1; ABl. 1977 Nr. C 139/1; ABl. 1983 Nr. C 46/1; ABl. 1987 Nr. C 328/1.

236 ABl. 1984 Nr. C 341/1.

237 Zum Begriff *Wuermeling*, a. a. O., (Fn. 17), S. 214 f.; s. auch die hinsichtlich der Außenkompetenz der EG umstrittene „Demirel-Entscheidung" des EuGH Rs. 12/86, Slg. 1987, 3719/3747 ff.

238 S. dazu den Hinweis bei *Wuermeling*, a. a. O., (Fn. 17), S. 4.

239 *Wuermeling*, a. a. O., (Fn. 17), S. 4.

240 *Wuermeling*, a. a. O., (Fn. 17), S. 4.

241 EA 1983, D 240 unter Nr. 4.1.

des Europäischen Parlaments für einen Vertrag zur Gründung der Europäischen Union“[242] unterscheidet zwischen „gemeinsamer Aktion“ und der „Zusammenarbeit zwischen den Mitgliedstaaten“ (Art. 10), wobei es auch möglich sein soll, Bereiche der Zusammenarbeit zum Gegenstand gemeinsamer Aktionen werden zu lassen (Art. 11). Dieser „Brückencharakter“ mitgliedstaatlicher Kooperation, der gleichsam eine Zwischenstufe zur Endform gemeinschaftlicher Integrationsakte darstellt, wird auch schon gegenwärtig deutlich, etwa im Bereich der Umwelt vor der Einfügung der Art. 130 r ff. in den EWG-Vertrag, wo auf die jeweiligen Aktionsprogramme hin vielfältige Akte des Sekundärrechts erlassen wurden oder im Bereich der Verkehrssicherheit, wo nach der Entschließung durch gemischte Formeln im Jahre 1984[243] die Kommission diverse Richtlinienvorschläge unterbreitet hat, etwa zu Fragen des Blutalkoholgehalts von Kraftfahren[244] oder einer Gurtanlegepflicht in Kraftfahrzeugen mit einem Gewicht von weniger als 3,5 to[245], jeweils gestützt auf Art. 75 Abs. 1 lit. c EWGV, dessen Eignung als Rechtsgrundlage für Gemeinschaftsakte mit dem inhaltlichen Schwerpunkt Verkehrssicherheit zunehmend in Frage gestellt wird[246].

Ergebnis

Spricht man vom dynamischen Charakter der Kompetenzverteilung in EG und Mitgliedstaaten, so sollte die Rolle letzterer nicht zu gering geschätzt werden. Gerade durch einstimmige Beschlüsse im Rat und durch Formen der Kooperation im Vorfeld der Integration wird der Aktionsbereich der Gemeinschaft ausgedehnt.

2. Die Rechtsprechung mitgliedstaatlicher Gerichte zum dynamischen Charakter des Gemeinschaftsrechts

— Die Analyse der mitgliedstaatlichen Judikatur zur Frage des Gemeinschaftsrechts, seiner Stellung zu nationalen Verfassungen und der Stellung der Gemeinschaft selbst, wird in erheblichem Maße davon bestimmt, ob und inwieweit in den einzelnen Mitgliedstaaten Gerichte existieren, die die entsprechende Kompetenz besitzen, sich mit derartigen Problemkreisen zu beschäftigen. So gibt es nur in der Bundesrepublik Deutschland[247], in Italien[248], Spanien[249] und Portu-

---

242 ABl. 1984 Nr. C 77/33.

243 S. o. Fn. 236.

244 ABl. 1990 Nr. C 11/18.

245 KOM (88) SKK endg. v. 26.10.88; Überblick über die geplanten Maßnahmen in EuZW 1990, 171.

246 S. dazu *Sedemund* u. a., Zur Zuständigkeit der Europäischen Gemeinschaft auf dem Gebiet der Straßenverkehrssicherheit, Köln 1990.

247 Art. 93, 100 GG.

248 Art. 134 ff. Ital. Verf.

249 Art. 159 ff. Span. Verf.

gal[250] eine Verfassungsgerichtsbarkeit, die auch völkerrechtlichen Verträgen gegenüber besteht und sowohl eine präventive wie eine repressive Kontrollmöglichkeit besitzt, nur eine präventive Normenkontrolle führt dagegen der französische Conseil Constitutionnel durch[251]. Irland[252], Dänemark[253] und Griechenland[254] kennen eine Normenkontrollmöglichkeit auf Verfassungskonformität durch Obergerichte ohne eine institutionalisierte Verfassungsgerichtsbarkeit, während in den Benelux-Staaten[255] und im Vereinigten Königreich[256] keine Normenkontrollbefugnis der Gerichte besteht, also auch etwa die Begründungsakte zu den EG-Verträgen nicht auf ihre Verfassungsmäßigkeit hin geprüft werden können. Da gerade derartige Normenkontrollverfahren erfahrungsgemäß den Gerichten weitreichende Möglichkeiten bieten, sich zu den oben erwähnten Grundfragen zu äußern, fällt daher das sich dem Betrachter bietende Bild sehr differenziert aus.

— Was die Stellung nationaler Gerichte zu den grundsätzlichen Fragen in bezug auf den Charakter der EG sowie das Verhältnis zwischen Gemeinschaftsrecht und nationalem Recht anbetrifft, so ist der Klärungsprozeß weit fortgeschritten. Der Charakter der Gemeinschaftsrechtsordnung als autonome Rechtsordnung wird anerkannt[257], der Vorrang des EG-Rechts vor nationalen Recht wird grundsätzlich akzeptiert, wenn auch die Herleitung dieses Ergebnisses teilweise auf die gemeinschaftsrechtliche Autonomie, teilweise auf innerstaatliches Verfassungsrecht gestützt wird[258]. Auch der französische Conseil d'Etat erkennt nun, wie schon vor ihm die anderen französischen Obergerichte, den Vorrang des Gemeinschaftsrechts vor nationaler lex posterior an[259]. Besondere Vorbehalte hinsichtlich der vorrangigen Stellung des EG-Rechts ergeben sich im Hinblick auf nationales Verfassungsrecht, das in jedem Mitgliedstaat in gewissen Grundelementen unverzichtbarer Art absolut geschützt ist[260]. Das Bundesverfassungsgericht behält sich deshalb seine subsidiäre Kontrollbefugnis sekundären Gemeinschaftsrechts für den Fall der Gefährdung elementarer Verfassungsprinzipien vor[261], die italienische Corte Costituzionale gewährleistet diesen Schutz durch

---

250 Art. 277 ff. Port. Verf.

251 Art. 56 ff. Franz. Verf.

252 Art. 26, 34 ff. Ir. Verf.

253 Art. 59 ff. Dän. Verf.

254 Art. 93 ff. Griech. Verf.

255 Art. 120 Niederl. Verf.; Art. 28 Belg. Verf.; Art. 48 Lux. Verf.

256 Dies folgt aus dem Grundsatz der Parlamentssouveränität.

257 BVerfGE 22, 293/295 f.; Corte Costituzionale Urt. Nr. 183 Giur. Cost. 1973, 2401 ff.

258 BVerfGE 75, 223/244; Corte Costituzionale Urt. Nr. 232 Giur. Cost. 1975, 2218 f.; belg. Cour de Cassation EuR 1971, 261.

259 EuGRZ 1990, 99 ff.; s. auch den Überblick über die bisherige Rechtsprechung bei *Ludet / Stotz*, EuGRZ 1990, 93 ff.

260 Dazu ausführlich (mit Schwergewicht auf dem Grundrechtsschutz) *Streinz*, Grundrechtsschutz, S. 346 ff.

261 BVerfGE 73, 339 ff.; BVerfG EuGRZ 1989, 337 und 339.

die Kontrolle des nationalen Zustimmungsgesetzes zu den EG-Gründungsverträgen. In jüngster Zeit häufen sich in der Bundesrepublik Deutschland die Anzeichen dafür, daß der von vielen als Schlußpunkt einer Judikatur zu Problemen an der Nahtstelle von Gemeinschaftsrecht und nationalem Verfassungsrecht angesehene „Solange-II"-Beschluß[262] nur ein Zwischenschritt zur Aufhellung dieses komplexen Problemkreises war[263].

— Zur Frage des dynamischen Charakters des Gemeinschaftsrechts haben sich besonders das Bundesverfassungsgericht sowie der High Court und der Supreme Court der Republik Irland geäußert.

Letztere fällten ihre Urteile im Zusammenhang mit dem Streit um die Vereinbarkeit des irischen Zustimmungsgesetzes zur Einheitlichen Europäischen Akte mit Art. 29 Abs. 4 UA 3 der Irischen Verfassung. Dieser Artikel besagt, „daß der Staat Mitglied der (...) Europäischen Kohle- und Stahlgemeinschaft, der (...) Europäischen Wirtschaftsgemeinschaft und der (...) Europäischen Atomgemeinschaft werden kann". Beiden Gerichten stellte sich dabei die Frage, inwieweit die durch die EEA zum Ausdruck kommende Entwicklung der EG noch von dem zitierten Verfassungsartikel umfaßt war. Das Problem war damit nicht eine sozusagen vertragsimmanente Dynamik, sondern eine Entwicklung durch Vertragsänderung und ihre Verfassungsmäßigkeit, doch wurden auch Aussagen zum dynamischen Charakter des Gemeinschaftsrechts allgemein getroffen. So stellte der High Court fest, die Gründer der Gemeinschaften hätten „a growing dynamic Community gradually achieving its objectives over a period of time"[264] im Sinne gehabt, während der Supreme Court die Verfassungsmäßigkeit des Zustimmungsgesetzes zu Titel II der EEA, der Änderungen der Gründungsverträge vorsieht, mit Hilfe der Feststellung bejahte, daß Art. 29 Abs. 4 UA 3 der Irischen Verfasung den Staat nicht nur dazu autorisierte „to join the Communities as they stood in 1973, but also to join in amendments of the Treaties so long as they do not alter the essential scope or objectives of the Communities"[265]. Da der Supreme Court Titel III der EEA, der die Institutionalisierung der Europäischen Politischen Zusammenarbeit festlegte, als insoweit außerhalb der Ziele der Gemeinschaften ansah, hielt er dafür eine erneute Verfassungsergänzung für erforderlich[266].

Das Bundesverfassungsgericht hatte dagegen ausdrücklich mehrfach die Gelegenheit, sich mit einer vertragsimmanenten Dynamik des EG-Rechts zu beschäftigen. Es hat diese Dynamik bestätigt, ihr allerdings auch Grenzen aufgezeigt. So

262 BVerfGE 73, 339 ff.

263 *Herdegen*, EuGRZ 1989, 309 ff.; Scholz, NJW 1990, 941 macht dies schon im Titel seines Aufsatzes deutlich („wie lange bis Solange III?").

264 High Court, Urteil vom Februar 1987, zitiert nach *Temple Lang*, CMLR 1987, 709/710.

265 Supreme Court, Urteil vom April 1987, a. a. O., (Fn. 264), S. 711.

266 *Temple Lang*, a. a. O., (Fn. 264), S. 209 ff.; *Mc Cutcheon*, LIEI 1988, 93 ff.

war von „Auslegung oder Fortbildung"[267] des Vertragsrechts die Rede, die ihre Schranken an zum Grundgefüge der Verfassung gehörenden Essentialia fänden. Der prozeßhafte Verlauf der europäischen Integration kommt auch darin zum Ausdruck, daß dem EuGH und den anderen Gemeinschaftsorganen eine wesentliche Rolle bei der Entwicklung europäischer Grundrechte zugestanden wird[268], sowie in der Relativierung der inhaltlichen Anforderungen an das Zustimmungsgesetz nach Art. 24 Abs. 1 GG. Demnach führen Einrichtungen im Sinne des Art. 24 Abs. 1 GG den im Gründungsvertrag angestrebten Zustand „typischerweise im Rahmen eines Integrationsprozesses herbei"[269], die Zulässigkeit einzelner Vollzugsakte müsse sich im Rahmen des demnach festgelegten Integrationsprogrammes bewegen, wesentliche Änderungen dieses Programmes seien aber unzulässig[270]. Gebilligt hat das Bundesverfassungsgericht somit auch die Rechtsprechung des EuGH zur unmittelbaren Anwendbarkeit von EG-Richtlinien[271]. Darin liege zwar ein Stück Rechtsfortbildung, diese Methode sei aber dem EuGH nicht verwehrt, es sei zulässig, vorhandene Kompetenzen der EG im Lichte und im Einklang mit den Vertragszielen auszulegen und zu konkretisieren.

Andererseits, so wird betont, sei der EG aber keine Rechtsprechungsgewalt zur unbegrenzten Kompetenzerweiterung übertragen worden, eine Kompetenz-Kompetenz über innere Angelegenheiten komme ihr nicht zu[272]. Die Aussage des BVerfG, im Bereich der Außenkompetenzen gelte der Grundsatz der Spezialermächtigung nicht, deckt sich zwar im Ergebnis mit der Rechtsprechung des EuGH zur Parallelität von Innen- und Außenkompetenz, wäre aber im Hinblick auf Art. 4 Abs. 1 Satz 2 EWGV zumindest begründungsbedürftig[273].

Insgesamt werden aber der EG die Türen zu ihrer Fortentwicklung auch im Rahmen bestehender Verträge offengehalten, ohne jedoch eine gleichsam grenzenlose Entwicklung zuzulassen. Das Bundesverfassungsgericht behält sich eine dahingehende Kontrolle vor.

VI. Zusammenfassung

Insgesamt betrachtet bieten somit die dynamischen Elemente im Befugnissystem des Gemeinschaftsrechts ein vielgestaltiges Bild, was in der Praxis die Geltung des im 1. Kapitel skizzierten Prinzips begrenzter Ermächtigung beinahe vergessen läßt, gibt es doch nunmehr wenige Lebensbereiche, die von Gemeinschaftsaktivitäten noch nicht erfaßt sind.

267 BVerfGE 73, 339/376.

268 BVerfGE 73, 339/378 ff.

269 BVerfGE 58, 1/36 f.

270 BVerfGE 58, 1/37.

271 Vgl. dazu *Pieper*, DVBl. 1990, 684 und die Nachweise in BVerfGE 75, 223/235 ff.

272 Die vorhergehenden Aussagen alle aus BVerfGE 75, 223 ff.

273 BVerfGE 75, 223/242; zur EuGH-Rechtsprechung: *Schweitzer / Hummer*, S. 178 f.

An der Entstehung dieses Bildes sind sowohl die Gemeinschaftsorgane als auch, im geringeren Umfange, die Mitgliedstaaten beteiligt.

Probleme der Kompetenzgrenzen der EG [274] konnten nur kurz an einigen Stellen angeschnitten werden, an denen die Unvereinbarkeit bestimmter Entwicklungen im EG-Recht mit dem Grundsatz des Art. 4 Abs. 1 Satz 2 EWGV besonders evident war. Jede konkrete auf den EWG-Vertrag gestützte Maßnahme bedürfte einer detaillierten Überprüfung der Auslegung und Anwendung der fraglichen Kompetenzgrundlagen, was im vorliegenden Rahmen weder beabsichtigt war noch geleistet werden konnte. Das Spannungsverhältnis von Statik und Dynamik in der Kompetenzordnung der Gemeinschaftsverfassung konnte aber deutlich gemacht werden, es liefert auch den notwendigen Hintergrund der im weiteren Fortgang anzustellenden Überlegungen.

274 Dazu jetzt ausführlich *Steindorff*, Die Grenzen der EG-Kompetenzen, 1990.

D. Die Reichweite des Prinzips begrenzter Ermächtigung

I. Bestandsaufnahme: Die zur Reichweite des Prinzips begrenzter Ermächtigung vertretenen Ansichten

— Im Verlauf der bisherigen Ausführungen ist deutlich geworden, daß das Prinzip begrenzter Ermächtigung nach wie vor Geltung im Gemeinschaftsrecht beansprucht und gleichsam als Gegenpol und Korrektiv dynamischer Entwicklungen der Gemeinschaftskompetenzen wichtige Funktionen zu erfüllen hat, deren wesentlichste die Abgrenzung zur Befugnissphäre der Mitgliedstaaten und der Schutz von Individualrechten durch den Versuch möglichst genauer Kompetenzabgrenzung darstellen[1]. Dabei war bisher immer pauschal von der Existenz eines derartigen Prinzips die Rede, ohne die Frage aufzuwerfen, ob jede Tätigkeit der Gemeinschaft sich auf eine spezielle Handlungsermächtigung im Primärrecht zurückführen lassen muß oder ob dabei eine differenzierte Betrachtungsweise angebracht ist, eine Frage, die angesichts der vielgestaltigen und kaum mehr überschaubaren Handlungsformen und -möglichkeiten[2] der EG von großer Bedeutung ist.

— Während der EuGH nur davon spricht, daß die „Befugnisse der Organe der Gemeinschaft und die Voraussetzungen ihrer Ausübung im System der Gemeinschaftskompetenzen sich aus unterschiedlichen besonderen Bestimmungen des Vertrags ergeben“[3], ohne dabei auf die Art der Gemeinschaftstätigkeit einzugehen, sind die in der Literatur zu findenden Meinungen insoweit konkreter.

So ist davon die Rede, die EG-Organe hätten „keine Allzuständigkeit zur Vornahme von Rechtshandlungen“[4], es sei „keinem Organ, auch nicht dem Rat, eine allgemeine Rechtsetzungskompetenz“[5] übertragen worden.

Allerdings, so eine Ansicht, gelte der „Grundsatz der beschränkten Einzelkompetenz“ ähnlich wie der deutsche Eingriffsvorbehalt nur, soweit die Organakte die Mitgliedstaaten oder die Individuen binden“[6] oder die EWG bedürfe der „punktuellen Einzelkompetenz nur insoweit, als ihre Maßnahmen in die Rechte

---

[1] Zu den Funktionen des Prinzips begrenzter Ermächtigung s. o. B.III.

[2] Dazu unten unter II.

[3] Rs. 56/88, NJW 1989, 3090.

[4] *Grabitz*, EWGV, Art. 189, Rdnr. 4.

[5] *Constantinesco*, S. 513.

[6] *Bleckmann*, Europarecht, S. 70. „Bindungen“ können allerdings auch im Bereich der Leistungsverwaltung erfolgen.

der Staaten und Individuen eingreifen"[7]. Im übrigen ergebe sich für die EG „aus ihren Aufgaben eine umfassende Generalkompetenz zum Erlaß von für die Erfüllung der Aufgaben erforderlichen Maßnahmen"[8]. Andere dagegen sehen die Reichweite des Prinzips begrenzter Ermächtigung weiter. Dieses Prinzip, das in diesem Zusammenhang auch als „Prinzip der Vertragsmäßigkeit"[9] bezeichnet wird, beschränke die Bindung an Ermächtigungen nicht auf eingreifende, die Rechtsunterworfenen belastende Maßnahmen der Organe, sondern erstrecke sich auch auf den Bereich der Leistungsverwaltung[10], der Vorbehalt der vertraglichen Ermächtigung unterscheide nicht nach begünstigender, belastender, planender oder in anderer Weise handelnder Verwaltung, er gelte grundsätzlich immer[11].

Auch ein weiterer wichtiger Aspekt wird hervorgehoben: Das Prinzip begrenzter Ermächtigung gelte nur für Handlungen in „rechtlich verbindlicher Weise"[12], für unverbindliche Rechtsakte benötige auch der Rat keine besondere Kompetenznorm[13]. Soweit bestimmte Handlungsformen Verbindlichkeit äußerten, werde dadurch das Prinzip begrenzter Ermächtigung in seiner inhaltlichen Tragweite bestimmt[14], die Durchbrechung dieses Prinzips sei wegen der Unverbindlichkeit der Rechtsakte gerechtfertigt[15].

Wenn, wie betont wird, Art. 4 Abs. 1 EWGV mit der Verwendung des Begriffes „Befugnisse" Grenzen der Handlungsmöglichkeiten der Organe nur in Bezug auf Rechtshandlungen erläutere, so sei damit etwa „die Beratung allgemeiner politischer Themen, die Annahme von Entschließungen politischen Inhalts, im Rahmen der allgemeinen politischen Zielsetzung zulässig", insoweit zu beachtende Grenzen seien allein aus der jeweiligen spezifischen Organstellung abzuleiten[16].

Indem schließlich festgestellt wird, nach dem „Prinzip der Einzelermächtigung" schreibe der EWG-Vertrag in zahlreichen Einzelfällen die Anhörung des Europäischen Parlaments vor Beschlußfassung durch den Rat zwingend vor[17], wird dadurch auch auf den Umstand hingewiesen, daß dieses Prinzip auch im Innenverhältnis der EG-Organe zueinander eine gewisse Relevanz besitzen kann.

---

7 *Bleckmann*, DÖV 1977, 615/618.

8 *Bleckmann*, a. a. O., (Fn. 7).

9 *Dorn*, S. 89.

10 *Dorn*, S. 89 f.

11 *Schwarze*, Europäisches Verwaltungsrecht, Bd. I, S. 238 ff.

12 *Grabitz*, EWGV, Art. 189, Rdnr. 5.

13 *Zuleeg*, JöR n. F. Bd. 20, S. 1/17; für die Kommission folgt dies schon aus Art. 155 UA 2 EWGV.

14 *Ipsen*, Gemeinschaftsrecht, S. 427.

15 *Grabitz*, in: 30 Jahre Gemeinschaftsrecht, S. 91/110 f.

16 *GBTE / Bieber*, Art. 4 Rdnr. 19.

17 *Hailbronner*, JuS 1990, 263/265.

Insgesamt betrachtet, sind die Stellungnahmen zur Reichweite des Prinzips begrenzter Ermächtigung nicht allzu zahlreich, dabei erfolgt eine Behandlung des Themas auch nicht zusammenfassend, sondern nur im jeweiligen Problemkontext, wenn es etwa speziell um die Verwaltungstätigkeit oder die rechtsetzende Tätigkeit der Gemeinschaft geht. Diese Tatsache hängt natürlich mit der verbreiteten Ansicht zusammen, das Prinzip begrenzter Ermächtigung selbst sei in seiner Aussagekraft und seinem Gehalt her von geringer Bedeutung[18], so daß es naheliegt, auch seiner Reichweite keine große Beachtung zu schenken. Da jedoch schon die Prämisse, wie gezeigt, ein wesentliches Strukturelement der Gemeinschaftsverfassung zu Unrecht aus dem Blickfeld verschwinden läßt, kann auch den daraus gezogenen Schlüssen nicht gefolgt werden.

II. Die Handlungsformen der EWG-Organe

Bevor die Frage geklärt werden kann, für welche Formen von Tätigkeiten der Gemeinschaftsorgane das Prinzip begrenzter Ermächtigung Geltung beanspruchen kann, ist es zunächst einmal erforderlich, einen kurzen Überblick über die Handlungsformen zu geben, die der EWG-Vertrag[19] vorsieht bzw. die sich in der Praxis der Gemeinschaftstätigkeit der letzten Jahrzehnte entwickelt und herausgebildet haben. Es sei dabei betont, daß ähnliche Akte, deren sich die „im Rat vereinigten Vertreter der Regierungen der Mitgliedstaaten" bedienen[20], hier keine Rolle spielen, da dieses Gremium nicht an das Prinzip begrenzter Ermächtigung gebunden ist, ein Umstand, dem diese Tagungsweise der Regierungsvertreter ja gerade im wesentlichen ihre Existenz verdankt[21].

Zudem soll den schon zahlreichen Versuchen der Systematisierung gemeinschaftlicher Handlungsformen[22] nicht ein neuer auf Vollständigkeit bedachter Versuch hinzugefügt werden, die folgende Zusammenstellung wird vielmehr, auch von der Wahl der Beispiele her, bestimmt von ihrem Zweck, nämlich die Klärung der Frage nach der Reichweite des Prinzips begrenzter Ermächtigung vorzubereiten.

---

18 S. dazu oben B.I.3.; *W. Bernhardt*, S. 73 f., betont, die Offenheit der Entwicklung des Gemeinschaftsrechts werde „weniger durch das ‚Prinzip der enumerativen Einzelermächtigung' begrenzt, als vielmehr durch Verfassungsprinzipien, die den Prozeß der Gemeinschaftsentwicklung strukturieren." Zu diesen Strukturprinzipien gehört jedoch gerade das Prinzip begrenzter Ermächtigung.

19 Die wichtigsten Handlungsformen des EAGV sind mit denen des EWGV ebenso identisch wie die des EGKSV, doch gilt im Bereich der Montanunion eine besondere Terminologie (Art. 14 EGKSV; Art. 161 EAGV).

20 Zu verschiedenen Formen der Willensäußerungen von EG-Organen und Mitgliedstaaten im Überblick Everling, in: GS Constantinesco, S. 133 ff.

21 S. dazu C.V.1.

22 Etwa bei *Grabitz*, EWGV Art. 189, Rdnr. 30 ff. oder *Ipsen*, a. a. O., (Fn. 14), S. 467 ff.

1. Handlungsformen und Beispiele

— Rat und Kommission stehen zunächst die in Art. 189 EWGV genannte Akte zur Verfügung, wobei zwischen verbindlichen (Verordnung, Richtlinie, Entscheidung) und unverbindlichen (Stellungnahme, Empfehlung) Handlungsformen zu unterscheiden ist.

Es handelt sich dabei überwiegend um außengerichtete Rechtsakte, deren Adressaten also die Mitgliedstaaten und der einzelne Bürger sind, aber auch primär binnenorientierte Akte, etwa Organisationsakte, erfolgen in Formen des Art. 189 EWGV.

Beispiele für letztere:

Die Errichtung von Hilfsorganen der EG mit eigener vom Gemeinschaftsrecht unabhängiger Rechtspersönlichkeit durch Verordnung des Rates, wie etwa des „Europäischen Zentrums für die Förderung der Berufsbildung“[23].

— Der Rat agiert daneben auch in der Form des Beschlusses. Beschlüsse haben dabei nicht nur, wie der juristische Dienst des Rates mitgeteilt[24] hat, „innerhalb der institutionellen Struktur der Gemeinschaft eine verbindliche Wirkung“, sondern tangieren in nicht unerheblicher Weise auch Belange der Mitgliedstaaten, was dazu führt, daß der Frage der Wahl der Rechtsgrundlage ebensoviel Beachtung geschenkt werden muß wie etwa bei einer Entscheidung nach Art. 189 EWGV.

Beispiel:

Der „Beschluß des Rates über ein gemeinschaftliches Aktionsprogramm zur Förderung der Mobilität von Hochschulstudenten (ERASMUS)“[25].

— Entschließungen des Rates kommt „vorwiegend politischer Charakter“[26] zu, doch hindert das nicht die Tatsache, daß auch derartige Entschließungen , etwa für die EG-Mitgliedstaaten, im Einzelfall verbindlich Wirkung erlangen können.

23 ABl. 1975 Nr. L 39/1.

24 Zitiert nach *Hochbaum,* BayVBl 1987, 481/483 Fn. 24.

25 ABl. 1987 Nr. L 166/20; zur Rechtsgrundlage EuGH Rs. 242/87, NJW 1989, 3091; in dem Urteil ist fälschlicherweise von einer „Entscheidung“ des Rates die Rede; eine „Entscheidung“ hatte auch die Kommission vorgeschlagen (ABl. 1986 Nr. C 73/4), war damit aber im Rat nicht durchgedrungen. Der Beschluß zeigt sich allerdings vom Inhalt her kaum verändert. Ob Art. 128 EWGV überhaupt den Erlaß verbindlicher Akte ermöglicht, ist nicht unumstritten, da dort nur von „allgemeinen Grundsätzen“ die Rede ist, zu denen man z. B. im Bundestag bei Verabschiedung des Zustimmungesgesetzes zum EWGV nur solche nicht verbindlicher Art zählte (BT-Drs. 2/3440 Anlage C S. 137), dieser Ansicht ist auch *Hochbaum,* in: *de Witte* (ed.), European Community Law of Education, S. 145/152 ff. Im Text wird die Ansicht der EG unterstellt, die vom bindenden Charakter der Beschlüsse aufgrund Art. 128 EWGV ausgeht, ohne daß damit ausgesagt werden soll, diese Ansicht sei die richtige. Folgte man *Hochbaum,* so wäre in der Tat Art. 128 EWGV keine ausreichende Grundlage und der Verdacht einer Umgehung des Art. 236 EWGV läge nahe (*Hochbaum,* a. a. O., S. 153).

26 *Hochbaum,* a. a. O., (Fn. 24).

Beispiel:

Die Entschließung des Rates (Anlage VI zur Haager Entschließung) vom 3.11.1976 betr. u. a. gemeinschaftliche Maßnahmen der Mitgliedstaaten zur Erhaltung der Fischbestände und die Ausdehnung der Fischereizonen der Mitgliedstaaten auf 200 Seemeilen[27].

Ob die angesprochene Verbindlichkeit dieser Entschließung dabei aus sich heraus zu bejahen ist, oder erst in Verbindung mit Art. 5 EWGV, kann hier dahinstehen; die Äußerungen des EuGH sind hierzu jedenfalls nicht eindeutig[28].

— Die Kommission bedient sich zur Erfüllung ihrer Aufgaben nach Art. 155 EWGV über die Rechtsakte nach Art. 189 EWGV hinaus vor allem sogenannter systematischer Aktionen.

Beispiel:

Die „Aktion auf dem Gebiet der Anwendung des Art. 48 Abs. 4 EWGV"[29] zur Förderung der Freizügigkeit im öffentlichen Dienst

oder auch der Form der Mitteilung[30]

Beispiel: Mitteilung der Kommission über „Neue Impulse für die Aktion der Europäischen Gemeinschaft im kulturellen Bereich"[31].

— Das Europäische Parlament schließlich, dem nach den EG-Gründungsverträgen keine Rechtsetzungskompetenzen zukommen, verabschiedet Resolutionen, wobei der Themenkreis sich nicht auf den Kompetenzbereich der EG beschränkt[32],

Beispiel:

„Entschließung des Europäischen Parlamentes vom 12.9.1988 zur Behandlung medizinisch-ethischer Fragen auf europäischer Ebene"[33]

gibt Stellungnahmen im Rahmen obligatorischer oder fakultativer Anhörung im gemeinschaftsrechtlichen Rechtsetzungsprozeß ab oder erläßt auch verbindliche Akte, die dann auch Gegenstand von Verfahren vor dem EuGH werden können.

---

27 Abgedruckt nur in Rs. 61/77, Slg. 1978, 417/446.

28 S. dazu Rs. 141/68, Slg. 1979, 2923/2942 einerseits, Rs. 32/79, Slg. 1980 2403/2432 andererseits.

29 ABl. 1988 Nr. C 72/2.

30 Zu den verschiedenen Formen der „Mitteilung" *Meier,* in: FS *Steindorff,* S. 1303 ff.; er unterscheidet zwischen Programm-Mitteilungen, wie z. B. der oben ausgewiesenen, Leitlinien-Mitteilungen, in denen die Kommission allgemeine Regeln aus der Rechtsprechung des EuGH ableitet, sowie Informations-Mitteilungen, die an durch Vertragsverstöße von Mitgliedstaaten betroffene Personen gerichtet sind.

31 Bull. EG Beil. 4/87.

32 S. Punkt 2.3.2. der „Stuttgarter Erklärung", EA 1983, D 420/423.

33 EuGRZ 1988, 478 f.

Beispiele:

Die endgültige Feststellung des Haushaltsplans durch den Parlamentspräsidenten gem. Art. 203 Abs. 7 EWGV[34] oder Beschlüsse über die Ausführung des Haushaltsplanes, die die Finanzierung der Informationskampagne der Parteien zur Vorbereitung der Europawahlen betreffen[35].

— Darüber hinaus gibt es noch eine Fülle weiterer Handlungsformen[36], vor allem im organisatorischen Bereich, aber auch im Interorganbereich, wie z. B. die Anfrage des Europäischen Parlaments an die Kommission gem. Art. 140 UA 3 EWGV[37], nicht zuletzt auch die sogenannten „interorganschaftlichen Absprachen",

Beispiel:

Die Vereinbarung über das Recht, beim Europäischen Parlament Petitionen einzureichen vom 12.4.1989[38]

deren Bedeutung und Zahl in den letzten Jahren ständig gewachsen ist[39].

2. Exkurs: Das sogenannte „soft law"

Wenn die Rede auf Rechtshandlungen der Gemeinschaft kommt, denen nicht per se eine Rechtsverbindlichkeit zukommt, die also, etwa wie Stellungnahmen und Empfehlungen, keine unmittelbare Begründung von Rechten und Pflichten Dritter herbeiführen, so setzt sich auch im Gemeinschaftsrecht zur Klassifizierung derartiger Handlungen immer mehr der Terminus „soft law" durch[40].

Entstanden ist der Begriff „soft-law" im Völkerrecht. Bezeichnet werden damit Verhaltensregeln auf zwischenstaatlicher Ebene, die sich weder den herkömmlichen Quellen des Völkerrechts gem. Art. 38 IGH-Statut zuordnen lassen noch Rechtsverbindlichkeit besitzen, die sich aus völkerrechtlichen Verträgen ableitet[41]. Die Rede ist dabei von „apokrypher internationaler Rechtsetzung", die ihre Beliebtheit nicht zuletzt der „unendlichen Schwerfälligkeit des universellen Vertrages" verdanke[42]. Inhaltlich handelt es sich dabei sowohl um Verträge, die nur

34 S. dazu Rs. 34/86, Slg. 1986, 2155 ff.

35 Im konkreten Fall war die Parti écologiste „Les Verts" betroffen: Rs. 294/83, Slg. 1986, 1339 ff.

36 Auch dazu die Autoren oben (Fn. 22).

37 Außerhalb vertraglicher Bestimmungen ist auch der Rat bereit, Fragen zu beantworten: *Grabitz / Läufer*, EWGV, Art. 190, Rdnr. 17.

38 Bull. EG 4/89 Nr. 2.4.2.

39 Ausführlich dazu *Gauweiler*, Diss. Mainz 1988.

40 *Wellens / Borchardt*, ELR 1989, 267 ff.

41 *Verdross / Simma*, Universelles Völkerrecht, S. 419.

42 *Tomuschat*, VVDStRL Bd. 36 (1978), S. 7/32.

unverbindliche Absichtserklärungen enthalten („legal soft law"), als auch um Resolutionen oder Verhaltenscodices internationaler und regionaler Organisationen sowie gemeinsame Communiqués und Erklärungen („non-legal soft law")[43].

Beispielhaft seien genannt Resolutionen der Vereinten Nationen, nicht zuletzt auf dem Gebiet der sogenannten „Neuen Weltwirtschaftsordnung", die großen Anteil an der Ausbreitung von „soft law" hatten. So wurde z. B. 1980 der UN-Kodex zur Kontrolle wettbewerbsbeschränkender Geschäftspraktiken (Restrictive Business Practices Code) als Resolution nach Art. 10 der UN-Charta verabschiedet[44]. Auch die Schlußakte der Konferenz über Sicherheit und Zusammenarbeit in Europa (KSZE[45]) wird gewöhnlich als „soft law" bezeichnet.

Allerdings ist schon im Völkerrecht die Kategorie „soft law" nicht unumstritten; sie wird vor allem mit dem Hinweis darauf, sie sei eine Quelle von Unsicherheiten und beschädige anerkannte Strukturen des Völkerrechts, abgelehnt, während ihre Befürworter darauf verweisen, die Negierung von Neuerungen werde der Dynamik des Rechts nicht gerecht[46]. Nicht restlos geklärt sind auch die konkreten Wirkungen bzw. Verwendungsmöglichkeiten des „soft law", sowie die Frage, wer zu den Erzeugern dieser Regelungen gehören kann[47].

Bemerkenswert ist schließlich noch der Umstand, daß manche Akte des „soft law" sich dem „hard law" annähern, was die Länge vorausgehender Verhandlungen, Aufbau und Sprache, aber auch die Geltendmachung staatlicher Vorbehalte anbetrifft[48], alles Anzeichen dafür, daß „soft law" in den Augen seiner Erzeuger mehr sein soll als bloße Absichtserklärung ohne jede Folgewirkung.

Ranken sich also schon im Völkerrecht um das Phänomen „soft law" eine Reihe bis dato ungelöster Probleme, so gilt dies natürlich ebenso für dessen unbesehene Transferierung in das Gemeinschaftsrecht und das nicht nur im Hinblick darauf, daß die Gemeinschaftsrechtsordnung eine obligatorische Gerichtsbarkeit besitzt, was manche Autoren dazu veranlaßt, „soft law" im EG-Recht abzulehnen, da diesem dann mit der richterlichen Nachprüfung ein Grad an Rechtswirkung zuwachse, die ihm die Schöpfer dieses Begriffs gerade nicht zumessen wollen[49].

So erscheint es vor allem als problematisch, daß durch die Schaffung eines sogenannten „soft law" nicht nur terminologische Widersprüche aufkommen, die dem Rechtsbegriff einen beinahe beliebigen Inhalt zu verleihen vermögen, son-

---

[43] Zu den Begriffen *Chinkin,* ICLQ 1989, 850/851.

[44] S. dazu den Hinweis bei *Ehricke,* NJW 1989, 1906/1907.

[45] EA 1975, D 437.

[46] *Ehricke,* a. a. O., (Fn. 44).

[47] Dazu *Ehricke,* a. a. O., (Fn. 44), S. 1906 ff.

[48] *Chinkin,* a. a. O., (Fn. 43), S. 850/860 f.

[49] So *Everling,* a. a. O., (Fn. 20), S. 133/150.

dern auch der Unterschied zwischen verbindlichen und unverbindlichen Rechtsakten zu verschwimmen droht[50]. Gerade im Hinblick auf die Reichweite des Prinzips begrenzter Ermächtigung kommt dieser Differenzierung jedoch erhebliche Bedeutung zu, erfaßt dieses Prinzip doch, wie noch zu zeigen sein wird, bei außengerichteten Rechtsakten der Gemeinschaft nur solche mit Verbindlichkeit.

Die bloße Berufung auf die Dynamik des Rechts und die notwendige Nachvollziehung praktisch sich abspielender Vorgänge rechtfertigen dabei nicht den Verlust an begrifflicher Einfachheit aber auch Eindeutigkeit, zumal aus der Einordnung in eine neu geschaffene Kategorie „soft law" keine wesentlichen Rechtsfolgen hergeleitet werden können, eine Forderung, die jedoch an jeden Rechtsbegriff gestellt wird und an der sich ein solcher messen lassen muß[51].

Es sollte daher weiter das Bemühen im Vordergrund stehen, rechtlich nicht bindende Kategorien von solchen verbindlicher Art zu unterscheiden, bevor mit Begriffen wie Quasi-Recht oder Quasi-Verbindlichkeit den eigentlichen Problemen, gerade im Hinblick auf die Kompetenzenfrage der EG-Organe, aus dem Wege gegangen wird. Die vorzeitige Kennzeichnung von Handlungsformen als „soft law" ist sonst geeignet eine Überprüfung gemeinschaftlicher Akte auf ihre Übereinstimmung mit dem Prinzip begrenzter Ermächtigung zu verhindern, sollte es sich doch um unmittelbar verbindliche Akte handeln. Dazu ein Beispiel:

Gegenstand des sog. AETR-Urteils des EuGH[52] war ein Beschluß des Rates vom 20.3.1970 in welchem sowohl hinsichtlich des Ziels als auch hinsichtlich des Verfahrens die von den Regierungen der Mitgliedstaaten in den Verhandlungen über ein „Europäisches Übereinkommen über die Arbeit der im internationalen Straßenverkehr beschäftigten Fahrzeugbesatzungen" einzunehmende Haltung festgelegt war.

Dies war, so der EuGH[53], eine verbindliche Verhaltensregel für die Organe und die Mitgliedstaaten, der Beschluß habe zur Zuständigkeit der Gemeinschaft gehört. Auch nach Ansicht des EuGH bedurfte dieser Beschluß damit einer Rechtsgrundlage, nur das Erfordernis der Begründung nach Art. 190 EWGV könne nicht auf „Rechtsakte so besonderer Art" wie diesen Beschluß ausgedehnt werden[54]; Ergebnis: Es liegt ein verbindlicher Akt des Rates in der Form eines Beschlusses vor, der, nach außen, weil auch an die Mitgliedstaaten, gerichtet, nach dem Prinzip begrenzter Ermächtigung einer konkreten Rechtsgrundlage bedurfte. Die Einordnung ist demnach eindeutig. Deshalb mag es überraschen, daß dieser Beschluß ebenfalls Eingang in den Bereich des „soft law" gefunden hat[55] mit der Begründung, es handele sich dabei um einen Beispielsfall dafür,

---

50 Schon terminologische Bedenken hat auch *Gauweiler*, a. a. O., (Fn. 39), S. 74.

51 Ähnlich *Gauweiler*, a. a. O., (Fn. 39), S. 80 und oben C.II.

52 Rs. 22/70„ Slg. 1971, 263 ff.

53 A. a. O., (Fn. 52), S. 278.

54 A. a. O., (Fn. 52), S. 282 f.

55 *Wellens / Borchardt*, a. a. O., (Fn. 40), S. 267/311 f.

daß „soft law" unter anderem die Funktion habe, „(to) provide the legal framework for future discussions and negatiations between states or between states and international organisations"[56].

Es ist dies ein exemplarischer Fall dafür, daß die Wirksamkeit und Leistungsfähigkeit vorhandener Kategorien erst ausgeschöpft werden sollte, bevor neue Kategorien geschaffen werden.

Abgelehnt werden muß schließlich noch die Auffassung, dies sei als Ergänzung zur „soft law"-Thematik hinzugefügt, konkurrierende Kompetenzen der Mitgliedstaaten würden bereits durch den Erlaß von „soft law" beschränkt, also nicht erst durch den Erlaß rechtlich unmittelbar verbindlicher Normen[57]. Wenn auch für dieses Argument wieder das AETR-Urteil des EuGH herangezogen wird, so ist dem entgegenzuhalten, daß die fragliche Passage lautet[58]:

> „Insbesondere sind in den Bereichen, in denen die Gemeinschaft zur Verwirklichung einer vom Vertrag vorgesehenen gemeinsamen Politik Vorschriften erlassen hat, die in irgendeiner Form gemeinsame Rechtsnormen vorsehen, die Mitgliedstaaten weder einzeln noch selbst gemeinsam handelnd berechtigt, mit dritten Staaten Verpflichtungen einzugehen, die diese Normen beeinträchtigen. In dem Maße, wie diese Gemeinschaftsrechtsetzung fortschreitet . . ."

Die Rede ist also von Vorschriften, Rechtsnormen und Gemeinschaftsrechtsetzung. Aus der Formulierung „in irgendeiner Form" kann daher nicht geschlossen werden, daß auch das „soft law" kompetenzverdrängende Wirkung hat. Es sind nur alle Formen des „hard law" zulässig. Alles andere müßte zur Konsequenz haben, daß wegen des, auch den Schutz mitgliedstaatlicher Kompetenzen bezwekkenden Prinzips begrenzter Ermächtigung dieses Prinzip auch auf das „soft law" angewendet werden müßte, also auf rechtlich nicht unmittelbar verbindliche Außenakte. Dies ist jedoch ein Ergebnis, das weder den Intentionen der Gründungsverträge selbst noch derer entspricht, die den Begriff „soft law" gerade geschaffen haben, um einen gewissen Grad an Verbindkeit mit weitgehender Loslösung von für Rechtsnormen geltenden Grundsätzen zu verbinden. Auch dieses Problem zeigt, daß es ratsamer ist, auf die Übernahme des Begriffs „soft law" im Gemeinschaftsrecht zu verzichten[59].

---

[56] *Wellens / Borchardt,* a. a. O., (Fn. 40), S. 311.

[57] *Wellens / Borchardt,* a. a. O., (Fn. 40), S. 309.

[58] A. a. O., (Fn. 52), S. 275.

[59] *Gauweiler,* a. a. O., (Fn. 39), S. 83; *Hilf,* EuR 1984, 9 /19 spricht von einem "Zauberbegriff"; für einen Begriff des „soft law" im Gemeinschaftsrecht *Bothe,* in: FS *Schlochauer,* S. 761 ff., der allerdings Bedenken dahingehend äußert, die Übernahme weiterer völkerrechtlicher Strukturen könne ein „weiteres Abdriften der Gemeinschaften aus der Supranationalität in die Internationalität" bewirken (S. 774 f.), auch dies ein Aspekt der zu berücksichtigen ist und zeigt, welch inkompatible Größen das sich nur aus der „Supranationalität" der EG (zu diesem Begriff oben C.I.) erklärende Prinzip begrenzter Ermächtigung und „soft law" darstellen.

3. Fazit

Den Organen der EWG stehen eine Vielzahl von Handlungsmöglichkeiten zur Verfügung. Dabei kann eine wesentliche Unterscheidung schon danach vorgenommen werden, ob ein bestimmter Akt schon als solcher verbindlich oder unverbindlich ist, ob er nur das Innenverhältnis, also die Beziehung zwischen den Organen, betrifft, oder auch nach außen gerichtet ist oder auch danach, ob ein Organ bestimmte Regelungen trifft oder nur rein tatsächlich tätig wird und dabei von einem Recht Gebrauch macht, letzteres etwa bei der Anfrage des Parlamentes an die Kommission.

„Soft law" ist dagegen keine im Bereich des Gemeinschaftsrechts taugliche Kategorie.

III. Die Reichweite des Prinzips begrenzter Ermächtigung im einzelnen

— Eine Antwort auf die Frage, welche Handlungen der Gemeinschaftsorgane den Beschränkungen des Prinzips begrenzter Ermächtigung unterliegen, ist zuerst einmal im Primärrecht selbst zu suchen.

Art. 4 Abs. 1 Satz 2 EWGV führt dabei zunächst nicht weiter, da er sagt, jedes Organ handele „nach Maßgabe der ihm in diesem Vertrag zugewiesenen Befugnisse", es aber gerade darum geht, zu ergründen, was „handeln" konkret bedeutet. Die speziellen Aufgabennormen der einzelnen Organe (Art. 137, 145, 155, 164 EWGV) äußern sich schon differenzierter, ist dort doch von „Beratungs- bzw. Kontrollbefugnissen" (Art. 137 EWGV) oder von „Entscheidungsbefugnis" (Art. 145, 155) und anderem die Rede, jedoch sind diese Aufzählungen im Laufe der Entwickung der EG lückenhaft geworden, z. B. sind Mitwirkungs- und Mitentscheidungsbefugnisse des Europäischen Parlaments in Art. 137 EWGV nicht erwähnt[60]. Auch diese Normen geben somit keinen Überblick, welche Handlungen „nach Maßgabe des Vertrages" zulässig sind, oder anders gewendet, einer derartigen vertraglichen Maßgabe erst bedürfen.

— Erfolgversprechend ist daher allein der Versuch, die Reichweite des Prinzips begrenzter Ermächtigung aus den schon oben[61] herausgearbeiteten Funktionen heraus näher zu bestimmen und zu umreißen. Dabei handelt es sich, das zur Erinnerung, um folgende Punkte:

---

60 *Grabitz / Läufer*, EWGV, Art. 137 Rdnr. 5 („Wortlaut von Art. 137 inzwischen unvollständig und anpassungsbedürftig"); s. auch *Grabitz / Hummer*, EWGV Art. 155 Rdnr. 4 zur Aufgabenumschreibung der Kommission.

61 B.III.

— vertikale Gewaltenteilung zwischen der EG und den Mitgliedstaaten
— Rechtschutzfunktion durch Kompetenzbegrenzung
— Sicherungsfunktion im Sinne eines Vorbehalts des Gesetzes
— Gewaltenteilung und Gewaltenverschränkung
— Sicherung eines Mindestmaßes demokratischer Legitimation von Hoheitsentscheidungen der Gemeinschaftsorgane.

Zu unterscheiden ist, von diesem Ansatzpunkt ausgehend, zwischen vier verschiedenen Bereichen, die nun im einzelnen zu behandeln sind.

1. Verbindliche Akte der Organe mit Außenwirkung

Wie schon dargestellt, handeln die Gemeinschaftsorgane in verbindlicher Weise gegenüber Mitgliedstaaten und / oder Individuen durch Verordnungen, Richtlinien und Entscheidungen gem. Art. 189 EWGV, aber auch durch anders bezeichnete Akte, wenn ihnen eine derartige Wirkung zukommt, etwa in Form von Beschlüssen oder Entschließungen. Verbindlichkeit bedeutet dabei die unmittelbare Begründung von Rechten und Pflichten der Adressaten aus dem Akt selbst heraus.

Da durch derartige Handlungen sowohl der Kompetenzbereich der Mitgliedstaaten, etwa im Bereich konkurrierender Zuständigkeit, betroffen ist, als auch das rechtliche Interesse einzelner Personen, gilt wegen der Kompetenzabgrenzungsfunktion zu den Mitgliedstaaten und der Rechtschutzfunktion des Prinzips begrenzter Ermächtigung dieses Prinzip hier uneingeschränkt.

Dabei kommt es, wenn von verbindlichen Akten die Rede ist, nicht darauf an, ob diese Akte in Rechte einzelner eingreifen oder ob es sich um begünstigende Akte handelt. Auch subventionsgewährende Handlungen mögen zwar für den Begünstigten von Vorteil sein, können aber im Bereich der Abgrenzung zur Kompetenz der Mitgliedstaaten zu erheblichen Konsequenzen führen. Ein treffendes Beispiel dafür sind die Bedenken der Bundesländer im Hinblick auf die durch Art. 23 EEA eingefügten Art. 130 a ff. EWGV durch die sie ihre innerstaatliche Befugnis zur regionalen Wirtschaftsförderung beeinträchtigt sehen[62].

Auch der EuGH vertritt die Ansicht, verbindliche begünstigende Handlungen der Gemeinschaftsorgane bedürften einer vertraglichen Grundlage[63], doch wurde dieses Problem inzwischen weitgehend dadurch entschärft, daß derartige Grundlagen im Primärrecht in den wichtigsten Fällen vorhanden sind[64].

---

62 BR-Drs. 150/86 S. 8 zu Art. 23 EEA; zu den Grundlagen des Subventionsrechts aus EG-rechtlicher Sicht *Matthies*, ZHR 1989, 442 ff.

63 Verb. Rs. 7/56 und 3-7/57, Slg. 1957, 83/118; Rs. 111/63, Slg. 1965, 893/911.

64 Art. 40 Abs. 4, 123 ff., 130 c EWGV.

Wenn dagegen vorgetragen wird, eine Beihilfenkompetenz ergebe sich aus den Aufgaben des EWGV in Verbindung mit der Rechtsfigur der implied powers, gleichzeitig aber betont wird, es ergebe sich, anders als etwa bei politischen Resolutionen, deren Grundlage sich ebenso herleiten ließe, die Notwendigkeit einer genaueren vertraglichen Präzisierung der Aufgaben, „da sich hier auch Fragen der Kompetenzabgrenzung zwischen EWG und Mitgliedstaaten“[65] stellen, liegt im letzten Halbsatz das Eingeständnis begründet, daß es sich hier um einen Anwendungsfall des Prinzips begrenzter Ermächtigung handelt, der Schluß von Aufgaben auf Befugnisse mit Hilfe der implied powers also nicht der Kompetenzherleitung dienen kann.

2. Unverbindliche Akte mit Außenwirkung

Für unverbindliche Akte mit Außenwirkung, wie etwa Stellungnahmen oder Empfehlungen durch Rat oder Kommission gilt dagegen das Prinzip begrenzter Ermächtigung nicht. Hinsichtlich der Kommission ergibt sich dies bereits aus dem Vertrag selbst, der in Art. 155 UA 2 EWGV bestimmt, daß diese „Empfehlungen und Stellungnahmen auf den in diesem Vertrag bezeichnenden Gebieten abgibt, soweit der Vertrag dies audrücklich vorsieht (= Prinzip begrenzter Ermächtigung, Anm. d. Verf.) oder soweit sie es für notwendig erachtet“. Diese Regelung ist eine Konsequenz aus der Tatsache, daß derartige unverbindliche Handlungsformen weder unmittelbar die Kompetenzen der Mitgliedstaaten berühren, noch die Stellung des einzelnen Marktbürgers. Auch andere Funktionen des Prinzips begrenzter Ermächtigung sind nicht betroffen. Aus diesen allgemeinen Erwägungen, die Art. 155 UA 2 EWGV zugrundeliegen, folgt aber auch, daß das Prinzip begrenzter Ermächtigung auch nicht für den Rat gelten kann, wenn dieser in unverbindlicher Weise außengerichtete Akte erläßt[66]. Diesem Verständnis steht allerdings der Wortlaut des EWGV entgegen, der in Art. 189 Abs. 1 auch für Empfehlungen und Stellungnahmen auf nähere Vertragsvorschriften verweist und nur für die Kommission in Art. 155 UA 2 EWGV davon eine ausdrückliche Ausnahme vorsieht. Diese Tatsache läßt sich jedoch mit dem Zweck des Prinzips begrenzter Ermächtigung nicht erklären.

In der Praxis stützt der Rat auch seine Empfehlungen auf konkrete Rechtsgrundlagen, ohne die Heranziehung der einzelnen Grundlagen aber jeweils explizit zu begründen[67], die Kommission „stützt“ Empfehlungen auf Art. 155 EWGV[68], der jedoch gar keine Kompetenzgrundlage darstellt und dessen Erwähnung insoweit überflüssig ist.

---

65 *Bleckmann*, a. a. O., (Fn. 7).

66 So auch *Zuleeg*, a. a. O., (Fn. 13), S. 17.

67 Z. B. ABl. 1988 Nr. L 335/29 gestützt auf Art. 235 EWGV.

68 Z. B. ABl. 1986 Nr. L 118/28.

Sind somit unverbindliche nach außen gerichtete EG-Akte nach den Funktionen des Prinzips begrenzter Ermächtigung von einer speziellen Rechtsgrundlage unabhängig, ergeben sich dennoch insoweit, wenn auch relativ weitgesteckte, Grenzen, als z. B. die Kommission nur Empfehlungen und Stellungnahmen abgeben darf, „um das ordnungsgemäße Funktionieren und die Entwicklung des Gemeinsamen Marktes zu gewährleisten" und nur „auf den in diesem Vertrag bezeichneten Gebieten". Diese Schranken zu betonen ist insofern gerechtfertigt, als z. B. Empfehlungen zwar nicht verbindlich sind, doch auch nicht ohne jede Rechtswirkung. Nach dem EuGH[69] sind nämlich z. B. die nationalen Gerichte verpflichtet, diese Empfehlungen bei der Entscheidung der bei ihnen anhängigen Rechtsstreitigkeiten zu berücksichtigen, insbesondere dann, wenn die Empfehlungen Aufschluß über die Auslegung nationaler Rechtsvorschriften geben, die zu ihrer Durchführung erlassen worden sind oder wenn sie die Ergänzung zwingender Gemeinschaftsvorschriften bezwecken.

Kommt auch unverbindlichen Rechtsakten demnach eine Rechtswirkung zu, ist es gerechtfertigt, Art. 155 EWGV zu verallgemeinern und eine Beschränkung auf den in Art. 2 EWGV festgelegten Aufgabenbereich zu verlangen[70]. Zum Vergleich: Auch im Bereich der Bundesrepublik müssen unverbindliche nach außen gerichtete Akte, die Rechtswirkungen zeitigen und influenzierenden Charakter haben die Zuständigkeitsbereiche des Grundgesetzes einhalten. So rechtfertigen sich etwa Warnungen der Bundesregierung vor Jugendsekten und Jugendreligionen u. a. dadurch, daß diese im Kompetenzbereich des Bundes gem. Art. 74 Nr. 7 GG (Gesundheitswesen) angesiedelt werden können[71]. Wenn solche Zuständigkeitsbeschränkungen schon in einem Bundesstaat eingehalten werden müssen, dann erst recht im Bereich der EG mit ihrem beschränkten Tätigkeitsfeld. Neben dem Prinzip begrenzter Ermächtigung als gewissermaßen erster Stufe der Kompetenzgrenzen bildet somit der Aufgabenbereich der EG eine zweite Stufe kompetentieller Einschränkungen.

3. Mitwirkungshandlungen an verbindlichen Akten mit Außenwirkung

Wie unter Punkt 1. gezeigt wurde, gilt für verbindliche Akte mit Außenwirkung das Prinzip begrenzter Ermächtigung uneingeschränkt. Damit ist bei Erlaß jeden derartigen Aktes ein in der Kompetenznorm genau festgelegtes Verfahren zu beachten, bzw. es sind bestimmte Gemeinschaftsorgane im Vorfeld des Erlasses dieses Aktes in spezifischer Weise zu beteiligen. Auf die Bedeutung des Prinzips

---

[69] Rs. 322/88, Tätigkeitsbericht 28/89, S. 6/7.

[70] So auch *Kloepfer,* UPR 1986, 321/323 für den Bereich verhaltensdirigierender Maßnahmen.

[71] BVerwG NJW 1989, 2272/2274; krit. mit der Forderung nach einer gesetzlichen Grundlage für derartige Warnungen, *Gröschner,* DVBl 1990, 619/629.

begrenzter Ermächtigung für die Festlegung bestimmter Verfahrensweisen wurde bereits hingewiesen[72]. So haben etwa die Kommission ein Vorschlagsrecht oder das Parlament eine Befugnis zur Abgabe einer Stellungnahme nur dann, wenn dies in der jeweiligen Kompetenzgrundlage festgelegt ist, mag diese Beteiligungsmöglichkeit auch nicht immer systematischen Kriterien entsprechen[73].

Wenn also beispielsweise der Rat auf Art. 128 EWGV gestützte Beschlüsse erläßt[74], so ist darin eine Stellungnahme des Europäischen Parlaments nicht vorgesehen, eine Kompetenz dazu gegenüber dem Rat also auch nicht gegeben. Mit anderen Worten: Die Befugnisse der EG-Organe bedürfen auch im Innenverhältnis der Organe zueinander einer konkreten vertraglichen Grundlage, was gleichsam als Reflexwirkung aus der Geltung des Prinzips begrenzter Ermächtigung für verbindliche Außenakte der Gemeinschaft folgt und damit keiner eigenen Rechtfertigung bedarf. Diese Tatsache ist für den EuGH dabei auch kein Grund, Kompetenzgrundlagen, die z. B. keine Anhörung des Europäischen Parlaments vorsehen, wie besagter Art. 128 EWGV, bewußt restriktiv auszulegen, um damit der Gefahr einer Umgehung des Parlaments durch die Wahl derartiger Rechtsgrundlagen entgegenzuwirken[75]. Daß eine Anhörung des Parlaments in praxi auch dann erfolgt, wenn dies vertraglich nicht vorgesehen ist[76], besagt nichts über dessen rechtliche Kompetenzen nach den EG-Gründungsverträgen.

4. Vorwiegend interne Handlungen

Neben nach außen gerichteten verbindlichen und unverbindlichen Akten verbleiben nun noch eine Vielzahl von Handlungen, die weitgehend auf den internen Bereich der Gemeinschaft beschränkt sind, also im EG-Organbereich eine Rolle spielen, ohne dabei jedoch Mitwirkungshandlungen an außengerichteten Akten darzustellen (dazu oben 3.). Auf einige sei beispielhaft eingegangen:

(1) Organisationsakte

Sind diese nicht durch die Organisationsgewalt bzw. Organisationskompetenz des einzelnen Organs gedeckt (Akte im Rahmen dieser Organisationskompetenz fallen nicht in den Geltungsbereich des Prinzips begrenzter Ermächtigung)[77],

---

72 B.II.2.d).

73 EuGH Rs. 242/87, NJW 1989, 3091.

74 Z. B. das Berufsbildungsprogramm „PETRA“ (ABl. 1987 Nr. L 346/31).

75 Rs. 56/88, NJW 1989, 3090.

76 Zu diesen sog. fakultativen Konsultationen s. den Überblick bei *Grabitz / Läufer*, EWGV, Art. 137, Rdnr. 18 ff.

77 *Hilf*, Organisationsstruktur, S. 11 ff. rät, im Gemeinschaftsrecht den Begriff der Organisationskompetenz zu verwenden, da dem Begriff „Organisationsgewalt“ kein eindeutiger Inhalt zu entnehmen sei.

wie etwa bei der Errichtung von Hilfsorganen mit eigener vom Gemeinschaftsrecht unabhängiger Rechtspersönlichkeit — als Beispiel sei das schon angesprochene „Europäische Zentrum für die Förderung der Berufsbildung“ [78] genannt — ist doch wieder der Erlaß eines verbindlichen Rechtsaktes erforderlich, da solch gravierende organisatorische Eingriffe auch erhebliche Außenwirkung besitzen. Trotz des Charakters als Organisationsmaßnahme wird somit der rein interne Bereich verlassen, es liegt also eine Ausnahme von der einleitend vorgenommenen Kategorisierung vor, womit es gerechtfertigt ist, doch nur von „vorwiegend“ internen Maßnahmen zu sprechen. Grundlagen sind dabei meist, wie im eben genannten Beispielsfall auch[79], auf Art. 235 EWGV gestützte Verordnungen. Das Erfordernis einer konkreten Rechtsgrundlage erklärt sich damit aus den oben unter 1. angestellten Erwägungen, nämlich vor allem aus der Kompetenzabgrenzungsfunktion des Prinzips begrenzter Ermächtigung, die im Gemeinschaftsrecht auch in Fragen derartiger Organisationsakte eine Rolle spielt[80]. Art. 235 EWGV ermöglicht demgemäß auch im Bereich der Organisationsstruktur der Gemeinschaften die zur Bewältigung anstehender Aufgaben notwendige Flexibilität. Zu beachten ist dabei allerdings im Interorganbereich das sogenannte „institutionelle Gleichgewicht“ [81], demgemäß „jedes Organ in gleicher Weise an der Wahrnehmung der Aufgaben der Gemeinschaft beteiligt ist wie andere Organe, von denen jedes nach Maßgabe der ihm im Vertrag zugewiesenen Befugnisse handelt“ [82]. Danach ist es nicht möglich, wesentliche Gewichtsverschiebungen zwischen den Hauptorganen der Gemeinschaft, auch etwa durch Schaffung neuer Organisationseinheiten, vorzunehmen. Das Erforderlichkeitskriterium im Tatbestand des Art. 235 EWGV schafft hierfür das notwendige Regulativ[83]. Ob die demnach gesetzten Grenzen eingehalten sind, muß der jeweiligen Prüfung im Einzelfall vorbehalten bleiben.

(2) Interorganverträge

Bei der rechtlichen Erörterung der zunehmend bedeutsamer werdenden[84] Interorganabsprachen sind zwei Gesichtspunkte im Zusammenhang mit der Kompetenzproblematik zu unterscheiden: Zum einen fragt es sich, ob die Gemeinschaftsorgane die Befugnis besitzen, Interorganverträge als unmittelbar rechtlich bindende Abkommen zu schließen, obwohl dafür im Primärrecht keine ausdrückliche Grundlage vorhanden ist, zum anderen ist das Problem berührt, inwieweit durch derartige Absprachen, wie z. B. diejenige über das sogenannte Konzertierungsver-

---

[78] S. o. Fn. 23.

[79] ABl. 1975 Nr. L 39/1.

[80] *Hilf,* a. a. O., (Fn. 77), S. 12.

[81] Dazu ausführlich die Übersicht bei *W. Bernhardt,* S. 86 ff.

[82] Verb. Rs. 188 bis 190/80, Slg. 1982, 2545/2573.

[83] S. o. auch *Hilf,* a. a. O., (Fn. 77), S. 315.

[84] S. o. Fn. 39.

fahren[85], vertraglich festgelegte Befugnisse zwischen den Organen verändert oder ergänzt werden können.

Was die Kompetenz zum Abschluß von Interorganverträgen anbetrifft, wird die Ansicht vertreten, das Prinzip begrenzter Ermächtigung gelte hierfür nicht. Es sei nur anwendbar bei Akten, die Mitgliedstaaten oder Individuen binden, was bei Interorganverträgen, die die eigenen Kompetenzen der Organe beträfen, gerade nicht der Fall sei[86].

Die Begriffe „handeln" und „Befugnisse" in Art. 4 Abs. 1 Satz 2 EWGV, der Grundlage des Prinzips begrenzter Ermächtigung, sind insoweit offen, können also neben außengerichtete Tätigkeiten auch Akte im rein internen Bereich der Gemeinschaft erfassen, aber schon Art. 137 EWGV gibt einen darüber hinausgehenden Anhaltspunkt. Wenn er davon spricht, das Europäische Parlament habe u. a. nur Kontrollbefugnisse, die ihm „nach diesem Vertrag zustehen", so betrifft das ausschließlich den Interorganbereich, wie etwa das Interpellationsrecht gem. Art. 140 Abs. 3 EWGV[87]. Daß das Prinzip der begrenzten Ermächtigung auch durchaus Geltung im Verhältnis zwischen den Organen haben kann, zeigte darüber hinaus auch die Erörterung der Mitwirkung von EG-Organen an außengerichteten verbindlichen Akten (oben 3.). Aufschluß kann auch hier wieder eine Betrachtung der Funktionen des Prinzips begrenzter Ermächtigung geben, im vorliegenden Zusammenhang vor allem die Wahrung der vertraglich niedergelegten Kompetenzabgrenzung im Sinne einer gemeinschaftlichen Gewaltenteilung. Hier berühren sich somit eng das Prinzip der begrenzten Ermächtigung und der Grundsatz des oben erwähnten institutionellen Gleichgewichts, was nicht verwundert, bietet doch Art. 4 Abs. 1 Satz 2 EWGV einen „Anhaltspunkt für die Abgrenzung der Befugnisse der einzelnen Hauptorgane (auch; Hinzufügung des Verf.) untereinander und damit für den Grundsatz des institutionellen Gleichgewichts"[88]. Dieser Grundsatz findet damit ein wesentliches, sozusagen wieder „statisches" Element im Prinzip der begrenzten Ermächtigung, das Organhandeln auch gegenüber anderen Organen nur zuläßt, wenn sich dafür eine vertragliche Grundlage findet. Dabei gilt dieses Prinzip aber nur für solche Handlungen, die auch tatsächlich geeignet sind, das institutionelle Gleichgewicht zu verändern, also für unmittelbar rechtlich verbindliches Handeln, wie den Abschluß von Interorganverträgen, oder auch rein tatsächliche Akte, die Verpflichtungen bei anderen Organen begründen, wie etwa die Interpellationen, die nicht nur ein Fragerecht des einen Organs, sondern auch eine Antwortpflicht des anderen vorsehen.

Da das Prinzip des Erfordernisses der Kompetenzzuweisung damit auch für derartige Interorganhandlungen Anwendung findet, ist der Abschluß von unmit-

85 „Gemeinsame Erklärung des Europäischen Parlamentes, des Rats und der Kommission über verschiedene Maßnahmen zur Gewährleistung einer besseren Entwicklung des Haushaltsverfahrens vom 30.6.1982" (ABl. 1982 Nr. C 194/1).

86 *Gauweiler,* a. a. O., (Fn. 39), S. 58.

87 Überblick bei *Grabitz / Läufer,* EWGV, Art. 137, Rdnr. 34 ff.

88 *Hilf,* a. a. O., (Fn. 77), S. 312.

telbar verbindlichen Interorganverträgen, mangels vertraglicher Ermächtigung, nicht möglich[89].

Nicht möglich ist es damit auch, durch Interorganabsprachen das Kompetenzgefüge im Verhältnis der Organe in rechtlich verbindlicher Weise zu verändern. Wo die Grenze zwischen einer Konkretisierung schon bestehender vertraglicher Befugnisse und der Änderung vertraglicher Zuständigkeiten verläuft, ist dabei einer Prüfung im Einzelfall überlassen. Jedenfalls können Kompetenzänderungen und -erweiterungen nur im Verfahren gem. Art. 236 EWGV vorgenommen werden[90]. Auch Kommission und Rat deuten eine derartige Haltung an, wenn sie den Interorganabsprachen nur eine politische Bedeutung beimessen[91], die die rechtliche Kompetenzsituation unverändert gelassen hat. Inwieweit derartige politische Erklärungen, etwa über das Institut der sog. „Organtreue", Verbindlichkeit erlangen können, ist eine andere Frage[92].

Wenn demnach das Prinzip begrenzter Ermächtigung im oben angedeuteten Umfang auch im Verhältnis der EG-Organe zueinander gilt, so seien dazu noch zwei Anmerkungen gemacht:

Die Struktur der Ermächtigung im Innenverhältnis unterscheidet sich von derjenigen im Außenverhältnis natürlich dadurch, daß letztere etwa auch das Verfahren beim Erlaß von Rechtsakten, Mehrheitsverhältnisse etc. regeln, während im Interorganbereich, was in der Natur der Sache liegt, sich die Ermächtigung in der bloßen Befugniszuweisung erschöpft.

Zwar findet der Grundsatz des institutionellen Gleichgewichts seine Grundlage in Art. 4 Abs. 1 Satz 2 EWGV, doch ist dieser Grundsatz nicht allein statisch zu verstehen, ja es kann sogar dazu kommen, daß er zum Prinzip begrenzter Ermächtigung in ein Spannungsverhältnis tritt, das es im Ausnahmefall erfordern kann, unter Berufung auf das institutionelle Gleichgewicht einem Organ Kompetenzen zuzubilligen, die das Primärrecht nicht vorsieht. Jüngstes Beispiel dafür ist die Rechtsprechung des EuGH[93], der dem Europäischen Parlament ein Klagerecht nach Art. 173 EWGV zubilligte, obwohl dies im Vertrag nicht enthalten ist.

(3) Resolutionen des Europäischen Parlaments

Parlamentsentschließungen werden zwar in der Absicht verabschiedet, andere Organe zum Handeln und zur Umsetzung in bindende Rechtsakte zu veranlassen, ihnen kommt jedoch keine Verbindlichkeit zu, sie lösen bei Rat oder Kommission

---

89 Ebenso *Läufer,* EuR 1979, 261/270 f.

90 So auch *W. Bernhardt,* S. 117.

91 S. die Antworten von Rat und Kommission auf schriftliche Anfragen von Abgeordneten des Europäischen Parlaments: Anfrage Nr. 169/77 ABl. 1977 Nr. C 259/4 und Anfrage Nr. 170/77 ABl. 1977 Nr. C 180/18.

92 Dazu *Gauweiler,* a. a. O., (Fn. 39), S. 104 ff.

93 Rs. C 70/88, EuZW 1990, 221 f.

keine Verpflichtungen aus[94]. Das Prinzip begrenzter Ermächtigung ist daher nicht anwendbar, Resolutionen des Europäischen Parlaments bedürfen keiner ausdrücklichen Vertragsgrundlage. Das Europäische Parlament ist bei Resolutionen aber auch nicht (im Rahmen der nächsten Stufe der Kompetenzabschichtung) an den Aufgabenbereich der EG gebunden, seine Äußerungskompetenz ist also umfassend, weil Art. 30 IV EEA auch eine Beteiligung des Europäischen Parlaments an der Europäischen Politischen Zusammenarbeit vorsieht und damit die ohnehin im Bereich der EG schwierige Trennung von wirtschaftlichen zu allgemeinpolitischen (hier: außenpolitischen) Bereichen überflüssig gemacht wird. Der Befassungskompetenz des Europäischen Parlaments sind damit praktisch keine Schranken gesetzt, nicht zuletzt deshalb ist seine Funktion als betont integrationsfreundliches Organ weitgehend anerkannt.

Verbindliche Akte des Europäischen Parlaments wiederum, wie etwa die Feststellung des Haushaltsplans bedürfen einer konkreten Kompetenzzuweisung, was in diesem Fall in Art. 203 Abs. 7 EWGV erfolgt ist.

IV. Zusammenfassung

Das Prinzip begrenzter Ermächtigung gilt für verbindliche Akte der EG-Organe mit Außenwirkung, für Mitwirkungsakte daran im Interorganverhältnis, für bestimmte Arten von Organisationsakten, soweit sie ebenfalls als verbindliche Akte mit Außenwirkung erlassen werden, sowie bei der Herleitung von Befugnissen gegenüber anderen Organen im EG-Organverhältnis, wenn dabei verbindlich gehandelt bzw. Verpflichtungen oder Rechte anderer Organe begründet werden sollen.

Unverbindliche Handlungen können im Rahmen des Aufgabenbereichs der EG vorgenommen werden[95], der durch Art. 2 EWGV festgelegt ist. Resolutionen des Europäischen Parlaments erfassen auch den Bereich der EPZ.

Maßstab und Hintergrund für diese Einschätzung sind die Funktionen des Prinzips begrenzter Ermächtigung wie sie oben im (unter B.) entwickelt wurden, wobei die Funktionen der Kompetenzabgrenzung zwischen der EG und den Mitgliedstaaten und der Befugnisabgrenzung im Interorganverhältnis der Gemeinschaft wegweisend sind.

---

94 Zu Bestrebungen des Parlaments, seinen Resolutionen Bindungscharakter im Verhältnis zur Kommission zu verschaffen *Grabitz / Läufer*, EWGV, Art. 137, Rdnr. 24.

95 Dabei bedarf es nicht der zusätzlichen Heranziehung der implied powers-Lehre; zumal dann nicht, wenn dies einerseits für nötig gehalten wird, andererseits aber betont wird, die strengen Anforderungen dieser Lehre griffen hier nicht, weil sie nur für rechtsbeschränkende Maßnahmen entwickelt worden sei (so *Bleckmann*, a. a. O., (Fn. 7), S. 616). Dies erscheint inkonsequent, ein Verzicht auf das Argumentationsmuster „implied powers" daher angebracht.

E. Das Prinzip begrenzter Ermächtigung und die Einheitliche Europäische Akte

I. Allgemeines zur Einheitlichen Europäischen Akte

Mögen die Ansichten über die Bedeutung der am 17. und 28.2.1986 von den Mitgliedstaaten in Den Haag unterzeichneten und am 1.7.1987 in Kraft getretenen Einheitlichen Europäischen Akte[1] im einzelnen auch weit auseinandergehen[2], so handelt es sich doch immerhin — in Titel II des Vertragswerkes — um die umfangreichsten Änderungen der Gründungsverträge der Europäischen Gemeinschaften seit deren Abschluß im Jahre 1951 bzw. 1957.

Deshalb ist es gerechtfertigt, danach zu fragen, inwieweit die EEA Konsequenzen für das als Strukturprinzip der Gründungsverträge, zumal des EWG-Vertrages, erkannte Prinzip begrenzter Ermächtigung hat. Dabei geht es sowohl um Einflüsse auf die grundsätzliche Weitergeltung des Prinzips, als auch auf mögliche Zielveränderungen oder -erweiterungen der Gründungsverträge, die sich ihrerseits wieder, wegen der schon beschriebenen finalen Ausrichtung gemeinschaftsrechtlicher Ermächtigungen, auf die Interpretation dieser Kompetenzgrundlagen auswirken müssen.

Die Einheitliche Europäische Akte unterteilt sich in vier Titel. Titel I und IV enthalten dabei gemeinsame Bestimmungen und Schlußbestimmungen, Titel II legt die im Verfahren nach Art. 236 EWGV, Art. 204 EAGV, Art. 96 EGKSV vorgenommenen Änderungen der EG-Gründungsverträge fest, während in Titel III erstmals die bislang weitgehend auf politischen Erklärungen beruhenden Grundlagen der Europäischen Politischen Zusammenarbeit ihre Aufnahme in einen völkerrechtlich bindenden Vertrag gefunden haben. An die Akte selbst schließen sich verschiedene Erklärungen von an den Vertragsverhandlungen

---

1 BGBl. 1986 Teil II, 1102 ff.

2 S. etwa einerseits die Entschließung der italienischen Abgeordnetenkammer vom 17.12.1986, dort heißt es u. a.: „Die Abgeordnetenkammer ist der Ansicht, daß die EEA den realen Erfordernissen der Entwicklung der Gemeinschaft und ihrer Politiken, der Notwendigkeit einer Stärkung ihrer Institutionen im Hinblick auf ihre effiziente und demokratische Gestaltung sowie dem Behauptungswillen der politischen Identität Europas auf internationaler Ebene nicht gerecht wird" (zit. nach Bieber, ÖZöRV 1988, 212/218), andererseits z. B. Glaesner, in: Schwarze, Der Gemeinsame Markt, S. 9 ff. der zu einer überwiegend positiven Einschätzung gelangt. Darauf, daß die Beurteilung im wesentlichen von den unterschiedlichen Erwartungen über den Fortgang der europäischen Integration geprägt wird, weist zurecht *Bieber,* a. a. O., S. 218 f., hin.

Beteiligten an, die die Konferenz der Vertreter der Mitgliedstaaten teils „angenommen", teils „zur Kenntnis genommen" hat; soweit eine Annahme erfolgt ist, können diese Erklärungen bei der Auslegung der EEA gem. Art. 31 Abs. 2 lit. a WVRK herangezogen werden[3], ihr Aussagegehalt selbst ist teilweise umstritten[4]. Eingeleitet wird die EEA schließlich durch eine Präambel mit 8 Erwägungsgründen, deren erster den Willen der Unterzeichnerstaaten zum Ausdruck bringt, die Gesamtheit der Beziehungen zwischen diesen Staaten in eine „Europäische Union" umzuwandeln.

Die EEA stellt damit eine Verknüpfung von Änderungsbestimmungen des EG-Primärrechts mit rein völkerrechtlichen Vertragsbestimmungen unter dem gemeinsamen Dach eines einzigen Vertragswerkes dar, ein Umstand, dem von den einen[5] Symbolgehalt zugewiesen wird, den andere, unter Hinweis auf eine notwendige klare Trennung von Integrationsbereich der Gemeinschaft und nicht integrierter intergouvernementaler Zusammenarbeit auf dem außenpolitischen Sektor, nur unter Vorbehalten akzeptierten[6].

Die auch von der EEA als möglicher Endpunkt[7] eines europäischen Integrationsprozesses anvisierte „Europäische Union" (s. etwa Art. 1 Abs. 1 EEA) war praktisch seit Beginn der 50er Jahre Gegenstand von Plänen, Memoranden und Reformüberlegungen, wenn auch der Begriff selbst erst 1962 in Art. 1 des sogenannten „Fouchet-Planes"[8] offizielle Verwendung gefunden hat. Neben diesem Plan erlangten u. a. Bedeutung der „Entwurf eines Vertrages über die Satzung der Europäischen Gemeinschaft"[9] (1953), der „Tindemans-Bericht"[10] (1975/76), der „deutsch-italienische Entwurf für eine Europäische Akte"[11] (1981), die „Feierliche Deklaration zur Europäischen Union"[12] (1983) sowie der „Entwurf eines Vertrages zur Gründung der Europäischen Union"[13] (1984), vorgelegt durch das Europäische Parlament. Dabei wurde die konkrete inhaltliche Ausgestaltung des Zieles „Europäische Union" aus politischen Gründen stets bewußt offengelassen,

---

3 So auch *Grabitz*, EEA, Rdnr. 29; a. A. *Toth*, CMLR 1986, 803/810 f. unter Hinweis auf Art. 31 EEA; Art. 31 EEA legt jedoch nur das Objekt der Interpretation fest, nicht dessen Mittel.

4 S. dazu im einzelnen unten III.

5 Den Gedanken der „Unicité" favorisierte von vornherein die Kommission (Bull. EG 9-1985, S. 8).

6 Zur Position Dänemarks *de Zwaan*, CMLR 1986, 747/769 f.

7 Fraglich ist, ob mit dem Begriff „Europäische Union" auf einen konkreten Endzustand der Gemeinschaftsintegration hingewiesen werden soll oder ob damit ein prozeßhafter Verlauf fortschreitender Integration ohne bestimmte Endpunkte beschrieben wird. Diese Frage wirft auch *Ress*, in: GS *Geck*, S. 625/636 Fn. 29, auf; s. dazu schon oben C. Fn. 27.

8 Abgedruckt in: *Schwarze / Bieber* (Hrsg.),Eine Verfassung für Europa, S. 435 ff.

9 A. a. O., (Fn. 8), S. 397 ff.

10 A. a. O., (Fn. 8), S. 523 ff.

11 EA 1982, D 50 ff.

12 EA 1983, D 420 ff.

13 ABl. 1984 Nr. C 77, S. 33 ff.

um nicht durch bestimmte Festlegungen einen Konsens zwischen den Mitgliedstaaten der Gemeinschaft zu gefährden, von denen nicht alle dem Gedanken positiv gegenüberstehen, die Gemeinschaft auf dem Wege der Reform der Gründungsverträge über den wirtschaftlichen Kernbereich hinaus auch zu einer politischen Gemeinschaft zu erweitern. So kann es nicht verwundern, wenn etwa die „schrittweise zu verwirklichende Europäische Union" bezeichnet wird als eine „auf tatsächliche und wirksame Solidarität und auf gemeinsame Interessen gegründete, immer enger werdende Union der europäischen Völker und Staaten, die auf der Gleichheit der Rechte und Pflichten ihrer Mitglieder beruht"[14]. Tautologische Erwägungen[15] also, anstelle einer hinreichend exakten Umschreibung, um sich bewußt einen größtmöglichen Grad an Flexibilität im europäischen Einigungsprozeß zu erhalten.

Einem der Entwürfe zur Verwirklichung der Europäischen Union, nämlich dem Vertragsentwurf des Europäischen Parlaments aus dem Jahre 1984, kommt eine wesentliche Initialfunktion für die Einheitliche Europäische Akte selbst zu[16], die jedoch inhaltlich weit hinter diesem Entwurf zurückblieb, mußten doch etwa das Vereinigte Königreich, Dänemark und Griechenland, die sich noch auf dem Europäischen Rat am 28./29.6.1985 in Mailand gegen die Einberufung einer Regierungskonferenz zur Änderung der Gemeinschaftsverträge ausgesprochen hatten, erst dadurch zu einer Mitarbeit bewogen werden, daß weniger die Verwirklichung politischer Zielsetzungen als vielmehr das Binnenmarktkonzept der Kommission in den Mittelpunkt der Vertragsänderungsdiskussion gerückt wurde[17] und sich der Titel der EEA, der Bestimmungen über die Europäische Politische Zusammenarbeit enthält, auf die bloße Wiedergabe praktisch schon vollzogener Verfahrensweisen beschränkt[18]. Die eigentlichen Verhandlungen der Regierungskonferenz dauerten von September 1985 bis Januar 1986, wobei die Ausarbeitung der EEA selbst im wesentlichen zwei Ausschüssen zukam; einer setzte sich aus den ständigen Vertretern der Mitgliedstaaten bei der EG unter Vorsitz des Luxemburgers Dondelinger zusammen und erörterte die Reform der EG-Verträge, während der zweite, ebenfalls unter luxemburgischem Vorsitz (Mischo) aus den politischen Direktoren der Außenministerien bestand und sich mit der Ausarbeitung von Titel III der EEA zur EPZ befaßte.

Beiden Ausschüssen war auch jeweils ein Vertreter der EG-Kommisison zugeteilt. Die eigentlichen politischen Entscheidungen im Rahmen der Regierungskonferenz trafen demgegenüber die Außenminister und vor allem die im Europäi-

[14] Gemeinsamer deutsch-italienischer Vorschlag für die Fortentwicklung der Europäischen Gemeinschaft zur Europäischen Union v. 4.11.1981 — Erster Teil Punkt 1 (EA 1982, D 50/51).

[15] So auch *Grabitz,* in: *Knoche* (Hrsg.), S. 37/40.

[16] *de Zwaan,* a. a. O., (Fn. 6), 748.

[17] Zu dieser Vorgehensweise *de Ruyt,* L'acte unique européen, S. 70 f.

[18] So die Feststellung des Europäischen Parlaments in seiner Entschließung vom 11.12.1985 (Bull. EG 12/1985, S. 11).

schen Rat versammelten Staats- und Regierungschefs der Mitgliedstaaten auf ihrer Sitzung am 2./3.12.1985 in Luxemburg, die in wesentlichen Streitfragen den entscheidenden Durchbruch erzielen konnten, so zu den Bereichen Binnenmarkt, Währungspolitik, wirtschaftlicher und sozialer Zusammenhalt, Forschung und Technologie, Umwelt, Sozialpolitik, die Möglichkeit der Errichtung eines Gerichtshofs erster Instanz und der EPZ[19].

Die Tatsache schließlich, daß die Unterzeichnung der EEA am 17.2.1986 nicht durch alle Mitgliedstaaten erfolgt ist, ist ein weiteres Beispiel für den Dissens unter den EG-Mitgliedern über die eigentlichen Ziele der Integration, der durch den inhaltsleeren Begriff der „Europäischen Union" nur mühsam überdeckt werden konnte. Während Dänemark sich aufgrund einer Entschließung seines Parlaments außerstande sah, die EEA zu unterzeichnen, da dieses Bedenken hinsichtlich zu weit gehender nationaler Souveränitätsverluste trug, gingen Italien die Reformen nicht weit genug, vor allem was eine notwendige Stärkung der Stellung des Europäischen Parlaments anbetrifft, eine Stärkung, der sich Dänemark wiederum vehement widersetzte. Dänemark, nach einer mit zustimmendem Ergebnis verlaufenen Volksbefragung, sowie Griechenland, das sich zunächst abwartend verhielt, unterzeichneten die EEA schließlich am 28.2.1986[20].

Die vorstehend angestellten Überlegungen zur Struktur der EEA, ihrem Zusammenhang mit früheren Plänen zur „Europäischen Union", ihrer Ausarbeitung und den Auseinandersetzungen zwischen den Mitgliedstaaten um den zukünftigen Charakter der Gemeinschaft bilden den notwendigen Hintergrund, um im einzelnen die Auswirkungen der EEA auf das Prinzp begrenzter Ermächtigung zu untersuchen.

II. Auswirkungen der Einheitlichen Europäischen Akte auf das Prinzip begrenzter Ermächtigung selbst

Die Frage nach einer Änderung des Prinzips begrenzter Ermächtigung selbst durch die EEA mag manchen überraschen, wird diese Akte doch von der überwiegenden Mehrheit in der Literatur als zwar beachtlicher aber doch relativ kleiner Schritt im Rahmen der Fortentwicklung der EG angesehen, so daß eine Änderung von Grundprinzipien des Gemeinschaftsrechts, wie dem Prinzip begrenzter Ermächtigung, von vornherein ausgeschlossen erscheint.

Daß zumindest die Fragestellung nicht abwegig ist, vermag jedoch etwa folgendes Zitat[21] unter Beweis zu stellen, in dem es um die Folgewirkungen der EEA geht:

---

19 Einen Überblick über den Abschluß der Regierungskonferenz geben de Zwaan, a. a. O., (Fn. 6), 747 ff. sowie *de Ruyt*, a. a. O., (Fn. 17), 67 ff.

20 Zu den Positionen von Dänemark und Italien *de Ruyt*, a. a. O., (Fn. 17), 88 ff.

„. . . It is now clear that the Community institutions have comprehensive general powers, and not a series of limited, specific powers (compétences d'attribution) (. . .) Since the Single Act (not just Title III) refers to European Union, it is now difficult to see any area which would be permanently outside the scope of Community powers."

Wenn dabei weiter darauf hingewiesen wird, diese umfassende Gemeinschaftskompetenz folge aus der Tatsache, daß niemand mehr EG-Mitglied werden könne, ohne sich gleichzeitig in seiner Außenpolitik den Verfahren der EPZ nach Titel III der EEA zu unterwerfen, so ist letzteres zwar richtig, doch finden bei einer derartigen Argumentation die oben angesprochenen[22] dänischen Befürchtungen ihre Bestätigung, daß durch eine Zusammenfassung von EG-Vertragsreform und EPZ in einer einheitlichen Akte die Grenzen zwischen dem Integrationsbereich der EG und der allein auf Kooperation angelegten EPZ zu zerfließen drohen, mit der Folge, daß, wie im vorstehenden Zitat geschehen, „der Gemeinschaft" als solcher auf einmal Kompetenzen im Bereich auch der Außen- und Sicherheitspolitik zugerechnet werden, womit sich in der Tat die Frage stellen würde, was die EG-Kompetenzen vom Umfang her noch von staatlichen Befugnissen unterscheide, zumal dann, wenn aus der Erwähnung des politischen Ziels einer „Europäischen Union" in der Präambel und Art. 1 Abs. 1 EEA auf die zu deren Verwirklichung erforderlichen Handlungsermächtigungen geschlossen wird.

Um den soeben beschriebenen Gefahren einer Fehlinterpretation und der vorzeitigen Verabschiedung des Prinzips begrenzter Ermächtigung entgegenzuwirken, ist daher zunächst festzuhalten, daß in Art. 30 EEA zwar institutionelle Verknüpfungen zwischen Organen der EG und der EPZ vorgesehen sind (Art. 30 Abs. 3 lit. b EEA für die Kommission; Art. 30 Abs. 4 EEA für das Europäische Parlament), außerdem wird materiell eine Kohärenz der auswärtigen Aspekte der EG-Tätigkeit und der Politiken der EEA angestrebt (Art. 30 Abs. 5 EEA), doch ist weiterhin die Außen- und Sicherheitspolitik kein Bestandteil der Politiken der EG[23]. Darüber hinaus ist es, wie schon angedeutet, unzulässig, aus der Zielvorgabe „Europäische Union" in der EEA auf eine wesentliche Kompetenzerweiterung der EG zu schließen. Die Verwirklichung der Europäischen Union ist als zu erstrebender Punkt vorgesehen, doch vollzieht sich dieser Prozeß weiterhin auf der Grundlage der EG einerseits, der EPZ andererseits[24] (2. Erwägungsgrund der Präambel der EEA).

---

21 *Temple Lang*, NILQ 1988, 209/224 f.; etwas abgerückt ist *Temple Lang* von dieser Ansicht, wenn er in NILQ 1989, 227/228 f. gerade wieder „the requirement of an explicit legal basis" betont, und meint „all Community legal measures must be adopted on the basis of an identifiable legal power or basis (. . .) This requirement of a legal basis is important . . .".

22 S. dazu Fn. 6.

23 Auch in Art. 1 Abs. 2 und Abs. 3 EEA sind die Bereiche und Grundlagen von EG und EPZ deutlich getrennt.

24 Von *Ress*, a. a. O., (Fn. 7), S. 634 Fn. 27 „Zwei-Säulen-Doktrin" genannt.

Beide, EG wie EPZ, „funktionieren dabei nach ihren eigenen Regeln", zu denen, für die EG, eindeutig das Prinzip begrenzter Ermächtigung als elementares Strukturprinzip gehört.

Auf die Weiterexistenz des Prinzips begrenzter Ermächtigung weist auch Art. 3 Abs. 1 EEA hin, wenn er davon spricht, daß die Organe der Europäischen Gemeinschaften „ihre Befugnisse und Zuständigkeiten unter den Bedingungen und im Hinblick auf die Ziele ausüben, die in den Verträgen zur Gründung der Europäischen Gemeinschaften und den nachfolgenden Verträgen und Akten zur Änderung oder Ergänzung dieser Verträge sowie in Titel II vorgesehen sind". Der darin, im Unterschied etwa zu Art. 4 Abs. 1 Satz 2 EWGV, besonders zum Ausdruck gebrachte Umstand der Zielorientierung gemeinschaftlicher Kompetenzen bringt dabei in der Sache nichts Neues, da diese sich schon bisher aus der Struktur der jeweiligen Einzelkompetenzen ergab[25].

Auch aus Art. 32 EEA, demgemäß „vorbehaltlich des Art. 3 Abs. 1, des Titels II und des Artikels 31 (...) die Verträge zur Gründung der Europäischen Gemeinschaften (...) durch die vorliegende Akte in keiner Weise berührt werden", ergibt sich zwangsläufig die Fortexistenz des Prinzips begrenzter Ermächtigung als besonderer Ausdruck des Charakters der europäischen Einigung als bis dato bloßer Teilintegration. Dabei darf auch nicht übersehen werden, daß gerade die EEA zur Stärkung dieses Prinzips dadurch beigetragen hat, daß bisher im wesentlichen auf teilweise rechtlich umstrittene Weise über die Generalklausel des Art. 235 EWGV und den ebenfalls breitgefaßten Art. 100 EWGV in den gemeinschaftlichen Aktionsbereich einbezogene Aktivitäten der EG[26] in den Bereichen Umwelt[27], Forschung und technologische Entwicklung[28] sowie des Europäischen Fonds für regionale Entwicklung[29] durch konkrete Aufnahme in den EWGV nunmehr eine speziellere Ermächtigung gefunden haben. Auch wurde die Anwendungsmöglichkeit des Art. 235 EWGV bei der Herstellung einer Wirtschafts- und Währungsunion durch 102 a Abs. 2 EWGV stark zugunsten des Vertragsänderungsverfahrens nach Art. 236 EWGV beschnitten[30]. Andererseits, das sei zur Vervollständigung des Bildes aber noch erwähnt, wurden jedoch auch Tätigkeitsfelder auf bisher gleichfalls zweifelhafter rechtlicher Grundlage nicht in den EWGV integriert, weil man auf Seiten der Kommission bei Eröffnung der Regierungskonferenz zur Ausarbeitung der EEA die Ansicht vertrat, in Bereichen wie

---

25 Auf die Formulierungsunterschiede in Art. 3 Abs. 1 EEA und Art. 4 Abs. 1 EWGV weist auch *W. Bernhardt*, S. 73 Fn. 17 hin.

26 S. dazu ausführlich oben C.

27 Art. 25 EEA.

28 Art. 24 EEA.

29 Art. 23 EEA.

30 Darauf weist auch *Steindorff*, Grenzen der EG-Kompetenzen, S. 121, hin: "Deutlicher kann das primäre Recht nicht zum Ausdruck bringen, daß der Rückgriff auf Art. 235 EWGV in Schranken zu verweisen ist.".

Energie, Industrie, Gesundheits- oder Bildungswesen „könnten auch Fortschritte gemacht werden, ohne den Vertrag zu ergänzen"[31].

Auch die Verwirklichung des durch die EEA in den Vordergrund gerückten Binnenmarktes soll sich gem. Art. 8 a Abs. 1 EWGV durch Vornahme von Maßnahmen aufgrund darin eigens genannter Vertragsgrundlagen sowie „gemäß den sonstigen Bestimmungen" des EWGV vollziehen; um die Rolle des Europäischen Parlamentes dabei zu stärken wurde gem. Art. 149 EWGV ein besonderes Verfahren der Zusammenarbeit geschaffen, das jedoch ebenso wie die Möglichkeit der Abstimmung mit qualifizierter Mehrheit nur dann zum Tragen kommt, wenn dies in der speziellen Ermächtungsgrundlage so vorgesehen ist, mag daraus im einzelnen oft auch keine bestimmte Systematik erkennbar sein[32].

Hat somit die bisherige Analyse der EEA und ihrer im Titel II bewirkten Änderungen der EG-Gründungsverträge weniger eine Bedeutungsminderung, wie das Eingangszitat erwarten ließ, als vielmehr eine Bedeutungsverstärkung des Prinzips begrenzter Ermächtigung[33] erkennen lassen, so muß dieses Ergebnis auch nicht im Hinblick auf zwei Bestimmungen des neugeschaffenen Titels VII des EWGV (Umwelt) revidiert werden.

Art. 130 s Abs. 2 EWGV, der bestimmt, daß der Rat (einstimmig) festlegen kann, was unter die mit qualifizierter Mehrheit zu fassenden Beschlüsse der EWG im Umweltbereich fällt, ist nicht etwa Ausdruck einer (begrenzten) Kompetenz-Kompetenz, sondern eine bloße Verfahrensregelung, die die Beschlußfassung auf diesem Sektor in vom Rat zu bestimmenden Bereichen erleichtern soll, und schließlich stellt auch Art. 130 r Abs. 4 Satz 1 EWGV die Geltung des Prinzips begrenzter Ermächtigung nicht in Frage.

Geht man einmal davon aus, daß Art. 130 r Abs. 4 Satz 1 EWGV („Die Gemeinschaft wird im Bereich der Umwelt insoweit tätig, als die in Absatz 1 genannten Ziele besser auf Gemeinschaftsebene erreicht werden können als auf der Ebene der einzelnen Mitgliedstaaten") für die Kompetenzverteilung zwischen EG und Mitgliedstaaten auch rechtliche Relevanz besitzt und nicht nur eine allgemeine politische Leitlinie darstellt[34], so ist doch nicht etwa Art. 130 Abs. 4 Satz 1 EWGV selbst eine umfassende Kompetenznorm, die dann in der Tat noch konturloser erschiene als etwa Art. 235 EWGV und damit noch mehr als dieser den Gedanken aufkommen lassen könnte, es handle sich um eine Durchbrechung

---

[31] So EG-Kommissionspräsident Delors am 9.9.1985 in Luxemburg (Bull. EG 9 — 1985, S. 9 f.).

[32] Vgl. etwa die nicht plausible Differenzierung zwischen Art. 57 Abs. 1 und 2 EWGV hinsichtlich der Beteiligungsform des Europäischen Parlaments.

[33] Darauf weisen auch die zunehmenden Rechtsstreitigkeiten zur Wahl der Rechtsgrundlage hin; dazu oben C.III.2.d).

[34] S. zu den zu Art. 130 r Abs. 4 Satz 1 EWGV vertretenen Ansichten den Überblick bei *Grabitz*, EWGV, Art. 139 r, Rdnr. 69 ff., sowie neuestens *Vorwerk*, S. 46 ff. und unten G.III.3.a).

des Prinzips begrenzter Ermächtigung, die eventuell richtungsweisend für künftige Kompetenzgrundlagen der EG, die im Rahmen von Vertragsänderungen geschaffen werden könnten, sei. Umgekehrt bestätigt jedoch gerade auch Art. 130 r Abs. 4 Satz 1 EWGV im Kontext mit anderen Normen die Geltung des Prinzips begrenzter Ermächtigung. Die eigentliche Kompetenzgrundlage im Umweltbereich bildet nämlich Art. 130 s EWGV. Dieser stellt die im Rahmen außenwirksamer Akte in der jeweiligen Ermächtigung festzulegende Regelung des erforderlichen Stimmverhältnisses und der beteiligten Organe dar, wird als Kompetenznorm durch Art. 130 r Abs. 4 Satz 1 EWGV inhaltlich im Sinne des Subsidiaritätsprinzips[35] ausgestaltet, der seinerseits über den Hinweis auf die Ziele des Art. 130 r Abs. 1 EWGV auch die für Kompetenznormen dieses Vertrages charakteristische Zielorientierung herstellt, mit anderen Worten: Das Prinzip begrenzter Ermächtigung findet auch in den neuen Bestimmungen des EG-Umweltrechts seine Bestätigung.

Im Ergebnis wurde damit das Prinzip begrenzter Ermächtigung durch die EEA nicht nur nicht angetastet, sondern hat demgegenüber sogar eine Stärkung und Aufwertung seines Bedeutungsgehaltes erfahren.

Anschließend soll nun noch kurz auf darüber hinausgehende Einflüsse der EEA auf die Kompetenzverteilung zwischen der EG und den Mitgliedstaaten eingegangen werden, um insoweit das Bild inhaltlich abzurunden.

III. Auswirkungen der Einheitlichen Europäischen Akte auf die Ausgestaltung der Kompetenzen der Europäischen Gemeinschaften im einzelnen

Bei Fortgeltung des Prinzips begrenzter Ermächtigung bestimmen sich die Kompetenzen der EG weiterhin nach im einzelnen vertraglich festgelegten Ermächtigungsgrundlagen. Eine Antwort auf die Frage nach der Reichweite der Befugnisse der Gemeinschaft kann somit nur durch Analyse und Auslegung dieser Grundlagen im Einzelfall gefunden werden, was hier nicht geleistet werden soll und kann.

Es soll daher lediglich anhand von wenigen besonders bedeutsam erscheinenden Beispielen aufgezeigt werden, welche Rolle die EEA für eben diese Beurteilung der Kompetenzsituation über die bloße Feststellung der Weiterexistenz eines Prinzips begrenzter Ermächtigung hinaus zu spielen vermag[36].

---

35 S. dazu unten G.III.3.a).

36 S. zur Bedeutung der EEA für die Kompetenzfrage etwa Glaesner, EuR 1986, 119 ff.; *Bieber*, a. a. O., (Fn. 2), 212 ff.; *Grabitz*, a. a. O., (Fn. 15), 37 ff.

1. Die „Europäische Union“

Wie bereits erwähnt[37], bringt die EEA den Willen der vertragsschließenden Parteien zum Ausdruck, die Gesamtheit der Beziehungen der Mitgliedstaaten der EG „in eine ‚Europäische Union‘ umzuwandeln“ (1. Erwägungsgrund der Präambel), diese „Europäische Union“ auf der Grundlage der EG und der EPZ zu errichten (2. Erwägungsgrund der Präambel), wobei beide, EG und EPZ, durch ihre Tätigkeit das Ziel verfolgen, zu „konkreten Fortschritten auf dem Wege zur 'Europäischen Union' beizutragen“ (Art. 1 Abs. 1 EEA). Die Ausgestaltung einer derartigen Union bleibt dabei weitgehend im Unklaren[38], so daß der Feststellung, die EEA präzisiere damit die im 1. Erwägungsgrund der Präambel des EWG-Vertrages gewählte Formulierung[39] („. . . in dem festen Willen, die Grundlagen für einen immer engeren Zusammenschluß der europäischen Völker zu schaffen“) mit Skepsis begegnet werden muß, ist doch insoweit eine konkretere Ausgestaltung der Vertragsziele nicht erkennbar. Richtig ist dagegen, daß sich die Bedeutung dieser Zielvorgabe durch Aufnahme in den eigentlichen Vertragstext selbst (Art. 1 Abs. 1 EEA) erhöht hat, wodurch ein gesteigerter Grad an rechtlicher Verbindlichkeit erreicht wurde[40]. Diese Relevanz kommt dabei vor allem darin zum Ausdruck, daß bei künftigen Vertragsänderungen sich niemand darauf berufen kann, eine Weiterentwicklung der EG über den rein wirtschaftlichen Kernbereich hinaus, wie diese auch immer aussehen mag, sei von den Vertragsparteien nicht beabsichtigt gewesen.

Darüber hinaus kommt Art. 1 Abs. 1 EEA als Bestimmung eines Ziels der EG auch, wie allen anderen Zielen[41], Bedeutung bei der Auslegung konkreter Normen des EG-Primärrechts zu. Fraglich bleibt jedoch, ob die „Europäische Union“ damit auch gleichzeitig zu einem „Ziel“ im Sinne des Art. 235 EWGV geworden ist[42]. Während einerseits festgestellt wird, wenn man der bisherigen Praxis und Interpretation des Art. 235 EWGV folge, müsse es rechtlich möglich sein, „bei Vorliegen sonstiger Voraussetzungen dieser Bestimmung, Maßnahmen zu treffen, die zu konkreten Fortschritten auf dem Wege zur Europäischen Union notwendig sind und deshalb über den bisherigen sachlichen Anwendungsbereich des Art. 235 EWGV hinauszugehen“[43], werden dagegen andererseits Bedenken vorgebracht mit dem Argument, dies entspreche wohl nicht den Intentionen vieler Vertrags-

---

[37] S. o. unter I. und II.

[38] S. o. unter I.

[39] S. *Grabitz,* Integration 1986, 95/97 oder *Ipsen,* in: FS *Partsch,* 327/331.

[40] Dabei kann in diesem Zusammenhang offenbleiben, ob sich aus Art. 1 Abs. 1 EEA eine Verpflichtung der Mitgliedstaaten zu konkreten Verhandlungen und Ergebnissen auf dem Weg zu einer „Europäischen Union“ im Sinne eines pactum de negotiando bzw. eines pactum de contrahendo ergibt; s. dazu *Ress,* a. a. O., (Fn. 24), S. 634.

[41] Zur Rolle der Vertragsziele in der Rechtsprechung des EuGH s. u. a. *Grabitz / Pernice,* EWGV, Art. 164 Rdnr. 23 ff. und Rs. 6/72, Slg. 1973, 215/244.

[42] Zur Anwendung des Art. 235 EWGV in der Praxis s. schon oben C.III.2c).

[43] *Glaesner,* a. a. O., (Fn. 2), S. 16.

partner der EEA, außerdem reichten die der Gemeinschaft durch Art. 235 EWG-Vertrag übertragenen Kompetenzen nicht aus, um wesentliche Elemente einer Europäischen Union zu schaffen[44]. Dem letzten Standpunkt kann dabei nur zugestimmt werden, zumal dann, wenn man sich vor Augen führt, welche Auseinandersetzungen es auf der Regierungskonferenz überhaupt um die Einfügung des Begriffs „Europäische Union" in die EEA gegeben hat[45]. Darüber hinaus ist für die Interpretation des Art. 235 EWGV noch generell von Bedeutung, daß die Gleichsetzung von „Zielen der Gemeinschaft" mit „Zielen gem. Art. 235 EWGV", der Funktion dieser Norm als bloßer Kompetenzergänzungsklausel nicht gerecht wird, vielmehr eine Unterscheidung dahingehend getroffen werden muß, ob es sich um bloße allgemeine und wirtschaftspolitische Erwartungen oder um konkrete Ziele und Aufgaben der EWG handelt[46]. Solche konkreten Ziele sind dabei in Art. 2 EWGV mit der „Errichtung eines Gemeinsamen Marktes" und der „schrittweisen Annäherung der Wirtschaftspolitik der Mitgliedstaaten" umschrieben, während das Ziel „Europäische Union" eine allgemeine politische Erwartung zum Ausdruck bringt, deren Realisierung weiteren Vertragsänderungen vorbehalten bleiben muß[47], aber nicht über Art. 235 EWGV möglich ist, der zusätzlich noch mit dem Tatbestandsmerkmal „im Rahmen des Gemeinsamen Marktes"[48] den primär wirtschaftsbezogenen Charakter dieser Norm zum Ausdruck bringt.

Die EEA hat somit zwar den Rahmen für die künftige Entwicklung der europäischen Integration vorgegeben, indem die EG und die EPZ auf ein gemeinsames Ziel, nämlich die „Europäische Union" hin zugeordnet wurden, doch ist damit Art. 235 EWGV kein neues Ziel zugewachsen. Die Ausstattung der Europäischen Union mit den „erforderlichen Aktionsmitteln" (2. Erwägungsgrund der Präambel der EEA) bleibt demnach ebenso wie die nähere Ausgestaltung der Union, eine zukünftige Aufgabe der Vertragspartner der Einheitlichen Akte, eine Umwandlung des Art. 235 EWGV in ein derartiges Aktionsmittel qua Konsens ist weder mit dem EWG-Vertrag vereinbar noch angesichts des Einstimmigkeitserfordernisses zu erwarten.

2. Neue Einzelkompetenzen im Rahmen des EWG-Vertrages

Gemäß dem der EEA zugrundeliegendem Konzept, durch die Akte nicht nur Verbesserungen am institutionellen System vorzunehmen und die außenpolitische

---

44 *Ders.*, (!), a. a. O., (Fn. 36), S. 123.

45 Dazu *de Ruyt*, a. a. O., (Fn. 17), S. 86 f. und oben I.

46 So auch *Grabitz*, EWGV, Art. 235, Rdnr. 12 ff./21 ff.

47 S. dazu etwa die Einberufung einer Regierungskonferenz zur Schaffung der Politischen Union (EA 1990, D 396/398).

48 Ziele im Sinne des Art. 235 EWGV benötigen immer auch einen Bezug zu den in Art. 2 EWGV allgemein umschriebenen Aufgaben; so *GBTE / Schwartz*, Art. 235, Rdnr. 81.

Kooperation auf eine völkerrechtlich verbindliche Rechtsgrundlage zu stellen, sondern der EG auch neue Befugnisse zuzuweisen bzw. bestehende Befugnisse auszuweiten und zu verfeinern[49], wurde der EWG-Vertrag um eine Reihe von Bestimmungen erweitert, die neue Kompetenzen vorsehen. Dabei handelt es sich um die schon oben[50] angesprochenen Bereiche Umwelt (Art. 130 r ff. EWGV), Forschung und technologische Entwicklung (Art. 130 f ff. EWGV) sowie wirtschaftlicher und sozialer Zusammenhalt (Art. 130 a ff. EWGV), aber auch um Sozialpolitik (Art. 118 a und b EWGV) sowie vor allem neue Rechtsgrundlagen zur Verwirklichung des Binnenmarktes (Art. 8 a ff., 100 a und b u. a. EWGV); auf das Binnenmarktkonzept selbst wird unten noch zurückzukommen sein.

Insgesamt betrachtet stellen sich diese Bestimmungen zum überwiegenden Teil als Rechtsgrundlage für Gemeinschaftsaktivitäten dar, die bisher auf Grund der Bestimmungen der Art. 100 und 235 EWGV vorgenommen wurden, so daß hier nur rechtlich eine Entwicklung nachvollzogen wurde, die praktisch unter extensiver Auslegung bisheriger Kompetenzen schon lange erfolgt war[51]. Darin liegt zwar eine Bestätigung des Prinzips begrenzter Ermächtigung[52], doch keine wesentliche Gewichtsverlagerung zuungunsten der Mitgliedstaaten. Dasselbe gilt für neu in den EWG-Vertrag aufgenommene konkrete Ziele, etwa im Umweltbereich Art. 130 r Abs. 1 EWGV, die auch vor der EEA durch die Rechtsprechung zum Teil schon als Ziele der Gemeinschaft anerkannt waren[53].

Die im Verhältnis der Organe zueinander eingeräumte Möglichkeit des Rates, der Kommission Durchführungsbefugnisse für einzelne im Rat erlassene Rechtsakte zu übertragen[54], ist schließlich in ihrer innovativen Tragweite gegenüber dem vorherigen Rechtszustand ebenso begrenzt wie die Möglichkeit des Europäischen Parlaments im Verfahren der Zusammenarbeit nach Art. 149 EWGV Vorlagen von Verordnungen oder Richtlinien in einer zweiten Lesung behandeln zu können[55]. Insgesamt bestätigt sich auch hier der eher restriktive Charakter der Neuerungen, die die Einheitliche Akte gebracht hat.

---

49 Zu den einzelnen Punkten dieses Konzepts s. den luxemburgischen Ratsvorschlag v. 2.7.1985 zur Einleitung des Verfahrens gem. Art. 236 EWGV in Bull. EG 7-8/1985, S. 8 f.

50 Unter I.

51 *Magiera,* in: GS Geck, S. 507/525; *Glaesner,* a. a. O., (Fn. 2) 16 ff.

52 S. oben unter II.

53 Zum Umweltschutz als Ziel der Gemeinschaft Rs. 240/83, Slg. 1985, 531.

54 Art. 145 UA 3 EWGV; zu Bedenken der Bundesländer im Hinblick auf diese Regelung, vor allem unter dem Gesichtspunkt der Wahrung ihrer Verwaltungszuständigkeit, s. BR-Drs. 150/86, S. 6.

55 Dazu, daß Art. 149 EWGV „hinter den Erwartungen an eine Vertragsänderung weit zurückblieb“ *Glaesner,* a. a. O., (Fn. 2), 29.

3. Das Bekenntnis zur Demokratie

Im 3. Erwägungsgrund der Präambel der EEA zeigen sich die EG-Mitgliedstaaten „entschlossen, gemeinsam für die Demokratie einzutreten, wobei sie sich auf die in den Verfassungen und Gesetzen der Mitgliedstaaten, in der Europäischen Konvention zum Schutze der Menschenrechte und Grundfreiheiten und der Europäischen Sozialcharta anerkannten Grundrechte, insbesondere Freiheit, Gleichheit und soziale Gerechtigkeit stützen". Diese Passage hat Bemühungen darum, ein Kommunalwahlrecht für Staatsangehörige anderer EG-Mitgliedstaaten im Aufenthaltsstaat zu schaffen, nach längerer Unterbrechung wieder zum Leben erweckt[56]. In den Erwägungsgründen 3 und 4 eines Richtlinienvorschlags der EG-Kommission[57] heißt es zur Begründung der Wahl des Art. 235 EWGV als Rechtsgrundlage unter anderem, die volle Verwirklichung der Freizügigkeit erfordere die tatsächliche und rechtliche Eingliederung derer, die davon Gebrauch machen. Für diese Eingliederung sei die Einräumung des Kommunalwahlrechts notwendig. Dieses trage „zur Wahrung der demokratischen Rechte bei, die die Mitgliedstaaten der EG gemäß der EEA zu ihrem Anliegen gemacht haben". Die Verbesserung der Bedingungen für das Funktionieren der Demokratie sei, so die Kommission, „auf jeden Fall seit der EEA ein anerkanntes Ziel der Gemeinschaft"[58]. So überrascht es nicht, wenn rechtliche Bedenken hinsichtlich der Regelungskompetenz der EG in diesem Bereich, die über Jahre hinweg die Verabschiedung einer derartigen Richtlinie verhindert haben[59], neuerdings mit dem schlichten Hinweis, seit Inkrafttreten der EEA seien „alle diesbezüglichen Zweifel hinfällig geworden"[60] als nicht mehr von Bedeutung angesehen werden.

Wenn damit zum Ausdruck gebracht werden soll, die Demokratie sei ein „Ziel" im Sinne des Art. 235 EWGV, so ist dies schon aus denselben Gründen abzulehnen, die auch dazu geführt haben, die „Europäische Union" nicht als derartiges Ziel anzusehen, da es sich, hier wie dort, um eine bloße politische Erwartung handelt, die nicht über Art. 235 EWGV kompetenzbegründend wirken kann. Soweit dagegen als eigentliches Ziel die Freizügigkeit angesehen wird und der Demokratieaspekt nur zu Auslegungszwecken herangezogen wird, ist gegen ein solches Vorgehen zunächst nichts einzuwenden, doch stellt sich dann immer noch die Frage, ob eine Regelung der EG die weiteren Voraussetzungen des Art. 235 EWGV, insbesondere die Notwendigkeit einer derartigen Rechtsetzung[61], beachtet, ob Art. 235 EWGV nicht über seinen ursprünglich gedachten

---

56 Einen Überblick über den Zeitraum ab 1974 gibt Bull. EG Beil. 7/86; speziell für den Zeitraum ab 1985 unter dem Stichwort „Europa der Bürger" s. auch *de Lobkowicz*, DÖV 1989, 519 ff.

57 ABl. 1988 Nr. C 246/3; ABl. 1989 Nr. C 290/4.

58 Bull. EG Beil. 2/88, S. 33.

59 A. a. O., (Fn. 56).

60 *Steffen*, BayVBl 1990, 297/298.

61 Bedenken hinsichtlich der Erfüllung dieses Tatbestandsmerkmals hat auch *Magiera*, DÖV 1987, 221/230.

Anwendungsbereich hinaus erneut für Zwecke eingesetzt wird, die über den Zuständigkeitsbereich der Gemeinschaft hinausgehen[62] oder ob im Hinblick auf die mit der geplanten Richtlinie verbundenen Verfassungsprobleme der Mitgliedstaaten[63] die EG-Organe, hier der Rat, gehalten sind, von ihren möglicherweise doch bestehenden Kompetenzen nur in einer Weise Gebrauch zu machen, die derartige Verfassungskonflikte verhindert oder zumindest reduziert.

Die meisten dieser Probleme können hierbei nur kurz angedeutet werden, die Frage eines Rücksichtnahmegebots auf nationale Verfassungsstrukturen wird dagegen noch später gesondert zu erörtern sein[64].

Hingewiesen sei noch auf die Tatsache, daß die Möglichkeit, die rechtlichen Probleme in diesem Bereich wenigstens auf EG-Ebene zu vermindern, auf der Regierungskonferenz dadurch vergeben wurde, daß ein dänischer Vorschlag zur Aufnahme einer ausdrücklichen Ermächtigungsgrundlage zur Regelung des Kommunalwahlrechts als Art. 66 a und b EWGV keine Unterstützung fand, nicht zuletzt unter Hinweis auf verfassungsrechtliche Bedenken[65].

Auch aus diesem Grunde erscheint es rechtlich nicht vertretbar, anzunehmen, die Mitgliedstaaten hätten die Kompetenzprobleme durch die Aufnahme der Demokratie als Gemeinschaftsziel in der Präambel der EEA und einer damit verbundenen Interpretationsänderung des Art. 235 EWGV gleichsam durch die Hintertüre lösen wollen.

4. Die Bedeutung des Binnenmarktbegriffs

Eines der zentralen Anliegen der EEA war die Änderung des EWG-Vertrages im Hinblick auf die für den 31.12.1992 geplante Verwirklichung des sogenannten „Binnenmarktes“[66]. Die wichtigsten zur Erreichung dieses Zieles erforderlichen Rechtsgrundlagen sind dabei in Art. 8 a Abs. 1 EWGV zusammengefaßt. Art. 8 a Abs. 2 EWGV definiert den Binnenmarkt als „Raum ohne Binnengrenzen, in dem der freie Verkehr von Waren, Personen, Dienstleistungen und Kapital gemäß den Bestimmungen dieses Vertrages gewährleistet ist“. Trotzdem scheint diese Definition ihren Zweck verfehlt und mehr Probleme geschaffen als gelöst zu haben. Zunächst drängt sich einem dieser Eindruck auf, wenn man in der Literatur die Meinungen dazu verfolgt, was unter dem Binnenmarkt zu verstehen ist[67],

---

62 Zur Rolle des Art. 235 EWGV als dynamischer Komponente des EWG-Vertrags s. schon oben C.III.2.c).

63 Die Kommission verlangt daher eine Verfassungsänderung, wo dies erforderlich ist und hält deshalb auch die Form der Richtlinie für geeignet, s. Bull. EG Beil. 2/88, S. 35; s. auch BVerfG DVBl. 1989, 1146 und BVerfG EuGRZ 1990, 438 ff. und 445 ff.

64 S. unten G.I.

65 Bull. EG Beil. 7/1986, S. 15.

66 Art. 13 ff. EEA.

67 S. dazu den Überblick bei *Zacker*, RIW 1989, 489 f.

werden doch, oft unter Berufung auf denselben Art. 8 a Abs. 2 EWGV, die unterschiedlichsten Ansichten vertreten, vor allem wenn es darum geht, das Verhältnis von „Gemeinsamem Markt“ und „Binnenmarkt“ zu bestimmen.

So werden beide Begriffe zum Teil synonym verwendet[68]. Der Binnenmarkt enthalte nicht nur eine Gewährleistung der Grundfreiheiten gem. Art. 8 a Abs. 2 EWGV, sondern, über Art. 8 a Abs. 1 und Art. 3 lit. f EWGV auch eine Sicherstellung gleicher Wettbewerbsbedingungen und habe damit denselben Bedeutungsgehalt wie der Begriff „Gemeinsamer Markt“. Das Binnenmarktkonzept wäre demnach nur ein Versuch der Forcierung schon bisher im EWG-Vertrag angelegter Bemühungen um größtmögliche wirtschaftliche Integration.

Nach einer zweiten Ansicht[69] bleibt der Binnenmarkt in seinem Gehalt hinter dem Gemeinsamen Markt zurück, dies ergebe sich aus Art. 8 a Abs. 2 EWGV, der nur die Grundfreiheiten erfasse, darüber hinaus folge die Nichtidentität der beiden Institute auch aus Art. 8 c und Art. 100/100 a EWGV die eindeutig beide Begriffe verwendeten, so daß diesen auch eine unterschiedliche Bedeutung zukommen müsse.

Um die denkmöglichen Relationen von Binnenmarkt und Gemeinsamem Markt schließlich noch zu vervollständigen, wird auch noch behauptet, der Binnenmarkt übersteige den Anwendungsbereich des Gemeinsamen Marktes[70], er erweitere den vertraglichen Anwendungsbereich[71], enthalte sogar Komponenten, die weit über die nur wirtschaftliche Integration hinausgehen[72] und ermögliche eine Gesetzgebung der Gemeinschaftsorgane auf Gebieten, die ursprünglich zur ausschließlichen Kompetenz der Mitgliedstaaten gehörten und bezüglich derer eine Übertragung auf die Gemeinschaft nicht im Vordergrund gestanden sei, die sich aber als Folge eines Konzepts „Raum ohne Binnengrenze“ ergäben[73].

Um der Gefahr einer Mystifizierung des Binnenmarktbegriffes entgegenzuwirken, sei auch hier an das Prinzip begrenzter Ermächtigung erinnert, das Kompetenzen der EG-Organe an Ermächtigungsgrundlagen bindet, die im Primärrecht zur Verfügung stehen müssen. Die Problematik der Argumentation, ein „Raum ohne Binnengrenze“ mit dem angestrebten, besonders symbolhaften, Wegfall der Grenzkontrollen an den Binnengrenzen der EG, erfordere weitgehende Regelungen durch die Gemeinschaft etwa im Bereich der Terroristenbekämpfung, der Drogenkriminalität oder des Ausländer- und Asylrechts, um dieses Ziel zu erreichen, die EEA habe demgemäß eine kompetenzausweitende Wirkung, die entsprechende Harmonisierungen — etwa über Art. 100 EWGV — zulasse[74], liegt

---

68 *Grabitz*, EWGV, Art. 8 a Rdnr. 3; *Glaesner*, a. a. O., (Fn. 36), 129; *Seidel*, in: FS *Steindorff*, 1455/1456.

69 Z. B. *Zacker*, a. a. O., (Fn. 67).

70 *Grabitz*, a. a. O., (Fn. 39), 98.

71 *Bieber*, a. a. O., (Fn. 2), 230.

72 *Hölscheidt / Pieper / Schollmeier*, JA 1990, 188/193 f.

73 *Ress*, a. a. O., (Fn. 7), 629 f. Fn. 15.

auf der Hand. Es ist dies die Gefahr des Schlusses von der Erforderlichkeit von Regelungen auf die dafür notwendige Kompetenz.

Richtig ist zwar die Feststellung, daß ohne ein Mindestmaß an Koordinierung das Konzept eines Binnenmarktes ohne Grenzen nicht verwirklicht werden kann[75], doch steht dafür nicht nur der Weg der Tätigkeit der EG-Organe, sondern auch der zwischenstaatlichen Kooperation zur Verfügung, wenn eine entsprechende EG-Kompetenz zu verneinen ist. Auch Art. 8 a Abs. 2 EWGV verweist auf die „Bestimmungen dieses Vertrages" und damit auf konkrete Ermächtigungsgrundlagen, deren Gehalt sich auch durch das Binnenmarktkonzept der EEA nicht geändert hat. So erfordert Art. 100 EWGV auch weiterhin eine unmittelbare Auswirkung zu harmonisierender Vorschriften „auf die Errichtung oder das Funktionieren des Gemeinsamen Marktes" und läßt damit etwa eine völlige Vereinheitlichung des Asylrechts der Mitgliedstaaten nicht zu, die deshalb auch, selbst für eine nur erfolgte Minimalharmonisierung, den Weg der Konvention gewählt haben[76].

Auf den Weg intergouvernementaler Zusammenarbeit verweisen auch die „Allgemeine Erklärung zu Art. 13 bis 19 der EEA" sowie die „Politische Erklärung der Regierungen der Mitgliedstaaten zur Freizügigkeit" im Anhang zur EEA für die Bereiche der Wanderungspolitik gegenüber Drittstaaten, Terrorismus, Kriminalität, Drogenhandel und unerlaubtem Handel mit Kunstwerken und Antiquitäten. Auch der EuGH hat in dem schon wiederholt erwähnten Urteil zur Zuständigkeit der Gemeinschaft im Bereich der Wanderungspolitik[77] ausgeführt, diese gehöre „beim gegenwärtigen Entwicklungsstand des Gemeinschaftsrechts" zur Zuständigkeit der Mitgliedstaaten, die EG habe nur die Kompetenz zur verbindlichen Organisation eines Mitteilungs- und Konsultationsverfahrens, also keine inhaltliche Befugnis. Der Vorbehalt in der oben genannten Erklärung zur Freizügigkeit, „unbeschadet der Befugnisse der Gemeinschaft", betrifft damit wohl insgesamt nur einen sehr engen Bereich.

Als Ergebnis bleibt insoweit festzuhalten: Wie auch immer der Binnenmarktbegriff inhaltlich zu verstehen sein mag[78], kompetenzerweiternde Funktion kommt ihm per se nicht zu, jedenfalls rechtfertigt er nicht als solcher jede Maßnahme der Gemeinschaftsorgane, die zur Verwirklichung eines „Raums ohne Binnengrenzen" flankierend erforderlich sein mag.

---

[74] In diesem Sinn wohl *Ress,* a. a. O., (Fn. 7), S. 629 f. Fn. 15; die Aussage, das Weißbuch der Kommission zum Binnenmarkt lasse eine Vereinheitlichung des Asylrechts der Mitgliedstaaten zu, ist in diesem Zusammenhang bezeichnend. Zulassen muß diese Vereinheitlichung der EWG-Vertrag, nicht ein Konzept der Kommission.

[75] *Hilf,* in: FS *Doehring,* S. 339/346.

[76] S. o. C. Fn. 133.

[77] Verb. Rs. 281, 283 bis 285 und 287/85, Slg. 1987, 3203 ff.

[78] Dafür, daß er jedenfalls nicht über den Bereich des Gemeinsamen Marktes hinausweist, spricht schon der Wortlaut des Art. 8 a Abs. 2 EWGV und der darin enthaltene Verweis auf die Einzelbestimmungen des Vertrages, die ihrerseits im Lichte des Art. 2 EWGV zu sehen sind.

IV. Zusammenfassung

Wie sich gezeigt hat, sind die Auswirkungen der Einheitlichen Europäischen Akte auf das Kompetenzgefüge zwischen der EG und den Mitgliedstaaten geringer als zunächst erwartet.

Das Prinzip begrenzter Ermächtigung als Strukturprinzip des EG-Primärrechts hat eine Stärkung erfahren, nicht zuletzt durch die Zuweisung verschiedener Einzelkompetenzen an die Gemeinschaft, die weitgehend schon bisher über Generalklauseln erfolgte Kompetenzverlagerungen bestätigt haben.

Die Präambel der EEA kann zur Auslegung der EG-Verträge herangezogen werden, insbesondere bildet die „Europäische Union" ein Ziel der Gemeinschaft, das jedoch, ebenso wenig wie das Ziel „Demokratie", als Ziel im Sinne des Art. 235 EWGV verstanden werden kann.

Durch das Binnenmarktkonzept der EEA wurde die EG nicht ermächtigt, alle zur Verwirklichung dieses Konzeptes erforderlichen Normen zu erlassen oder Einzelentscheidungen zu treffen. Es bedarf weiterhin des Rückgriffs auf konkrete Ermächtigungsgrundlagen, wie etwa Art. 100 EWGV, dessen Tatbestandsmerkmale, die ohnehin weit verstanden werden[79], durch die bloße Berufung auf zur Realisierung des Binnenmarktes erforderliche Maßnahmen, völlig ohne faßbaren Gehalt werden würden. Bei fehlender EG-Kompetenz bestehen Handlungsmöglichkeiten zwischenstaatlicher Art oder die Möglichkeit der Vertragsergänzung.

---

[79] S. dazu C.III.2.b).

F. Das Problem der Kompetenzabgrenzung zwischen der EG und den Mitgliedstaaten und Verfassungsprobleme — Versuche zu deren Lösung

I. Die bisherigen Ergebnisse der Untersuchung — Eine Zwischenbilanz

Im Verlaufe der vorangegangenen Überlegungen ist deutlich geworden, daß das Prinzip begrenzter Ermächtigung als eines der zentralen Strukturprinzipien des primären Gemeinschaftsrechts eine besondere Bedeutung nicht zuletzt für die Frage der Kompetenzabgrenzung zwischen der EG und ihren Mitgliedstaaten besitzt, seine darüber hinausgehenden Funktionen[1] treten demgegenüber etwas in den Hintergrund. Diese kompetenzabgrenzende Wirkung wird freilich dadurch verdeckt, daß die den EG-Organen zugewiesenen einzelnen Befugnisse dynamisch im Sinne einer teleologischen Interpretation ausgelegt werden[2], was zu einer stetigen Ausdehnung der Gemeinschaftstätigkeit auch über den rein wirtschaftlichen Kernbereich hinaus geführt hat; vorrangig sind an dieser Entwicklung vor allem die Kommission, das Europäische Parlament und der Europäische Gerichtshof beteiligt, aber auch der Rat sowie das Gremium der im Rat vereinigten Vertreter der Regierungen der Mitgliedstaaten tragen zur Erweiterung des Tätigkeitsbereichs der EG bei, der Rat nicht zuletzt im Wege einstimmiger Beschlüsse aufgrund der Art. 100 und 235 EWG-Vertrag. Die Stellung des Prinzips begrenzter Ermächtigung wurde jedoch, entgegen diesen sich in der Praxis vollziehenden Prozessen, wie gezeigt wurde[3], durch die Einheitliche Europäische Akte eher gestärkt, der Wunsch der Vertragsparteien der Akte nach deutlicheren Kompetenzregelungen im Grenzbereich zwischen der EG und den Mitgliedstaaten trat nicht zuletzt durch die Verankerung spezifischer Einzelkompetenzen im EWG-Vertrag zutage, die, für ihren Anwendungsbereich, die Stelle der eher diffusen generalklauselartigen Art. 100 und 235 EWGV einnehmen. Im Interesse einer zumindest graduellen Erleichterung der Klärung von Kompetenzfragen ist eine derartige Entwicklung sicher zu begrüßen.

Wenn somit, kontrastierend zur immer weiter ausgreifenden Gemeinschaftstätigkeit, die Tatsache der Relevanz des von seinem Grundsatz her eher statischen Prinzips begrenzter Ermächtigung in dieser Arbeit immer wieder eine besondere

---

1 S. dazu B.III.

2 S. die Darstellung unter C.

3 S. dazu E.

Betonung erfährt, geschieht das nicht etwa in Verkennung des Umstandes, daß das Verhältnis zweier Hoheitsträger nicht nur von der Abgrenzung des jeweiligen Kompetenzbereiches sondern auch durch Arbeitsteilung, gegenseitige Ergänzung und wechselseitige Verflechtung bestimmt wird[4]. Gerade von Seiten der EG-Kommission wird dies im Hinblick auf das Verhältnis der EG zu den Mitgliedstaaten immer wieder hervorgehoben[5].

Andererseits ist jedoch auf die Gefahren einer Überbetonung dieser Denkweise in aller Deutlichkeit hinzuweisen. Forderungen nach einer Überwindung des Dualismus und nach einem Miteinander z. B. zwischen der EG und den Bundesländern sowie nach deren gemeinsamen Handeln in Bereichen wie Kultur, Erziehung und Bildung, Hörfunk, Fernsehen usw.[6], tragen notwendigerweise die Tendenz in sich, weniger bestehende Kompetenzlagen als vielmehr ein zu erreichendes Ziel in den Vordergrund zu rücken[7]; die Klärung der Kompetenzgrundlage und deren möglichst genaue Bestimmung hat demgegenüber immer am Anfang der Lösung von Sachfragen zu stehen bevor Überlegungen nach einer, bezogen auf andere Kompetenzträger, möglichst konfliktfreien Regelungsmöglichkeit angestellt werden können. Nicht ein Prinzip der „Komplementarität"[8], sondern das der begrenzten Ermächtigung bildet damit den Ausgangspunkt bei der Beurteilung der Frage, wem die Befugnis zusteht, bestimmte Materien zu regeln. Nur eine solche Sicht entspricht dem Charakter der EG als Rechtsgemeinschaft und der Tradition des europäischen Rechtsstaates, sie ist auch nicht integrationsfeindlich[9], sondern im Hinblick auf zunehmende Spannungslagen zwischen gemeinschaftlichem Regelungsanspruch und nationalen Verfassungen eher integrationsfördernd, da Komplementarität als Gegenmodell zum Versuch eindeutiger Kompetenzklärung Konflikte nur verschiebt aber zu lösen nicht in der Lage ist.

---

4 Lenz, EA 1989, 125/134.

5 S. etwa Kommissionspräsident *Delors* anläßlich des Treffens mit der Ministerpräsidentenkonferenz in Bonn am 19.5.1988, EA 1988, D 337/342 f.

6 A. a. O., (Fn. 5), D 343.

7 A. a. O., (Fn. 5), D 342.

8 Auf die Gefahren einer Überbetonung des Kooperationsprinzips etwa im Hinblick auf die Vermischung von Verantwortungsbereichen im Verhältnis Staat-Bürger weist *Schrader*, DÖV 1990, 326/329, am Beispiel des Umweltschutzes hin.

9 Dazu, daß etwa das vom EuGH häufig zur Begründung seiner auf Dynamik angelegten Rechtsprechung herangezogene Argument der „Funktionsfähigkeit der Gemeinschaft" durchaus auch als Hinweis auf Ermächtigungsgrenzen für die EG zu verstehen ist, s. *Streinz*, Grundrechtsschutz, S. 248 f.; allgemein kritisch zur gleichsam synonymen Verwendung der Begriffe „dynamisch" und „integrationsfreundlich" wohl auch *Steindorff*, Grenzen der EG-Kompetenzen, 1990.

II. Allgemeines zur Kompetenzabgrenzung verschiedener Hoheitsträger

Probleme der Kompetenzabgrenzung gibt es, dieser Befund kann nicht überraschen, überall dort, wo Kompetenzen auf mehrere Hoheitsträger verteilt sind, vor allem also in an bundesstaatlichen Modellen orientierten Staatswesen. Ohne dabei erneut in eine Diskussion nach dem Wesen der Europäischen Gemeinschaften einzutreten [10], fragt es sich, ob manche dort bei der Ausgestaltung der Kompetenzabschichtung [11] bzw. der Herausbildung von Konfliktlösungsvarianten [12] gemachte Erfahrungen, unabhängig von ihrem Ursprung, auf das Verhältnis zwischen der EG und den Mitgliedstaaten übertragen werden können. Diese Erfahrungen sind daher kurz anhand ausgewählter Beispiele darzustellen, wobei sich die Darstellung auf die Gesetzgebungskompetenzen beschränkt.

1. Die Situation in der Bundesrepublik Deutschland

Die Verteilung der Gesetzgebungskompetenzen zwischen Bund und Ländern erfolgt nach Sachgebieten, wobei die kompetenzabgrenzende Funktion der grundgesetzlichen Regelungen deutlich hervorgehoben wird (Art. 70 Abs. 2 GG). Demnach sind mit dieser Abgrenzungsfunktion unvereinbare Doppelzuständigkeiten nicht möglich [13]. Davon zu unterscheidende Fälle der Überschneidung verschiedener Regelungsbereiche [14] wurden vom Bundesverfassungsgericht in unterschiedlicher Weise gelöst, etwa danach, ob es sich bei der beabsichtigten Regelung um einen Haupt- oder Nebenzweck der Kompetenznorm handelt [15], ob das Kompetenzthema „als solches" und nicht nur „als Reflex" [16] tangiert wird bzw. ob der Gegenstand der Kompetenznorm unmittelbar oder nur mittelbar Gegenstand der gesetzlichen Regelung ist [17]. Art. 30, 70 I GG begründet als Festlegung eines Regel-Ausnahme-Prinzips eine Zuständigkeitsvermutung zugunsten der Länder [18], zumindest sind jedoch die Ausnahmevorschriften über Bundeskompetenzen

[10] S. dazu oben C.I.

[11] Auf die Möglichkeit der Übernahme bundesdeutscher Kategorien wie „ausschließliche" oder „konkurrierende Zuständigkeit" weist *Streinz,* in: *Heckmann / Meßerschmidt* (Hrsg.), Gegenwartsfragen, S. 15/28 ff. hin, allerdings auch unter Betonung notwendiger Differenzierungen.

[12] S. etwa zu Parallelen zur Bundestreue die Ausführungen unter G.I.

[13] BVerfGE 36, 193/202 f.; 61, 149/204; 67, 299/321.

[14] Dazu allg. Erbguth, DVBl. 1988, 317/319 ff.; *Jarass / Pieroth,* GG, Art. 70 Rdnr. 4.

[15] BVerfGE 8, 143/149 ff.; 13, 181/196 ff.; 13, 367/371 f.; 14, 76/99.

[16] BVerfGE 28, 119/149.

[17] BVerfGE 9, 185/189; 26, 281/298; BayVerfGH BayVBl. 1990, 367/369.

[18] So etwa *Maunz,* in: *Maunz / Düring / Herzog / Scholz,* GG, Art. 70 Rdnr. 29; kritisch *Erbguth,* a. a. O., (Fn. 14), 319 mit dem Hinweis, Vermutungen bezögen sich nur auf

„strikt" zu interpretieren[19]. Demgegenüber hat sich in der Verfassungspraxis dieses Regel-Ausnahme-Verhältnis beinahe umgekehrt, zumal Art. 72 Abs. 2 GG, demgemäß der Bund im Bereich konkurrierender Gesetzgebung nur dann ein Gesetzgebungsrecht besitzt, wenn ein Bedürfnis nach bundesgesetzlicher Regelung besteht, in der Rechtsprechung des Bundesverfassungsgerichts seine restriktive Funktion durch die nur sehr beschränkte gerichtliche Kontrolle dieses qualifizierten Bedürfnisses[20] weitgehend verloren hat[21], so daß eine zunehmende Kompetenzwanderung von den Ländern zum Bund zu verzeichnen war.

Eine letzte Schranke gegenüber Begehrlichkeiten des Bundes im Bereich der Länderkompetenzen bietet Art. 79 Abs. 3 GG, der mit seinem Verbot, kraft Verfassungsänderung u. a. die „Gliederung des Bundes in Länder" preiszugeben, den Ländern einen Kernbereich eigener Aufgaben als „Hausgut"[22] überantwortet wissen möchte, zu dem auch eigene ausschließliche Gesetzgebungskompetenzen der Länder gehören[23]. Gleichsam im Vorfeld dieser absoluten Schranke liegt der sog. Grundsatz der Bundestreue[24], dem im einzelnen verschiedene Inhalte zukommen, auch der einer Grenze für Kompetenzausübungen durch den Bund im Gesetzgebungsbereich, die nicht zuletzt auch die Kompetenzbereiche der Länder auf den Gebieten Kultur[25] und Bildung[26] vor Übergriffen des Bundes schützen sollen. Dieses über die Bundestreue hergeleitete Rücksichtnahmegebot schließt es auch aus, daß der Bund über eine Summe einzelner Kompetenzen gänzlich neue Kompetenzfelder für seine legislative Tätigkeit erschließt[27].

Alle diese eben dargestellten Regeln und Mechanismen, die nicht zuletzt auch dem Schutz der Länder vor Kompetenzverlusten dienen, konnten eben solche auf breitem Raum eingetretene Verluste nicht verhindern. Interessant im Hinblick auf das Verhältnis zwischen der EG und der Bundesrepublik bzw. den Bundesländern ist noch, daß manche Kompetenzstreitigkeiten innerhalb der Bundesrepublik aus den vergangenen Jahren an heutige Kompetenzkonflikte mit der EG erinnern, so etwa die Diskussion der 60er Jahre um die Zuständigkeit des Bundes auf dem Gebiet der Rundfunkwerbung[28] (handelt es sich um „Recht der Wirtschaft" gem.

Tatsachen; er räumt aber dann doch ein, der in Art. 30, 70 GG enthaltene Schutzgedanke zugunsten der Länder sei bei der Kompetenzauslegung zu berücksichtigen.

19 BVerfGE 61, 149/174; 75, 108/150.

20 BVerfGE 2, 213/224; 65, 1/63; ausführlich dazu, sowie zu Plänen der Enquête-Kommission „Verfassungsreform" 1976, diesen Tendenzen durch eine stärkere Betonung der gerichtlichen Kontrolle entgegenzusteuern, *Majer*, EuGRZ 1980, 98 ff. und 158 ff.

21 Ossenbühl, DVBl. 1989, 1230/1233.

22 BVerfGE 34, 9/19 f.

23 Deren Umfang im einzelnen sich nur schwer bestimmen läßt; dazu *Kewenig*, JZ 1990, 458/461 f. und Hailbronner, IZ 1990, 149/150 f.

24 S. den Überblick bei Jarass / Pieroth, GG, Art. 20, Rdnr. 12 ff.

25 BVerfGE 12, 205/229.

26 BVerfGE 43, 291/349.

27 *Erbguth*, a. a. O., (Fn. 14), S. 321 f.; BVerfGE 61, 149/205.

28 Ausführlich dazu *Ossenbühl*, Rundfunk, S. 26 ff. m. w. N.

Art. 74 Nr. 11 GG oder gehört der Rundfunkbereich in toto zur Regelungskompetenz der Länder?). Derartige Konflikte, die demnach schon bei Sachbereichsabgrenzungen auftreten, müssen sich, wie das Beispiel EG zeigt, noch verschärfen, wenn Kompetenzen materienübergreifend an bestimmten Zielen orientiert sind.

2. Andere Beispiele föderaler Strukturen

Auch in den USA ist die Verteilung der Gesetzgebungskompetenzen nach der Lage der Verfassung sehr staatenfreundlich, legt doch das 10th amendment fest, daß „the powers not delegated to the United States by the Constitution nor prohibited by it to the States, are reserved to the States respectively, or to the people“[29]. Dennoch ist, wie in der Bundesrepublik, eine zunehmende Beschneidung der Macht der Einzelstaaten zu registrieren, ohne daß diesen Tendenzen eine Ewigkeitsklausel, wie etwa Art. 79 Abs. 3 GG, entgegenstünde[30]. Darüber hinaus hat die Rechtsprechung des Supreme Court, vor allem zur sog. „sweeping clause“ des Art. 1 § 8 Abs. 18 (den „implied powers“[31]) und der „Commerce clause“ des Art. 1 § 8 Abs. 3[32] mit ihrer deutlich bundesfreundlichen Interpretation dieser Bestimmungen dazu beigetragen, daß auch in den USA, entgegen dem Verfassungstext, die Tätigkeit durch den Bund die Regel darstellt, während die Einzelstaaten die verbleibenden Bereiche normieren können. Zudem tritt in den USA auch das aus der Bundesrepublik hinlänglich bekannte Phänomen des „kooperativen Föderalismus“[33] auf, der die Eigenständigkeit der Staaten weiter beschränkt. Versuche einer Umkehrung dieser Tendenzen im Sinne eines „New Federalism“ in der ersten Amtsperiode der Reagan-Administration waren schon gescheitert, ehe sie richtig zum Tragen kamen[34].

In Österreich, das als weiteres Beispiel für einen Bundesstaat angeführt werden soll, regelt sich die Kompetenzverteilung zwischen Bund und Ländern auch durch eine enumerative Einzelzuweisung von Zuständigkeiten an den Bund (im Rahmen der allgemeinen Kompetenzverteilung gem. Art. 10 bis 12 BVG, daneben gibt es Sonderfälle der besonderen Kompetenzverteilung) und der Bestimmung von Residual-Kompetenzen für die Länder gem. Art. 15 Abs. 1 BVG. Die Kompetenztatbestände der Art. 10 bis 12 BVG sind als Ausnahmen im Sinne einer föderalistischen Interpretationsmaxime eng auszulegen[35], doch sind auch im österreichi-

[29] Zitiert nach *Currie*, Die Verfassung der Vereinigten Staaten von Amerika, 1988, S. 92.

[30] *Mewes*, S. 242; *Currie*, a. a. O., (Fn. 29), S. 13.

[31] *Currie*, a. a. O., (Fn. 29), S. 23 ff.; s. auch oben C.IV.2.

[32] *Currie*, a. a. O., (Fn. 29), S. 26 ff.

[33] Zur Bundesrepublik *Ossenbühl*, a. a. O., (Fn. 21), S. 1234 ff. („kooperativer Föderalismus als Exekutivföderalimus“), zu den USA *Mewes*, S. 244 ff.

[34] *Mewes*, S. 247; zur Entwicklung des amerikanischen Föderalismus s. allg. *Elazar / Greilsammer*, in: *Cappelletti u. a.*, Integration Through Law, Vol. 1 Book 1, S. 136 ff.

[35] *Walter / Mayer*, S. 101.

schen Verfassungsrecht „implied powers“ anerkannt[36]. Schließlich ergibt sich aus dem Bundesstaatsprinzip ein „Berücksichtigungsgebot für Bundes- und Landesgesetzgeber gegenüber Belangen des jeweils anderen Hoheitsträgers[37]. Insgesamt konnten die österreichischen Bundesländer Kompetenzverluste im Gesetzgebungsbereich weitgehend verhindern, es ist sogar von einer Ausweitung der Kompetenzen, etwa im Umweltbereich, die Rede[38].

3. Der Verfassungsentwurf des Europäischen Parlaments und weitere Pläne zur Europäischen Union

Die oben (E.I.) erwähnten Pläne zur Realisierung der Europäischen Union lassen Aussagen über eine Kompetenzabgrenzung zwischen der europäischen Ebene und derjenigen der Mitgliedstaaten weitgehend vermissen. Eindeutiger ist demgegenüber nur der „Vertragsentwurf des Europäischen Parlaments zur Gründung der Europäischen Union“ vom 14.2.1984[39]. Der Entwurf unterscheidet, wie Art. 70 GG, zwischen ausschließlichen und konkurrierenden Zuständigkeiten der Union (Art. 12), wobei letztere an einen Subsidiaritätsvorbehalt geknüpft sind (Art. 12 Abs. 2 Satz 2). Als Besonderheit können auch sog. potentielle Zuständigkeiten aus dem Kooperationsbereich in den Integrationsbereich (Gemeinsame Aktion) auf Beschluß des Europäischen Rates übertragen werden (Art. 11). Insgesamt sind die Unionskompetenzen gegenüber denen der EG stark ausgedehnt, u. a. auch auf die Bereiche Bildungs-, Kultur- und Gesundheitspolitik[40], wobei die Materienzuweisungen von den Verfahrensregelungen[41] für die legislative Tätigkeit deutlich getrennt sind.

Ob man angesichts der weiten Kompetenzzuweisung nach Sachbereichen und der erwähnten vertragstechnischen Zusammenfassung der Verfahrensnormen noch von der Geltung eines „Prinzips begrenzter Einzelermächtigung“[42] sprechen kann, darf stark bezweifelt werden, wenn man sich die unter B. dargestellten Besonderheiten des Systems spezieller Ermächtigung vor Augen führt.

Dies gilt auch dann, wenn man annähme, Art. 7 Abs. 1 des Vertragsentwurfs sichere mit der pauschalen Übernahme des „gemeinschaftlichen Besitzstandes“ auch das Prinzip begrenzter Ermächtigung[43], da sich dies dann auch aus der gesamten Struktur des Vertragsentwurfes ergeben müßte. Art. 7 Abs. 1 träte

---

36 *Walter / Mayer,* a. a. O., (Fn. 35).

37 *Walter / Mayer,* a. a. O., (Fn. 35).

38 *Wuermeling,* BayVBl. 1990, 489/490.

39 ABl. 1984 Nr. C 77, S. 33 ff.

40 Art. 55 EP-Entwurf.

41 Art. 34 ff. EP-Entwurf.

42 *Capotorti / Hilf / Jacobs / Jacqué,* Art. 8 EP-Entwurf Anm. 3.

43 A. a. O., Fn. 42.

ansonsten im Widerspruch zu dem vertraglich neu bestimmten Kompetenzverteilungsschema.

III. Das Kernproblem: Rechtsetzung und Rechtsprechung der EG-Organe und nationale Verfassungsstrukturen

Auf die mögliche Bedeutung einzelner Elemente der eben dargestellten Kompetenzverteilungsmodelle und Ansätze für die Lösung von Kompetenzkonflikten für den Bereich der EG, etwa im Hinblick auf die Geltung eines Rücksichtnahmegebotes oder den Grundsatz der Subsidiarität, wird später noch im Laufe der Arbeit zurückzukommen sein[44]. Zunächst ist noch ein Umstand zu erörtern, der bei weiterer Ausweitung des Feldes der Gemeinschaftsaktivitäten eine zunehmende Rolle spielt, nämlich die mit diesen Aktivitäten in kompetentiell zweifelhaften Bereichen einhergehende Gefährdung elementarer Bestandteile nationaler Verfassungsstrukturen.

Als Beispiele seien hier genannt:

— Legislative Akte der EG im Bereich des Fernsehens im Wege der vieldiskutierten sog. Fernsehrichtlinie[45], sowie Aktivitäten im Bildungs- und Kulturbereich, z. B. im Rahmen der Hochschulförderung[46], die vor allem die Sorge aufkommen lassen, die deutschen Bundesländer würden in der Tat durch derartige Eingriffe in den Kernbereich ihrer Zuständigkeiten im Laufe des fortschreitenden Integrationsprozesses zu den vom Bundesverfassungsgericht als mit dem GG nicht vereinbar angesehenen „höchstpotenzierten Gebietskörperschaften“[47] mit einer verbleibenden „leeren Hülse von Eigenstaatlichkeit“[48], eine Entwicklung also, die mit Blick auf Art. 20 Abs. 1, 79 Abs. 3 GG und das darin verankerte Bundesstaatsprinzip und seiner damit implizierten Garantie der Gewährung eines Mindestbestandes an eigenverantwortlicher, auch legislativer Tätigkeit für die Länder, elementare Prinzpien der bundesdeutschen Verfassung berührt und daher zu einer umfangreichen wissenschaftlichen Diskussion geführt hat[49].

— Der Richtlinienvorschlag der EG-Kommisison für ein Kommunalwahlrecht für Staatsangehörige anderer EG-Mitgliedstaaten im Aufenthaltsstaat[50], läßt erneut in der Bundesrepublik die Auseinandersetzung um die Vereinbarkeit eines

44 Zum Rücksichtnahmegebot und zum Subsidiaritätsprinzip s. u. G.I. und III.

45 ABl. 1989 Nr. C 289/29; zu deren verfassungsrechtlicher Problematik unter dem Gesichtspunkt des Föderalismus s. v. a. *Ossenbühl,* a. a. O., Fn. 28 sowie *Delbrück,* passim.

46 S. etwa das „ERASMUS“-Programm ABl. 1987 Nr. C 166/20.

47 BVerfGE 34, 9/19.

48 BVerfGE 34, 9/20.

49 S. etwa *Hailbronner,* a. a. O., (Fn. 23), 149 ff. und *Kewenig,* a. a. O., (Fn. 23), 458 ff. m. w. N.

50 ABl. 1988 Nr. C 246/3; ABl. 1989 Nr. C 290/4.

derartigen Wahlrechts mit dem in Art. 20 Abs. 2 Satz 1 und Art. 28 Abs. 1 GG niedergelegten Grundsatz der Volkssouveränität wiederaufleben, da nach überwiegender Auffassung unter „Volk" im Sinne dieser GG-Bestimmungen nur das Staatsvolk der Bundesrepublik Deutschland zu verstehen ist[51]. Der Konflikt mit dem Regelungsanspruch der EG würde noch dadurch verschärft, wenn man diesen Grundsatz der Beschränkung des Wahlrechts auf allen staatlichen Ebenen auf deutsche Staatsangehörige als von der „Ewigkeitsklausel" des Art. 79 Abs. 3 GG mitumfaßt ansähe[52].

— Neben legislativen Akten der EG kann auch die Rechtsprechungstätigkeit des EuGH zu erheblichen Konflikten mit nationalem Verfassungsrecht führen, wie die oben[53] ausführlich dargestellte Judikatur zu Art. 48 Abs. 4 EWGV zeigt, nach der die Freizügigkeitsbestimmungen des EWGV auch auf weite Bereiche des bundesdeutschen öffentlichen Dienstes Anwendung finden, die bislang noch vorwiegend Beamten mit grundsätzlich[54] deutscher Staatsangehörigkeit vorbehalten sind. Werden demnach Angehörige anderer EG-Staaten in das Beamtenverhältnis übernommen, ergeben sich Probleme im Hinblick auf Art. 33 Abs. 5 GG, sofern das Erfordernis deutscher Staatsangehörigkeit zu den „hergebrachten Grundsätzen des Berufsbeamtentums" zu zählen ist, erfolgt die Übernahme im Angestelltenverhältnis, ist der Funktionsvorbehalt des Art. 33 Abs. 4 GG tangiert[55].

Aus der Sicht der EG stellen sich derartige Konflikte mit nationalen Verfassungen bisher keineswegs als gravierende Probleme dar, geht doch der EuGH in ständiger Rechtsprechung von einem Vorrang des Gemeinschaftsrechts vor jeder Art von nationalem Recht, also auch Verfassungsrecht, aus[56]. Demnach wären auftretende Widersprüche zwischen der europäischen Rechtslage und nationalem Verfassungsrecht durch Änderung dieser Verfassungen auszuräumen[57], die Gültigkeit von Gemeinschaftshandlungen bestimmt sich ausschließlich nach Gemeinschaftsrecht[58]. Demgegenüber sind die beschriebenen Konfliktfragen aus nationaler Sicht nicht so einfach zu lösen, wie etwa anhand der Entwicklung der Rechtsprechung des Bundesverfassungsgerichts deutlich wird, nach der der Vorrang des Gemeinschaftsrechts nach wie vor durch den Vorbehalt seiner Prüfung am

---

51 *Jarass/Pieroth*, Art. 38 GG, Rdnr. 4 m. w. N. und jetzt auch BVerfG EuGRZ 1990, 438 ff. und 445 ff.

52 So *Scholl*, ZAR 1989, 62/66 f.

53 C.IV.4.b).

54 Ausnahmen sind unter den engen Voraussetzungen des § 4 Abs. 2 BRRG möglich.

55 Ausführlich zu den verfassungsrechtlichen Implikationen der EuGH-Rechtsprechung im Bereich des Art. 48 Abs. 4 EWG *Lecheler*, BayVBl 1989, 417 ff. sowie *ders.*, Interpretation.

56 EuGH Rs. 11/70, Slg. 1970, 1125/1135.

57 So der Hinweis der Kommission im Zusammenhang mit dem Kommunalwahlrecht in Bull. EG Beil. 2/88, S. 34 f.

58 EuGH verb. Rs. 97 bis 99/87, Tätigkeitsbericht 21/89, S. 12/15.

Maßstab des Grundgesetzes in bestimmten Fällen relativiert wird, in denen gemeinschaftsrechtliche Standards von denen des Grundgesetzes erheblich abweichen[59]. Diese Rechtsprechung des Bundesverfassungsgerichts, die bisher nur den Bereich des ausreichenden Grundrechtsschutzes auf EG-Ebene betraf, wird sich in zunehmender Weise auch mit den oben dargestellten Problemfeldern aus dem Bereich des Staatsorganisationsrechts zu beschäftigen haben[60]. Jüngstes Beispiel ist das Bund-Länder-Verfahren zur EG-Fernsehrichtlinie. Die dabei vom Bundesverfassungsgericht im Verfahren der einstweiligen Anordnung geäußerte Ansicht, der Freistaat Bayern als Antragsteller sei an die Richtlinie der EG „bei der Ausübung der ihm verfassungsrechtlich zustehenden Kompetenz (nur) teilweise und vorläufig gebunden“[61], gibt dabei, bei aller Vorsicht gegenüber der Beurteilung derartiger Passagen in Urteilen im Rahmen vorläufigen Rechtsschutzes, Anlaß zu der Erwartung, das Bundesverfassungsgericht schließe Vorbehalte gegenüber der absoluten Geltung des Gemeinschaftsrechts auch dann nicht aus, wenn Länderkompetenzen in der vorliegenden Weise durch EG-Aktivitäten betroffen sind[62].

Insgesamt betrachtet, haben sich somit die Spannungen zwischen EG-Recht und nationalem Verfassungsrecht in den letzten Jahren deutlich erhöht. Zwar können diese Spannungen auch in Bereichen auftreten, in denen der EG eindeutige Kompetenzen zustehen, doch hat vor allem die unter Kompetenzgesichtspunkten problematische Tätigkeit der Gemeinschaft über den wirtschaftlichen Kernbereich hinaus das Konfliktpotential wachsen lassen. Inwieweit bisher gebräuchliche Mechanismen geeignet sind, diese Spannungen zu mildern, soll im folgenden geprüft werden, bevor im letzten Teil der Arbeit darüber hinausgehende Instrumente der Konfliktbewältigung dargestellt und untersucht werden.

IV. Konfliktlösungsversuche

1. Das Prinzip begrenzter Ermächtigung — formale und inhaltliche Aspekte

Die Leistungsfähigkeit des Prinzips begrenzter Ermächtigung für die Klärung der hier angesprochenen Frage möglichst genauer Kompetenzabgrenzung zwischen der EG und den Mitgliedstaaten sowie der damit im Zusammenhang stehenden Verminderung von Konflikten mit nationalen Verfassungen, vor allem

---

59 BVerfGE 73, 330/375 f.

60 Darauf, daß sich die „Solange-Rechtsprechung“ des Bundesverfassungsgerichts nur mit Einwirkungen auf die Grundrechtsgarantien befaßt hat, verweist auch *Herdegen*, EuGRZ 1989, 309/310.

61 BVerfG EuGRZ 1989, 337/339.

62 Zur grundsätzlichen Bedeutung des Verfahrens über die EG-Fernsehrichtlinie s. *Memminger*, DÖV 1989, 846.

— wie oben[63] skizziert — im Bereich des Staatsorganisationsrechts[64], wird nicht selten mit dem Argument bezweifelt, es komme nicht auf die Geltung eines allgemeinen Prinzips an, sondern auf die Auslegung bestimmter Ermächtigungen im konkreten Fall[65], wobei als oberster Auslegungsgrundsatz die teleologische Interpretation angeführt wird. Die Konsequenzen dieser auf eine sog. dynamische Entwicklung der Gemeinschaft hin gerichteten Argumentationslinie wurden unter C. dargestellt.

Schon öfters wurde hier jedoch darauf hingewiesen, daß das Prinzip begrenzter Ermächtigung als notwendiges Korrektiv dynamischer Vertragsauslegung unerläßlicher Ausgangspunkt alle Kompetenzüberlegungen im Rahmen der Gemeinschaft sein muß, stellt es doch, sowohl unter formalen wie auch inhaltlichen Gesichtspunkten, wesentliche Grundkriterien zur Beurteilung von Kompetenzproblemen dar, die nicht durch eine frühzeitige und alleinige Berufung auf den prozeßhaften Charakter der Gemeinschaftsentwicklung verdeckt werden dürfen.

Zunächst lassen sich schon, rein formal, aus der Geltung des Prinzips begrenzter Ermächtigung folgende wesentliche Erkenntnisse ableiten:

Die EG-Organe sind nur dann zu den unter D. aufgeführten Handlungen befugt, wenn sich dafür im EG-Primärrecht eine ausdrückliche vertragliche Grundlage findet. Ausnahmsweise können Handlungsermächtigungen jedoch auch aus dem Gedanken der „implied powers" abgeleitet werden, die aber stets an vorhandene Ermächtigungen anzuknüpfen haben und nicht an allgemeine Ziel- oder Aufgabennormen[66].

Auch ohne die Herleitung über „implied powers" können EG-Vertragsziele und -aufgaben keineswegs als umfassende Handlungsermächtigungen zur Regelung nicht ausdrücklich im Vertragstext erwähnter Sachbereiche herangezogen werden, wie das ansatzweise zur Begründung weitreichender Normierungsbefugnisse der EG im Rundfunkbereich geschehen ist, als unter Berufung auf die notwendige Förderung des Integrationsbewußtseins in der Gemeinschaft und unter Hinweis auf die Bedeutung des Rundfunks als Instrument demokratischer Willensbildung, der Schluß auf einen umfangreichen Rundfunkregelungsauftrag der EG gezogen wurde[67].

Die EG besitzt weiterhin keine Kompetenz-Kompetenz[68] und ist als Organisationseinheit wirtschaftlicher Teilintegration zu sehen. Daraus folgt als Konse-

---

63 Unter III.

64 Probleme eines ausreichenden Grundrechtschutzes auf Gemeinschaftsebene treten dagegen vor allem in kompetentiell gesicherten Bereichen des Gemeinschaftsrechts auf; s. dazu zuletzt die Problematik des sog. „Hoechst-Urteils" des EuGH Rs. 446/87 und 227/88 EuGRZ 1989, 395 und dazu die Anmerkung von Scholz, WuW 1990, 99 ff.

65 *Böhm*, S. 336 ff.

66 S. oben C.IV.2.

67 Ablehnend zu diesem Argumentationsschema auch ausdrücklich *Delbrück*, S. 29 ff.

68 BVerfGE 75, 223/242.

quenz ebenso, daß es der Gemeinschaft nicht möglich ist, aus einer kleinen Anzahl vorhandener Einzelkompetenzen in einem bestimmten Sachbereich einen Regelungsanspruch zur umfassenden Gestaltung dieses Sachbereichs herzuleiten[69], es spricht im Gegenteil die Zuweisung spezieller Einzelermächtigungen dafür, daß die Regelungsbefugnis im übrigen bei den Mitgliedstaaten verblieben ist.

Aus der Erforderlichkeit spezieller Kompetenzzuweisung an die EG ergibt sich auch, daß die Beweislast für die Existenz einer solchen Kompetenz bei dieser liegt, nicht umgekehrt die Mitgliedstaaten deren Nichtexistenz nachweisen müssen. Wenn demgegenüber dennoch aus der (notwendigerweise) umfangreichen Begründung der EG-Kompetenz zum Erlaß der auf Art. 235 EWGV gestützten Richtlinie zum Kommunalwahlrecht in den Erwägungsgründen des entsprechenden Kommissionsvorschlags eine „Beweislastumkehr" gefolgert wird, derzufolge die „Mitgliedstaaten die Nichtzuständigkeit der Gemeinschaft zu beweisen haben"[70], so hieße dies, aus der schlichten Selbstverständlichkeit der Befolgung des Begründungszwangs für EG-Rechtsakte gem. Art. 190 EWGV Schlüsse zu ziehen, die mit wesentlichen Folgerungen aus dem Prinzip begrenzter Ermächtigung nicht zu vereinbaren sind.

Schließlich folgt, unter formalen Gesichtspunkten, aus dem Prinzip begrenzter Ermächtigung auch, daß alle in den einzelnen Kompetenzzuweisungen enthaltenen Tatbestandsmerkmale für die Kompetenzfrage von Bedeutung sind und demnach nicht etwa davon ausgegangen werden kann, das Merkmal „im Rahmen des Gemeinsamen Marktes" in Art. 235 EWGV habe keinerlei Relevanz[71]. Damit verbunden ist die Feststellung, daß keine Kompetenznorm des EG-Primärrechts völlig oder auch nur weitgehend injustitiabel ist[72]. Mag der EuGH auch im Einzelfall einen relativ weiten Spielraum bei der Beurteilung der Frage haben, ob eine Handlung eines EG-Organs sich in den Befugnisgrenzen der EG-Verträge hält, würde eine weitgehende Freistellung etwa der Tätigkeit des Rates von gerichtlicher Kontrolle einen Verstoß gegen das Prinzip begrenzter Ermächtigung und den Auftrag des EuGH zur „Wahrung des Rechts" gemäß Art. 164 EWGV darstellen.

Neben diesen soeben aufgezeigten Konsequenzen des Prinzips begrenzter Ermächtigung hat dieses auch Auswirkungen auf die nähere inhaltliche Bestimmung der einzelnen Kompetenznormen. Wenn angesichts des Überblicks unter C. der Eindruck entstehen muß, gerade die Generalklauseln der Art. 100 EWGV und

---

69 Daraus folgt auch, aufgrund des in gleicher Weise für den Bundesgesetzgeber geltenden Enumerationsprinzips, eine Parallele zur oben (II.1.) dargestellten Kompetenzsituation des Bundes.

70 *de Lobkowicz*, DÖV 1989, 519/525.

71 S. zur Ansicht, dieses Tatbestandsmerkmal habe keine eigenständige Bedeutung und sei überflüssig die Nachweise bei *Grabitz*, EWGV, Art. 235 EWGV, Rdnr. 56.

72 Zu derartigen Ansätzen bei Art. 100 EWGV s. Zweigert, in: FS Dölle, S. 401/406.

235 EWGV hätten der EG die Möglichkeit zu fast unbegrenzter autonomer Kompetenzerweiterung eingeräumt, kann dies nicht einer rechtlich zulässigen Interpretation des Zwecks dieser Normen entsprechen, widerspräche es doch gerade dem gesamten Vertragssystem, der EG in nicht speziell zugewiesenen Kompetenzbereichen größere Handlungsermächtigungen einzuräumen, als sie im Bereich ausdrücklich einzeln zugewiesener Aufgaben verfügbar sind[73]. Das Prinzip begrenzter Ermächtigung kann deshalb, im Wege systematischer Vertragsauslegung, auch bei der Norminterpretation Bedeutung erlangen.

Dem steht auch ein Urteil des EuGH nicht entgegen, in dem dieser betont, Schranken für eine den Organen der EG eingeräumte Befugnis ergäben sich „nicht aus einem allgemeinen Grundsatz, sondern aus dem Wortlaut der betreffenden Bestimmung selbst“[74]. In dem Verfahren wurde der EG-Kommission das Recht bestritten, aufgrund von Art. 90 Abs. 3 EWGV eine bestimmte Richtlinie[75] zu erlassen, mit dem Argument, die originäre Rechtsetzungsbefugnis stehe „nach allgemeinen Grundsätzen“ allein dem Rat zu. Gegen dieses Argument wendet sich der EuGH mit dem oben angeführten Zitat, da der Kommission nach dem Wortlaut des Art. 90 Abs. 3 EWGV ausdrücklich die Befugnis zum Erlaß von Richtlinien übertragen worden sei. Die Tatsache, daß Richtlinien grundsätzlich vom Rat erlassen werden, könne dem nicht entgegengehalten werden. Festzuhalten bleibt, daß sich der EuGH somit gerade nicht zum Prinzip begrenzter Ermächtigung als „allgemeiner Grundsatz“ äußert und die Besonderheit hier darin lag, daß der Versuch unternommen wurde, den eindeutigen Wortlaut einer Vertragsnorm unter Berufung auf allgemeine Grundsätze zu umgehen. Darum geht es bei der Berücksichtigung des Prinzips begrenzter Ermächtigung bei der Auslegung von Generalklauseln des Primärrechts gerade nicht, steht hier doch die Intention im Vordergrund, vom Wortlaut her schon weit gefaßte Normen nicht über ihren Wortlaut hinaus oder gar gegen diesen zu interpretieren und einzelne Tatbestandselemente[76] im Lichte der Vertragssystematik zu konkretisieren, was eine teleologische Auslegung keineswegs ausschließt sondern notwendigerweise ergänzt[77].

Im Ergebnis vermag somit eine Einbeziehung des Prinzips begrenzter Ermächtigung in die Kompetenzüberlegungen der Gemeinschaft als ein wewesentliches Kriterium im Anfangsstadium jeglicher Kompetenzinterpretation einen gewichti-

---

73 So auch *Steindorff*, Grenzen der EG-Kompetenzen, S. 48.

74 Rs. 188 bis 190/80, Slg. 1982, 2545/2573; unter Hinweis auf diese Passage verneint *Böhm* die Bedeutung des Prinzips begrenzter Ermächtigung bei der Auslegung von Vertragsnormen (S. 336 ff.).

75 Richtlinie 80/723/EWG, sog. Transparenzrichtlinie, ABl. 1980 Nr. C 195/35.

76 Wie z. B. der Begriff der „Ziele“ i. S. d. Art. 235 EWGV; zu einer Auslegungsweise, die den Erfordernissen des Prinzips begrenzter Ermächtigung Rechnung trägt, s. schon oben E.III.1. im Zusammenhang mit der „Europäischen Union“.

77 Auf die gleichberechtigte Wertigkeit statischer und dynamischer Elemente bei der Kompetenzbestimmung im Gemeinschaftsrecht weist auch *Priebe*, S. 94 f. hin.

gen Beitrag zu klaren Kompetenzgrenzen zwischen der EG und den Mitgliedstaaten, nicht zuletzt auch zur Vermeidung der oben beschriebenen Verfassungsprobleme, zu leisten. Daß diese Sicht nicht gängiger Praxis entspricht, kann dagegen nicht ins Feld geführt werden[78]. Legt man diese Praxis jedoch zugrunde, so genügt der Hinweis auf begrenzte Kompetenzzuweisungen an die Gemeinschaft nicht, um elementare Konflikte gerade mit nationalen Verfassungen zu vermeiden. Deshalb ist weiter danach zu fragen, welche Instrumente bisher zusätzlich zur Verfügung stehen, um diese Konflikte zu minimieren.

2. Weitere Ansätze zum Schutz nationaler Verfassungen und deren Leistungsfähigkeit

a) Die Grenze der Übertragung von Kompetenzen auf die EG

Die Übertragung von Hoheitsrechten auf die EG gem. Art. 24 Abs. 1 GG, d. h. die Rücknahme bzw. der Verzicht auf die ausschließliche Ausübung hoheitlicher Gewalt durch deutsche Organe, mit dem Zweck, die Ausübung fremder Hoheitsgewalt im innerstaatlichen Bereich zu ermöglichen[79], ist nicht unbegrenzt möglich. Dabei muß nicht besonders betont werden, daß sich dieses Problem natürlich erst dann stellt, wenn feststeht, daß entsprechende Kompetenzen übertragen worden sind, eine Frage, die daher immer zuerst geklärt werden muß[80].

So ermächtigt Art. 24 Abs. 1 GG nach ständiger Rechtsprechung des Bundesverfassungsgerichts nicht dazu, „die Identität der geltenden Verfassungsordnung der Bundesrepublik Deutschland durch Eingriff in ihr Grundgefüge, in die sie konstituierenden Strukturen aufzugeben", „wesentliche Strukturen des Gesetzgebers dürften" nicht „ausgehöhlt" werden, ein Essentiale seien jedenfalls „die Rechtsprinzipien, die dem Grundrechtsteil des Grundgesetzes zugrundeliegen"[81]. Art.. 79 Abs. 3 GG wurde in diesem Zusammenhang als Übertragungsgrenze nicht genannt, im Gegensatz zur Literatur, wohl auch deshalb, weil das Bundesverfassungsgericht den Kernbereich möglicherweise weiter ziehen wollte[82], als dies bei Art. 79 Abs. 3 GG der Fall ist. Über den Bereich des Grundrechtsschutzes hinaus hatte das Gericht noch nicht die Gelegenheit, sich zu äußern, doch steht

---

[78] S. dazu *Steindorff*, a. a. O., (Fn. 73), S. 5: „Gerade die verbreitete Einmütigkeit der Auffassungen zur Kompetenzausdehnung der Gemeinschaft läßt den Verdacht aufkommen, daß hier Kritik allzu sehr vernachlässigt wird, obwohl doch erst kritische Betrachtungen gesicherte Ergebnisse, hier im Sinne gesicherter Rechtsgrundlagen für Gemeinschaftskompetenzen, schaffen kann.".

[79] BVerfGE 68, 1/90; 73, 339/374; zur Übertragung von Hoheitsrechten der Länder krit. *Schütz*, Der Staat, 1989, 201 ff.

[80] Der Unterschied zwischen den formellen und den materiellen Voraussetzungen des Art. 24 Abs. 1 GG wird deutlich in BVerfGE 75, 223/240 ff.

[81] BVerfGE 37, 271/279 f.; 58, 1/40 ff.; 73, 339/375 f.

[82] So *Lecheler*, BayVBl. 1989, 417/420.

zu erwarten, daß demnächst auch die Frage nach dem unverzichtbaren Kern föderaler Verfassungselemente zur Entscheidung gebracht werden muß[83].

Daß demgegenüber von einer Mindermeinung[84] die Ansicht vertreten wird, die Übertragungskompetenz nach Art. 24 Abs. 1 GG sei, mit Ausnahme einer Bindung an die Friedensziele der Art. 24 Abs. 2 und 26 GG, schrankenlos, ist hier nur der Vollständigkeit halber zu erwähnen, kann jedoch mit der einfachen Überlegung widerlegt werden, daß zumindest die Grenzen des Verfassungsgesetzgebers nach Art. 79 Abs. 3 auch für den einfachen Gesetzgeber nach Art. 24 Abs. 1 GG zu gelten haben.

Dem Art. 79 Abs. 3 GG in seiner Funktion als Schranke für eine Verfassungsänderung, und damit auch als Minimalsicherung des nationalen Verfassungsrechts gegenüber der europäischen Integrationsgewalt, entsprechende Bestimmungen, gibt es auch in den meisten anderen Verfassungen der EG-Mitgliedstaaten[85], zumindest sind solche Schranken aber als überpositives Recht anerkannt[86]. Darüber hinaus haben auch einzelne mitgliedstaatliche Gerichte sich mit dieser Problematik beschäftigt[87], an prominenter Stelle die italienische Corte Costituzionale, die feststellte, Art. 11 Ital. Verfassung decke nicht die Übertragung von Hoheitsrechten auf die EG, sofern „Grundprinzipien unserer verfassungsmäßigen Ordnung oder der unveräußerlichen Menschenrechte"[88] damit verletzt würden.

Mit dieser Feststellung von Grenzen der Übertragung von Kompetenzen auf die EG verbunden ist die Befugnis des nationalen Gerichts, die Einhaltung dieser Grenzen zu überwachen, also zu prüfen, ob etwa in der Bundsrepublik durch das nationale Zustimmungsgesetz zum EG-Primärrecht, die aufgezeigten Vorbehalte beachtet werden. Damit ist ein Minimalstandard nationaler Verfassungsstrukturen gewährleistet, wobei allerdings zwei Probleme auftreten, die die Nachteile dieser Art von Schutz mitgliedstaatlicher Verfassungsgrundelemente verdeutlichen. Zum einen bedarf es erst einer nationalen Gerichtsbarkeit, die über entsprechende Kompetenzen wie etwa das Bundesverfassungsgericht verfügt[89], um diesen Mindestschutz zu gewährleisten. Zum anderen führt z. B. die teilweise Erklärung der Verfassungwidrigkeit des nationalen Zustimmungsgesetzes zum EWGV durch das Bundesverfassungsgericht dazu, daß damit das schon erlassene EG-Sekundärrecht, das den Anlaß für den Verfasungsstreit geliefert hat, im bundesdeutschen Rechtsbereich für unanwendbar erklärt wird[90], was zu schweren

83 Im Hauptsacheverfahren zur Fernseh-Richtlinie, s. o. Fn. 62.

84 S. dazu die Nachweise bei *Streinz,* Grundrechtsschutz, S. 220 f.

85 Z. B. Art. 290 Port. Verf.; Art. 2, 139 Ital. Verf.; Art. 28 Abs. 3 Griech. Verf.

86 Etwa in Irland als Schutz des Kerngehalts der Grundrechte entgegen Art. 46 Abs. 1, 29 Abs. 4 UA 3 Satz 2 Irische Verf., s. *Streinz,* a. a. O., (Fn. 84), S. 358.

87 Sofern eine entsprechende Gerichtsbarkeit besteht, s. dazu C.V.2.

88 „principi fondamentali del nostro ordinamento costituzionale / diritti inalienabili della persona umana", Sentenza n 183 v. 27.12.1973, EuGRZ 1975, 311/312.

89 S. oben Fn. 87.

Konflikten mit der gemeinschaftsrechtlichen Lage führt, nach der diese Normen weiterhin im gesamten EG-Bereich unmittelbare Geltung besitzen.

Der Charakter dieser Lösung als sozusagen „letzter Rettung" verfassungrechtlicher Grundelemente wird dadurch deutlich, im Sinne einer zu wünschenden Konkordanz zwischen nationaler und EG-Ebene[91] wäre eine schon vorverlagerte Prüfung der „Verfassungsverträglichkeit" von EG-Akten durch die Gemeinschaft selbst allemal vorzuziehen[92].

b) Die Kontrolle des Abstimmungsverhaltens deutscher Regierungsvertreter im Rat

Im Gefolge zweier Entscheidungen des Bundesverfassungsgerichts[93] im Verfahren auf Erlaß einer einstweiligen Anordnung gem. § 32 Abs. 1 BVerfGG, die beide im wesentlichen darauf gerichtet waren, der Entstehung verfassungswidrigen Gemeinschaftsrechts auf präventivem Wege durch eine gerichtliche Überprüfung nationaler Mitwirkungsakte im Vorfeld des Erlasses derartiger EG-Normen zuvorzukommen, ist diese Form des frühzeitigen Versuchs einer Verhinderung des Konflikts von EG-Recht mit nationalem Verfassungsrecht ausführlich diskutiert worden[94].

Dabei geht es konkret darum, den deutschen Regierungsvertreter im Rat der EG, der in einer Art Doppelrolle[95] sowohl Mitglied eines Gemeinschaftsorgans ist, als auch wegen seiner Weisungsgebundenheit im nationalen Innenverhältnis Mitglied der Bundesregierung bleibt, verfassungsgerichtlich zu verpflichten, von vornherein einem Ratsbeschluß nicht zuzustimmen, dessen Durchführung im Geltungsbereich des Grundgesetzes zu einer Verfassungsverletzung führen würde[96].

Die weiterhin fortbestehende Bindung des deutschen Ratsvertreters an das Grundgesetz (Art. 20 Abs. 3, 1 Abs. 3 GG) wird dabei aus der eben beschriebenen Doppelrolle gefolgert, die in Art. 2 Abs. 1 des Fusionsvertrages[97] niedergelegt ist, der besagt, daß der Rat aus „Vertretern der Mitgliedstaaten" besteht und

---

90 Zu den verschiedenen Reaktionsmöglichkeiten des Bundesverfassungsgerichts nach Feststellung der Verletzung elementarer Verfassungsgrundsätze durch das Zustimmungsgesetz s. *Eibach*, S. 119 ff.

91 Zu dieser Forderung s. BVerfGE 37, 271/278 f.

92 S. unten G.

93 BVerfGE, EuGRZ 1989, 337 ff.; BVerfG, EuGRZ 1989, 339 f.

94 *Friauf/ Scholz*, Europarecht und Grundgesetz, 1990; *Streinz*, Bundesverfassungsgerichtliche Kontrolle, 1990; Scholz, NJW 1990, 941 ff.; *Herdegen*, EuRGZ 1989, 309 ff.

95 So *Scholz*, in: *Friauf/ Scholz*, a. a. O., (Fn. 94), S. 888; a. A. *Nicolaysen*, EuR 1989, 215/218 f.

96 So *Friauf*, in: *Friauf/ Scholz*, a. a. O., (Fn. 94), S. 43 in Bezug auf Grundrechtseingriffe.

97 BGBl. II, S. 1454 f.

„jede Regierung eines ihrer Mitglieder entsendet". Ob die Grundgesetzbindung dabei, aufgrund dieser besonderen Stellung des Ratsmitglieds als eben auch gemeinschaftsrechtlich gebundenes EG-Organteil im einzelnen eine Modifizierung oder Relativierung erfährt und ob dabei möglicherweise die Rechtsprechung des Bundesverfassungsgerichts herangezogen werden kann, nach der beim Abschluß völkerrechtlicher Verträge auch solche Vereinbarungen verfassungsgemäß sind, die dem Grundgesetz zwar nicht voll entsprechen, aber im Vergleich zum bisherigen Zustand eine Annäherung an das Grundgesetz bedeuten[98], kann in diesem Zusammenhang offen bleiben[99]. Jedenfalls dürfte Art. 5 Abs. 1 EWGV durch eine ausgesprochene nationale Obstruktionspolitik verletzt sein.

Als verfassungsgerichtliche Verfahrensarten zur Durchsetzung der Rechtspflichten des deutschen Ratsvertreters stehen dabei im wesentlichen die Verfassungsbeschwerde[100] und der Bund-Länder-Streit[101] zur Verfügung, wobei wegen der Eilbedürftigkeit immer ein Antrag auf einstweilige Anordnung vorgeschaltet sein dürfte.

Dabei zeigt sich schon bei den Verfahrensarten die Problematik dieser Variante des Schutzes einer nationalen Verfassung im Bereich der Gemeinschaftstätigkeiten, lehnte doch das Bundesverfassungsgericht[102] einen Antrag auf einstweilige Anordnung gegen die Mitwirkung der Bundesregierung an der Entstehung einer Richtlinie des Rates[103] durch Zustimmung zum Gemeinsamen Standpunkt des Rates gem. Art. 149 Abs. 2 lit. a EWGV ab, mit der Begründung, die beabsichtigte Verfassungsbeschwerde sei unzulässig, da der beschriebene Mitwirkungsakt kein Akt öffentlicher Gewalt gegenüber den Anstragstellerinnen sei, sondern lediglich zum Entstehen einer Richtlinie beitrage, die erst nach Inkrafttreten und nach ihrer Umsetzung in nationales Recht die Antragstellerinnen beschwert.

Diese Rechtsprechung wird zwar mit dem Hinweis darauf kritisiert[104], nachträglicher Rechtschutz über das Bundesverfassungsgericht sei wegen dessen weitgehender Zurücknahme seiner Prüfungskompetenz in der „Solange II"-Entscheidung[105] auch für durch EG-Richtlinien determiniertes nationales Recht weitgehend ausgeschlossen, so daß es angezeigt sei, präventiv wirkenden Rechtschutz nicht zu versperren, doch dürfte dieser Weg durch die Judikatur des Bundesverfassungsgerichts erst einmal verwehrt sein. Der Hinweis darauf jedenfalls, es handele

---

98 BVerfGE 4, 157/169 f.; 15, 337/348 ff.; 37, 104/114 ff.

99 Für eine Heranziehung u. a. *Herdegen,* a. a. O., (Fn. 94), S. 313 f.

100 So im Verfahren BVerfG EuGRZ 1989, 339 f.

101 So im Verfahren BVerfG EuGRZ 1989, 337 ff.

102 A. a. O., (Fn. 100).

103 Vorschlag der Kommission für eine „Richtlinie des Rates zur Angleichung der Rechts- und Verwaltungsvorschriften der Mitgliedstaaten über die Etikettierung von Tabakerzeugnissen", ABl. 1988 Nr. C 48/8 ff.

104 *Scholz,* a. a. O., (Fn. 95), S. 92 ff.; *Herdegen,* a. a. O., (Fn. 94), S. 313.

105 BVerfGE 73, 339 ff.

sich um eine Konstellation, die mit derjenigen bei völkerrechtlichen Verträgen und Staatsverträgen vergleichbar sei, bei der das Bundesverfassungsgericht in ständiger Rechtsprechung[106] die Kontrolle der Zustimmungsgesetze zu solchen Verträgen schon vor deren Ausfertigung und Verkündung zugelassen habe, weil nur so rechtzeitiger Rechtsschutz zu gewährleisten sei[107], geht jedenfalls insoweit fehl, als in diesen Fällen der Inhalt des Vertragsgesetzes schon endgültig feststeht, während bei der vorliegenden Problematik auf EG-Ebene richterliche Kontrolle schon zu einem Zeitpunkt gewährt werden müßte, in dem sich die Vorschläge zu dem fraglichen Gemeinschaftsakt noch mitten in der Beratung befinden[108], ein Umstand, der das Bundesverfassungsgericht in seiner zweiten einschlägigen Entscheidung[109] dazu bewogen hat, dort zwar den Antrag auf einstweilige Anwendung im Bund-Länder-Streit zuzulassen, ihn aber für unbegründet zu erklären. Dies geschah nicht zuletzt deshalb, weil bei der im einstweiligen Verfahren vorzunehmenden Abwägung widerstreitender Interessen, der Verhandlungsfreiheit des bundesdeutschen Ratsvertreters eine ausschlaggebene Bedeutung zugemessen wurde.

Ergeben sich somit beim Schutz nationaler Verfassungen durch die Kontrolle des Vertreters der Regierung im Rat schon bei dem sehr ausgeprägten Rechtschutzsystem in der Bundesrepublik erhebliche Verfahrensprobleme, die sich in anderen Mitgliedstaaten mit geringerem Standard noch verschärfen, soweit überhaupt einschlägige Verfahrensmöglichkeiten zur Verfügung stehen, so ist das notwendig erscheinende Maß an Wahrung nationaler Verfassungsstrukturen noch durch weitere Umstände gefährdet: Eine hinreichende Möglichkeit des jeweiligen Regierungsvertreters, aus Gründen der Sicherung wesentlicher Prinzizipien nationaler Verfassungen das Geschehen im Rat zu beeinflussen, ist nur im Verfahren mit Einstimmigkeitserfordernis gegeben, da hier eine Verhinderung von EG-Rechtsakten unter Berufung auf Verfassungsbedenken gesichert ist[110], bei Mehrheitsentscheidungen dagegen können derartige Bedenken nur dann wirksam zur Geltung gebracht werden, wenn eine drohende Überstimmung durch die anderen Mitgliedstaaten vermieden wird. Der dafür zur Verfügung stehende Mechanismus der sog. „Luxemburger Vereinbarung" vom 29.1.1966[111] wirft eine Fülle rechtlicher Probleme auf, die seine Gebrauchsfähigkeit zunehmend zweifelhaft erscheinen lassen.

---

106 BVerfGE 1, 396/413; 18, 1/10 f.; 35, 193/195; 36, 1/15.

107 So *Scholz*, a. a. O., (Fn. 95), S. 96 f.; die Behauptung von *Scholz* (NJW 1990, 941/946), diese Fälle wiesen zu der vorliegenden EG-Problematik keinerlei Unterschiede auf, ist in dieser Konsequenz jedenfalls nicht richtig.

108 Darauf weist *Nicolaysen*, a. a. O., (Fn. 95), S. 218 zu Recht hin.

109 BVerfG EuGRZ 1989, 337 ff.

110 *Streinz*, a. a. O., (Fn. 94), S. 40 ff.

111 Die die Mehrheitsentscheidungen im Rat betreffende Passage ist abgedruckt bei *Grabitz / Schweitzer*, EWGV, Art. 148, Rdnr. 10.

Der hier interessierende zweite Teil der Vereinbarung besagt, daß bei Beschlüssen des Rates die mit Mehrheit gefaßt werden können, sich die Ratsmitglieder dann, wenn „sehr wichtige Interessen“ eines oder mehrerer Partner auf dem Spiele stehen, bemühen werden, innerhalb eines angemessenen Zeitraumes zu einer einvernehmlichen Lösung zu gelangen. Frankreich vertritt dabei, im Gegensatz zu den anderen Mitgliedstaaten, die Ansicht, die Erörterungen müßten fortgesetzt werden bis eine Einigung erzielt sei, was in der Praxis dazu geführt hat, daß Ratsbeschlüsse nur dann mehrheitlich gefaßt werden konnten, wenn alle Ratsmitglieder damit einverstanden waren.

Auf die angesprochenen Bedenken hinsichtlich einer auch rechtlich eindeutig abgesicherten Effektivität dieses Verfahrens kann und soll im einzelnen hier nicht eingegangen werden, hingewiesen sei nur auf die weiter ungeklärte rechtliche Verbindlichkeit der Vereinbarung [112], auf die Frage ihrer Weitergeltung trotz vermehrter vertraglich ermöglichter Mehrheitsbeschlüsse durch die Einheitliche Europäische Akte [113], die noch nicht geklärten Auswirkungen einer Änderung der Geschäftsordnung des Rates [114] auf das Abstimmungsverhalten der Mitgliedstaaten, nach der durch Mehrheitsbeschluß Abstimmungen im Rat herbeigeführt werden können, die Möglichkeit der Kontrolle des „sehr wichtigen Interesses“ durch die Mitgliedstaaten [115] und nicht zuletzt auf das Problem der Verallgemeinerungsfähigkeit eines Urteils des EuGH [116], demgemäß eine Praxis des Rates Regeln des Vertrages nicht abzuändern in der Lage sei und die Grundsätze über die Willensbildung der Gemeinschaftsorgane im Vertrag festgelegt seien und nicht zur Disposition der Mitgliedstaaten oder der Organe selbst stünden. Insgesamt erscheint demnach die Wahrung nationaler Verfassungsaspekte bei Mehrheitsentscheidungen im Rat durch einige dargestellte Entwicklungen [117] aus jüngster Zeit nurmehr unter erschwerten Bedingungen möglich.

Als Fazit der vorgenannten Überlegungen kann daher festgehalten werden:

Der Schutz nationaler Verfassungsstrukturen über den nationalen Vertreter im Rat begegnet sowohl Problemen bei der verfassungsprozessualen Kontrollmöglichkeit des Vertreters als auch bei der Durchsetzung der Vorstellungen eben dieses Vertreters im Rate bei Mehrheitsbeschlüssen.

---

112 *Streinz,* Die Luxemburger Vereinbarung, 1984, S. 13 ff. gibt einen Überblick.

113 Besonders vehement für die Weiterbeachtung der Luxemburger Vereinbarung unter dem Aspekt einer Minimalsicherung der Parlamentssouveränität durch wirksame Kontrolle des nationalen Ratsvertreters setzt sich Großbritannien ein. Eindrucksvoll dazu *Campbell,* ICLQ 1986, 932 ff.

114 S. Änderung der Geschäftsordnung des Rates durch Beschluß vom 20.7.1987 ABl. 1987 Nr. C 291/27.

115 S. dazu *Grabitz / Schweitzer,* EWGV, Art. 148 Rdnr. 12.

116 Rs. 68/86, Slg. 1988, 855/900.

117 Ausführlich und unter Bejahung einer als gesichert erscheinenden Beachtung der Luxemburger Vereinbarung *Streinz,* a. a. O., (Fn. 94), S. 43 ff.

Schließlich darf nicht vergessen werden, daß eine wirksame Sicherung von mitgliedstaatlichen Verfassungselementen auf dem angedeuteten Weg bei der Kommission und beim EuGH naturgemäß ausscheiden muß, da Angehörige der Mitgliedstaaten hier ausschließlich Teile von EG-Organen sind und ihnen keine Doppelstellung wie im Rat zukommt. Da jedoch auch durch Kommission und Gerichtshof, wie mehrfach dargelegt, nicht unerhebliche Beeinträchtigungen nationaler Verfassungsstandards erfolgen können, erscheint es erneut notwendig, schon im EG-Recht Möglichkeiten auszuloten, um Konflikte mit Verfassungen der Mitgliedstaaten zu vermeiden.

c) Die Prüfung des EG-Sekundärrechts durch das Bundesverfassungsgericht

Im Interesse eines Schutzes elementarer Grundprinzipien der bundesdeutschen Verfassungsordnung, wie sie oben [118] bei der Frage nach der Grenze der Übertragung von Hoheitsrechten auf die EG nach Art. 24 Abs. 1 GG dargestellt wurden, also zur Sicherung der Identität der geltenden Verfassungsordnung der Bundesrepublik Deutschland gegen Einbrüche in ihr Grundgefüge, in sie konstituierende Strukturen [119], behält sich das Bundesverfassungsgericht auch nach der „Solange II"-Entscheidung [120] die grundsätzliche Möglichkeit vor, sekundäres Gemeinschaftsrecht am Maßstab des Grundgesetzes zu messen. Es geht damit einen anderen Weg als etwa der italienische Verfassungsgerichtshof, der nur eine Kontrolle des nationalen Zustimmungsgesetzes für möglich hält [121], einen Weg, den auch das Bundesverfassungsgericht bei der Überprüfung primären Gemeinschaftsrechts einschlägt [122], die somit nur mittelbar erfolgen kann.

Von dieser direkten Kontrollmöglichkeit sekundären Gemeinschaftsrechts will das Bundesverfassungsgericht, soweit es um die Frage ausreichenden Grundrechtsschutzes auf EG-Ebene geht, solange keinen Gebrauch machen, als die EG einen solchen Schutz gegen ihre Hoheitsgewalt, vor allem durch die Rechtsprechung des EuGH, sicherstellt, „der dem vom Grundgesetz als unabdingbar gebotenen Grundrechtsschutz im wesentlichen gleich zu achten ist" [123].

Wie jüngste Äußerungen des Gerichts vermuten lassen [124], war die Deutung dieser prozessualen Lösung als nahezu völlige Aufgabe seiner Gerichtsbarkeit in diesem Bereich wohl doch zu übereilt, zumal eine Entscheidung zu anderen

118 Unter IV.2.a).

119 BVerfGE 73, 339/375 f.

120 A. a. O., (Fn. 119).

121 So Corte Costituzionale, a. a. O., (Fn. 88), S. 315 unter Hinweis auf Art. 134 Ital. Verfassung, der nur staatliche und regionale Normen ihrer Prüfungskompetenz unterwirft.

122 BVerfGE 52, 187/199 ff.

123 BVerfGE 73, 339/357.

124 BVerfGE EuGRZ 1989, 339/340.

wesentlichen Verfassungselementen außerhalb der Grundrechte (noch)[125] nicht vorliegt.

Im Unterschied zu den Grundrechten kann es bei anderen wichtigen Verfassungsprinzipien, wie etwa dem Föderalismusprinzip, nicht primär darum gehen, dieses Prinzip auf die Gemeinschaft zu übertragen[126]; solange die EG sich als lediglich teilintegrierter Verband mit vorrangig wirtschaftlicher Zielsetzung darstellt, muß eine Wahrung dieser Prinzipien, die weitgehend an das Bestehen staatlicher Strukturen anknüpfen, möglichst durch entsprechende Korrekturmechanismen auf Gemeinschaftsebene gesichert werden, die gemeinschaftliches Handeln an wesentlichen nationalen Verfassungsstrukturen seine Grenze finden lassen.

Die Überwachung dieser Korrekturmechanismen fiele dann in die Kompetenz des EuGH. Eine Wächterfunktion durch nationale Gerichte, wie das Bundesverfassungsgericht, wäre dadurch nicht ausgeschlossen, doch sollte dieses sich bei seiner Kontrolle auf das nationale Zustimmungsgesetz beschränken[127]. Die Prüfung abgeleiteten Gemeinschaftsrechts durch das Bundesverfassungsgericht widerspricht nicht nur einer klaren und logischen Kompetenztrennung zwischen nationaler und europäischer Ebene, nach der EG-Recht nur vom EuGH überprüft wird, sie ist auch zum Schutze nationalen Verfassungsrechts nicht erforderlich, da hier eine verfassungsgerichtliche Kontrolle des Rechtsanwendungsbefehls gem. Art. 24 Abs. 1 GG dogmatisch vertretbare Lösungsmöglichkeiten zur Verfügung stellt[128]. Zudem hat das Bundesverfassungsgericht in der „Eurocontrol I"-Entscheidung[129] auch nicht das Recht der zwischenstaatlichen Einrichtung, sondern das bundesdeutsche Zustimmungsgesetz seiner Kontrolle unterzogen. Insgesamt kann jedoch auch hier festgestellt werden, daß eine stärkere, rechtlich und dogmatisch abgesicherte Berücksichtigung nationaler elementarer Verfassungsbelange durch die EG selbst wesentlich konfliktreduzierend wirken könnte und gegenüber nationalem Schutz das integrationsförderndere Mittel darstellen dürfte, dies auch deshalb, weil eine eventuelle Teilnichtigerklärung nationaler Zustimmungsgesetze zu der schon oben[130] beschriebenen Inkonsistenz von nationaler und EG-Rechtslage führt.

d) Der Kompensationsgedanke

Soweit durch den sich ausweitenden, auf ein dynamisches Kompetenzverständnis gegründeten, Aktionsbereich der EG auch Zuständigkeiten der deutschen

---

125 S. o. Fn. 83.

126 Gleiches gilt etwa für die Grundsätze des Art. 33 Abs. 4 und 5 GG, die bei der Rechtsprechung des EuGH zu Art. 48 Abs. 4 EWGV eine Rolle spielen; s. oben III.

127 So auch *Scherer*, JA 1987, 483/488 f.

128 *Scherer*, a. a. O., (Fn. 127).

129 BVerfGE 58, 1/30 f./35 ff.

130 S. IV.2.a).

Bundesländer, etwa auf dem Bildungs-, Kultur- oder Mediensektor, in nicht unerheblichem Maße verloren zu gehen drohen[131], versuchen diese, dieser Entwicklung auf zweifacher Weise gegenzusteuern. Zum einen durch Forderungen nach einem an föderativen Gesichtspunkten[132] und am Subsidiaritätsprinzip[133] orientierten Aufbau des künftigen Europa, zum anderen durch den Versuch, verlorengegangene Kompetenzen durch verstärkte Beteiligungsrechte auf europäischer ebenso wie auf Bundesebene zu kompensieren. Dabei sind die Formen der Mitwirkung im einzelnen sehr unterschiedlich. Sie reichen von der Teilnahme im „Beirat der regionalen und lokalen Gebietskörperschaften“[134] als beratendem Gremium der EG-Kommission vor allem in Fragen der Regionalentwicklung, im beratenden Ausschuß für Berufsbildung und anderen Gemeinschaftsausschüssen[135], die Nutzung der Institution des „Länderbeobachters“[136] und die Einrichtung eigener Länderbüros in Brüssel[137], über die in Art. 2 EEAG festgelegten Informations- und Stellungnahmemöglichkeiten des Bundesrates in Angelegenheiten, die für die Länder „von Interesse“ sind, deren „ausschließliche Gesetzgebungskompetenz“ oder deren „wesentliche Interessen“ berühren, bis hin zur Verankerung eines Zustimmungsvorbehalts des Bundesrates für die Übertragung von Hoheitsrechten auf zwischenstaatliche Einrichtungen gem. Art. 24 Abs. 1 GG[138].

Das, auch wissenschaftliche, Interesse an derartigen Beteiligungsformen hat dabei parallel zu ihrer steigenden Anzahl bei wachsenden Kompetenzbeeinträchtigungen der Länder zugenommen. Neben den Fragen, ob faktisch sich vollziehende Kompetenzverluste der Länder gleichsam in einen, etwa aus dem Bundesstaatsprinzip oder dem Grundsatz der Bundestreue abgeleiteten, Rechtsanspruch auf äquivalenten Ausgleich „umschlagen“[139], ob für weitreichende kompensatorische Maßnahmen nicht eine Verfassungsänderung gem. Art. 79 Abs. 1 GG erforderlich ist, um einen „Einklang mit dem Prinzip der Offenheit der Staatsverfassung herzustellen“[140] oder ob eine Beteiligung der Länder am innerstaatlichen Willensbildungsprozeß auch den Anforderungen des Europarechts im Hinblick auf

---

131 Ausführlich zu den Auswirkungen des Europäischen Gemeinschaftsrechts auf die Kompetenzen der deutschen Bundesländer *Streinz*, a. a. O., (Fn. 11), S. 15 ff.

132 S. dazu die Entschließung des Bundesrates zur Weiterentwicklung der EG und zur Wirtschafts- und Währungsunion BR-Drs. 220/90 sowie die Initiative „Europa der Regionen“ (EuZW 1990, 205).

133 S. dazu unten G.III.

134 ABl. 1988 Nr. C 247/23 ff.

135 Weitere Beispiele bei *Blanke*, in: *Heckmann / Meßerschmidt* (Hrsg.), Gegenwartsfragen, S. 53/69.

136 Dazu *Stöger*, in: *Magiera / Merten* (Hrsg.), Bundesländer und EG, S. 101 ff.

137 Dazu *Borchmann*, NVwZ 1988, 218 ff.

138 S. Entwurf eines Gesetzes zur Änderung des Grundgesetzes (Art. 24 Abs. 1 GG) BR-Drs. 703/89.

139 *Schütz*, BayVBl. 1990, 481/483; *Tomuschat*, in: *Magiera / Merten* (Hrsg.), Bundesländer und EG, S. 21/36 ff.

140 *Ress*, EuGRZ 1986, S. 549/551 ff.

Art. 5 EWGV und der daraus folgenden Verpflichtung der Mitgliedstaaten, die Funktionsfähigkeit der EG zu sichern, gerecht wird, spielt die Erörterung, ob es sich überhaupt um eine „Kompensation" handelt bisher nur eine untergeordnete Rolle [141], doch ist dieser Aspekt unter dem hier im Vordergrund stehenden Blickwinkel der Suche nach einem ausreichenden Schutz nationaler Verfassungsstrukturen keinesfalls zu vernachlässigen. Dazu deshalb noch einige Bemerkungen.

Angesichts eines zunehmenden Defizits autonomer Regelungsmöglichkeiten durch die Länder, eingeleitet durch eine Kompetenzabwanderung auf den Bund und verstärkt durch den Prozeß europäischer Integration, ist im Blick auf die beschriebenen zunehmenden Mitwirkungsformen der Länder auf übergeordneten Ebenen von einem Wandel des bundesdeutschen „Kompetenzföderalismus" zu einem „Beteiligungsföderalismus" die Rede, diese Entwicklung sei unabwendbar und, was die EG anbetrifft, der „Preis für die europäische Integration" [142], die Nagelprobe im Hinblick auf den Konflikt zwischen Art. 24 Abs. 1 GG und Art. 79 Abs. 3 GG stehe aber, wie, gleichsam zur Relativierung der vorherigen Behauptung, betont wird, noch aus [143].

Wie im Zusammenhang mit der Darstellung der Rechtsprechung des Bundesverfassungsgerichts oben (unter IV.2.a)) festgestellt wurde, sieht dieses die Übertragungsbefugnis von Hoheitsrechten nach Art. 24 Abs. 1 GG als begrenzt an. Die Identität der geltenden Verfassungsordnung der Bundesrepublik dürfe nicht durch einen Einbruch in ihr Grundgefüge, in die sie konstituierenden Strukturen, aufgegeben werden [144]. Wie gezeigt, zählen zu diesen elementaren Strukturen auf jeden Fall die einer Verfassungsänderung gem. Art. 79 Abs. 3 GG entzogenen „integrationsfesten" Bestandteile des Grundgesetzes, darunter auch die „Gliederung des Bundes in Länder". Damit wird nicht nur ein formaler Fortbestand von mindestens zwei (oder drei [145]) Bundesländern verlangt, sondern auch ein gewisses Maß an Eigenständigkeit der Länder, ein unentziehbares „Hausgut" [146], wozu, bei aller Problematik der Bestimmung dieses Kernbereichs im Einzelfall [147], jedenfalls ein bestimmtes Maß an Kompetenzen auch im legislativen Bereich von substantiellem Gewicht und mit echten Gestaltungsmöglichkeiten der Länder gehört [148], um insgesamt dem Charakter der Länder als „Staaten" [149], im Gegensatz

141 Dazu *Ress,* a. a. O., (Fn. 140), S. 557; skeptisch hinsichtlich der Einschaltung des Bundesrates *Dörr,* NWVBl. 1988, 289/294; zur Kompensation allgemein *Klein,* DVBl. 1981, 661 ff.

142 *Ossenbühl,* a. a. O., (Fn. 21), S. 1237.

143 *Ossenbühl,* a. a. O., (Fn. 21), S. 1237.

144 BVerfGE 37, 271/279 f.; 58, 1/40 ff.; 73, 339/375 f.

145 Zu diesem Streit *Jarass / Pieroth,* GG, Art. 79 Rdnr. 7.

146 BVerfGE 34, 9/20.

147 Dazu *Kewenig* und *Hailbronner,* a. a. O., (Fn. 23), sowie kritisch zur sog. Subtraktionsmethode, die darauf abstellt, was nach einem konkreten Kompetenzentzug den Ländern an Kompetenzen noch verbleibt, Dörr, a. a. O., (Fn. 141), S. 293.

148 *BK / Evers,* Art. 79 Abs. 3, Rdnr. 214.

zu bloßen dezentralisierten Verwaltungseinheiten, gerecht zu werden. Schon die Auffassung, Normsetzung der Länder habe in Zukunft eher Satzungserlaß denn Gesetzgebung zu sein[150], begegnet daher erheblichen Bedenken, ein bloßer Beteiligungsföderalismus verstößt jedenfalls gegen elementare Verfassungsstrukturen, somit gegen Art. 79 Abs. 3 GG und kann mit dem in Art. 24 Abs. 1 GG zum Ausdruck kommenden Prinzip „offener Staatlichkeit" nicht mehr gerechtfertigt werden.

Auch bloße Mitwirkungsrechte der Länder können somit keinen Ersatz für eigenverantwortliche Aufgabenerfüllung gewähren[151], ein Äquivalenzverhältnis von Beteiligung und Alleinentscheidung im Sinne einer Kompensation ist nicht gegeben[152]. Wann dabei endgültig die kritische Grenze des Art. 79 Abs. 3 GG überschritten ist, kann dabei hier offenbleiben und müßte in einer Art „Gesamtschau der konkreten föderalistischen Rechtssituation"[153] beurteilt werden. Jedenfalls muß Beteiligungsmöglichkeiten der Länder an EG-Rechtsakten (direkt oder über den Bundesrat) auf Dauer eine kompensatorische Wirkung im Sinne eines hinreichenden Schutzes föderaler Wesenselemente der Verfassung abgesprochen werden. Daraus resultiert erneut die Notwendigkeit, derartigen Verfassungsstrukturen schon auf Gemeinschaftsebene diesen erforderlichen Schutz zukommen zu lassen.

V. Zusammenfassung

Das zentrale Problem im Verhältnis zwischen der EG und den Mitgliedstaaten ist, ebenso wie in föderal geprägten Strukturen, die Frage der wechselseitigen Kompetenzabgrenzung, da die Gemeinschaft — unter Berufung auf den dynamischen Charakter von Kompetenzzuweisungen und unter häufiger Mißachtung der daneben aus dem Prinzip begrenzter Ermächtigung zu ziehenden formalen und inhaltlichen Folgerungen — ihre Aktionen auf Bereiche ausdehnt, die zunehmend einen unmittelbaren Bezug zum wirtschaftlichen Kernbereich ihrer Tätigkeit vermissen lassen. Diese Entwicklung droht nicht nur Kompetenzgrenzen zu verwischen, sondern auch zu erheblichen Spannungen mit nationalen Verfassungsstrukturen zu führen.

---

149 BVerfGE 34, 9/19; „Die Länder sind als Glieder des Bundes Staaten mit eigener — wenn auch gegenständlich beschränkter — nicht vom Bund abgeleiteter, sondern von ihm anerkannter staatlicher Hoheitsmacht" (BVerfGE 60, 175/207); zu Unrecht betonen deshalb *Jarass / Pieroth,* GG, Art. 79, Rdnr. 7, auf „verfassungstheoretische Fragen der Staatlichkeit der Länder" komme es nicht an.

150 *Oschatz,* ZG 1990, 14 ff., äußert sich in diesem Sinne.

151 *Klein,* a. a. O., (Fn. 141), S. 663 f.; ebenso *Geiger,* in: *Kremer* (Hrsg.), Die Landesparlamente, S. 51/59.

152 *Klein,* a. a. O., (Fn. 141), S. 663 f.

153 *Klein,* a. a. O., (Fn. 141), S. 664.

Ein gewisses Maß an derartigen Spannungen war zwar von vornherein im europäischen Integrationsprozeß angelegt, doch zeigt sich nun, daß die wachsende Divergenz zwischen gemeinschaftlichem Regelungsanspruch und dafür unzureichenden vertraglichen Ermächtigungsgrundlagen auf Dauer nur durch eine umfassende Reform der EG-Verträge selbst gelöst werden kann.

Solange dies nicht geschehen ist, muß, neben der Betonung der elementaren Schutzfunktion des Prinzips begrenzter Ermächtigung — und nicht zuletzt wegen deren fortdauernder Verkennung — nach weiteren Möglichkeiten gesucht werden, Konflikte im Kompetenzbereich zwischen der EG und den Mitgliedstaaten einer Lösung zuzuführen.

Dabei sind derartige Konfliktlösungsmechanismen, wie sich gezeigt hat, am besten auf Gemeinschaftsebene anzusiedeln und damit der Kontrolle des EuGH zu unterstellen, da dies eher als der weiterhin natürlich fortbestehende Schutz von Kernbereichen nationaler Verfassungen durch die mitgliedstaatlichen Gerichte „einen weitgehend reibungslosen Integrationsverlauf" zu gewährleisten in der Lage ist.

Auf die Frage, ob derartige Mechanismen, wie ein gemeinschaftsrechtliches Rücksichtnahmegebot auf nationale Verfassungsstrukturen oder die Grundsätze der Verhältnismäßigkeit und der Subsidiarität, nicht nur wünschenswert sind, sondern auch der gegenwärtigen Rechtslage entsprechen, sind nun im letzten Teil der Arbeit noch einige Ansätze einer Antwort zu entwickeln.

G. Kompetenzausübungsschranken und Kompetenzverteilungsprinzipien im Gemeinschaftsrecht — Rücksichtnahmegebot auf nationale Verfassungsstrukturen, Verhältnismäßigkeit und Subsidiaritätsgrundsatz

I. Hintergrund und Herleitung eines gemeinschaftsrechtlichen Rücksichtnahmegebotes auf nationale Verfassungsstrukturen

1. Ausgangslage: Die Berührung mitgliedstaatlicher Verfassungsgrundsätze durch das Gemeinschaftsrecht

Die oben (unter F.) geschilderten Konfliktsituationen zwischen einer expandierenden und neue Tätigkeitsbereiche ergreifenden Vorgehensweise der EG auf der einen Seite und der damit fast automatisch einhergehenden, ebenfalls im Wachsen befindlichen Gefährdung bis dahin für „integrationsfest" gehaltener Verfassungsgrundsätze einzelner Mitgliedstaaten, sind nur ein — allerdings sehr wesentlicher — Aspekt eines, die gesamte europäische Integration beherrschenden Spannungsverhältnisses zwischen einem konzeptionell der Europäischen Union, also dem fortschreitenden Zusammenwachsen der EG-Mitgliedstaaten, verschriebenen Einigungswerk und dem Erfordernis der Respektierung der Eigenart [1] eines jeden dieser Union angehörenden Staates in nationaler wie in kultureller Hinsicht [2]. Die Verschärfung dieses Konfliktes durch das beschriebene dynamische Kompetenzverständnis der Gemeinschaft hat es notwendig gemacht, auf das spannungsmindernd wirkende Prinzip der begrenzten Ermächtigung zu verweisen, das als Strukturprinzip dem primären Gemeinschaftsrecht zugrundeliegt. Die im weiteren Verlauf zu untersuchende Frage nach der Existenz eines Rücksichtnahmegebotes auf nationale Verfassungsstrukturen im EG-Recht als Kompetenzausübungsschranke setzt dabei, auch dies wurde deutlich, eine Kompetenz der EG selbst voraus, folgt also der Frage nach der Kompetenznormenauslegung auf einer gleichsam zweiten Stufe nach, wobei jedoch nicht vergessen werden

---

[1] Auf dieses Erfordernis im Rahmen einer echten politischen Einheit zwischen den europäischen Staaten weist der „Ad-hoc-Ausschuß für institutionelle Fragen" (Dooge-Ausschuß) in seinem Abschlußbericht hin, s. EA 1985,D 240/241.

[2] S. das Schreiben von Leo *Tindemans* an seine Kollegen im Europäischen Rat vom 29.12.1975, abgedruckt in *Schwarze / Bieber* (Hrsg.), Eine Verfassung für Europa, S. 526/528.

darf, daß auch die Frage nach der Reichweite der Kompetenzen der Gemeinschaft auf der ersten Stufe der Befugnisprüfung von verfassungsrechtlicher Relevanz ist[3]; dies deshalb, weil die Verfassungsbestimmungen der Mitgliedstaaten, wie bereits mehrfach erwähnt, nur eine begrenzte Kompetenzeinräumung zugunsten der Gemeinschaften ermöglichen. Als Beispiel[4] sei § 20 Abs. 1 der dänischen Verfassung als wohl strengste mitgliedstaatliche Verfassungsbestimmung genannt, der bestimmt, daß „Befugnisse, die auf Grund dieser Verfassung den Behörden des Königreiches zustehen", durch Gesetz „in näher bestimmtem Umfang" zwischenstaatlichen Behörden übertragen werden können. Nationale Verfassungbestimmungen spielen also sowohl bei der Herleitung von Gemeinschaftsbefugnissen als auch bei der Frage nach deren Schranken eine prominente Rolle. Die Bemühungen, derartige Schranken im Gemeinschaftsrecht dogmatisch zu verankern, haben sich dabei in letzter Zeit in der Literatur verstärkt. Ansatzpunkt ist hier vor allem ein „Gebot der Rücksichtnahme"[5] auf nationale Verfassungsstrukturen, zumeist gestützt auf ein dem Gemeinschaftsrecht innewohnendes Prinzip der Gemeinschaftstreue, demgemäß die Gemeinschaftsorgane nicht nur verpflichtet seien, „die Rechtsstaatsprinzipien zu beachten, keine nationalen verfassungsrechtlichen Grundsätze zu verletzen und mit den Mitgliedstaaten bei der Aufgabenerfüllung zu kooperieren, sondern auch wichtige mitgliedstaatliche Interessen nicht außer acht zu lassen", wozu auch gehört, daß die EG bei der Ausübung etwa ihrer Rechtsetzungsbefugnisse „die Grenzen des den Staaten Zumutbaren nicht überschreiten dürfe", d. h., daß beachtet werden müsse, „was den Staaten nach ihrer Verfassung möglich sei"[6].

Die Versuche einer Harmonisierung von EG-Recht und nationalen Verfassungsprinzipien und Wesenselementen sind dennoch nicht, wie die jüngste Diskussion vermuten lassen mag, ausschließlich neueren Datums. Vor allem zu einem Zeitpunkt, in dem die Entwicklung europäischer Grundrechte noch nicht den heutigen Standard erreicht hatte und der EuGH sich über einige Jahre hinweg weigerte, auf europäischer Ebene einen adäquaten Grundrechtsschutz zu gewährleisten[7], wurden, wegen der hier besonders ausgeprägten Grundrechte vorwiegend in der Bundesrepublik, verschiedene Modelle diskutiert, um auch gegenüber Handlungen der Gemeinschaftsorgane die Sicherung elementarer Grundrechte garantieren zu können, was zumeist durch Formen unmittelbarer oder mittelbarer

---

3 BVerfGE 75, 232/242.

4 Weitere Hinweise auf mitgliedstaatliche Verfassungsnormen, die in ihrer Funktion Art. 24 Abs. 1 GG entsprechen unter B. Fn. 35, sowie speziell zur dänischen Problematik *Lachmann*, CMLR 1981, 447 ff.

5 S. etwa *Ress*, EuGRZ 1986, 549/551; *Geiger*, in: *Kremer* (Hrsg.), Die Landesparlamente, S. 51/61 f.; *Streinz*, Grundrechtsschutz, S. 329 ff.; *Lecheler*, BayVBl. 1989, S. 417/421 Fn. 31.

6 Alle Zitate nach *Hailbronner*, JZ 1990, 149/152.

7 S. vor allem verb. Rs. 36-38/59 und 40/59, Slg. 1960, 885/920 f. und die Wendung in der EuGH-Rechtsprechung mit der Rs. 29/69, Sslg. 1969, 419/425. Einen Überblick über die Entwicklung der Judikatur geben *Schweitzer / Hummer*, S. 217 ff.

Bindungen der Gemeinschaft an nationale Verfassungen erreicht werden sollte. Erst mit der, schließlich auch durch das Bundesverfassungsgericht anerkannten[8], Entwicklung europäischer Grundrechte durch den EuGH ist diese Diskussion[9] verstummt, gewinnt aber nun unter dem Aspekt der Gefährdung staatsorganisatorischer Verfassungsprinzipien der Mitgliedstaaten erneutes Interesse und soll daher hier kurz skizziert werden. Dies erscheint auch deshalb sinnvoll, weil die unter dem Eindruck — bei zunehmender Kompetenzausweitung der EG — erneut auftretender Grundrechtsdefizite angestellten Überlegungen in der Literatur, Grundrechtsschutz etwa durch eine präventive Kontrolle des Abstimmungsverhaltens des nationalen Ratsvertreters oder auf anderem Wege herzustellen, wie gezeigt werden konnte[10], diesen Schutz nicht ausreichend gewährleisten können und außerdem nur die EG-Ebene selbst einen auch gemeinschaftsadäquaten Platz für die Ansiedlung von Schutzmechanismen für nationale Verfassungsstrukturen darstellt.

2. Frühere Überlegungen zum Schutz nationaler Verfassungsstrukturen im Kontext mit der Grundrechtsproblematik

Abzugrenzen sind die im vorliegenden Zusammenhang interessierenden Modelle zunächst von der Forderung nach „struktureller Kongruenz" zwischen der Verfassung zwischenstaatlicher Einrichtungen im Sinne des Art. 24 Abs. 1 GG und der Verfassungsordnung des Grundgesetzes[11], die im Zusammenhang mit den Auseinandersetzungen um die Ratifizierung des EVG-Vertrages[12] erstmals erhoben wurden und dergemäß die Strukturen einer überstaatlichen Gemeinschaft mit denen der Mitgliedstaaten übereinstimmen müßten. Abgesehen davon, daß diese Ansicht die besonderen Wesensmerkmale zwischenstaatlicher Einrichtungen, etwa im Hinblick auf von staatlichen Formen unterschiedene Arten der Verwirklichung gewaltenteilender Elemente, zu verkennen droht[13], kann sie hier schon deshalb übergangen werden, weil es dabei nur um die nach innerstaatlichem Recht zulässigen Formen der Gemeinschaftsgründungen geht, dagegen nicht um die Frage der Schranken von auf diese Gemeinschaft übertragener Hoheitsgewalt aus den nationalen Verfassungen, sei es nun in Form unmittelbarer oder mittelbarer Bindungen an diese Verfassungen[14].

---

[8] BVerfGE 73, 339/378 f.

[9] S. dazu die Nachweise unter I.2. unten im Text.

[10] S. o. F.IV.

[11] *Kraus*, Wehrbeitrag, S. 545 ff.; ablehnend etwa *Ress*, in: GS *Geck*, S. 625/670.

[12] BGBl. 1954 II, S. 343 ff.

[13] So auch *Streinz*, Grundrechtsschutz, S. 222 f. und *Wohlfarth*, Juristen-Jahrbuch 1962/63, S. 241/268 („Forderung nach struktureller Kongruenz (. . .) nicht im Grundgesetz begründet, sondern ein verfassungspolitisches Postulat").

[14] *Feige*, S. 85 Fn. 291.

Eine unmittelbare Bindung der Gemeinschaftsorgane an die Verfassungen der Mitgliedstaaten und damit auch an die differenzierten Grundrechtsbestimmungen des Grundgesetzes wäre zum einen durch eine ausdrückliche Aufnahme dahingehender Vorbehalte in das EG-Primärrecht möglich gewesen, doch ist dies nicht geschehen, im Gegensatz etwa zu dem später gescheiterten EVG-Vertrag, der in Art. 3 § 1 bestimmte, daß „die Gemeinschaft (...) nur eingreift, soweit dies zur Erfüllung ihrer Aufgabe erforderlich ist; sie wahrt dabei die staatsbürgerlichen Rechte und die Grundrechte des einzelnen“ [15]. Diese bewußt unterlassene Aufnahme eines ausdrücklichen Vorbehalts zugunsten nationaler Verfassungsbestimmungen spricht auch dafür, Art. 247 Abs. 2 EWGV („Dieser Vertrag bedarf der Ratifizierung durch die Hohen Vertragsparteien gemäß ihren verfassungsrechtlichen Vorschriften“) nicht die Bedeutung eines derartigen Vorbehalts zuzumessen und als die in Art. 247 Abs. 2 EWGV erwähnten verfassungsrechtlichen Vorschriften nur solche anzusehen, die sich auf das beim Abschluß völkerrechtlicher Verträge einzuhaltende Verfahren beziehen [16].

Einen anderen Ansatzpunkt zur Begründung einer unmittelbaren Bindung der EG an nationale Verfassungen wählt die sog. „Hypothekentheorie“ oder auch „Zessionstheorie“ [17]. Sie versteht den Begriff „Übertragung von Hoheitsrechten“ nach Art. 24 Abs. 1 GG wörtlich, geht also davon aus, daß den Gemeinschaftsorganen nur diejenigen Hoheitsrechte eingeräumt werden, die auch den nationalen Organen zustünden, wobei der Übertragungsakt dann auch alle aufgrund nationaler Bindungen bestehende Beschränkungen der Hoheitsgewalt auf die Gemeinschaft übergehen lasse, also vor allem Beschränkungen aus Verfassungsbestimmungen [18]. Diese Konstruktion, die dazu führen würde, daß mitgliedstaatliche Verfassungen als gleichsam dingliche Belastung der Ausübung gemeinschaftlicher Gewalt Grenzen setzen und die so gesehen zu einem größtmöglichen Schutz dieser Verfassungen führen müßte, wird jedoch zu Recht schon wegen ihrer verfehlten Prämisse abgelehnt, die Übertragung von Hoheitsrechten auf die EG lasse sich mit einer Zession von Rechten vergleichen [19], ist doch inzwischen allgemein anerkannt, daß es sich vielmehr um die Rücknahme der Ausübung nationaler Hoheitsgewalt handelt, mit dem Zweck, die Ausübung europäischer Hoheitsgewalt, die ihrerseits als originär anzusehen ist, zu ermöglichen [20]. Eine Sicherung nationaler Verfassungen auf diesem Wege mußte daher schon frühzeitig scheitern.

---

15 BGBl. 1954 II, S. 343/346.

16 So auch *Feige*, S. 77. *Eibach* (S. 106 ff.), der die Bedeutung derartiger Ratifikationsklauseln auch auf materielle grundlegende Verfassungsbestimmungen erstreckt, daraus aber, wegen der Besonderheiten der EG-Rechtsordnung, keine unmittelbaren Geltungsbeschränkungen herleitet.

17 S. die Nachweise bei *Feige*, S. 77 ff. und *Streinz*, a. a. O., (Fn. 13), S. 220 Fn. 25.

18 Getreu dem Grundsatz „nemo plus iuris transferre potest quam ipse habet“.

19 Ablehnend zur Hypothekentheorie auch *Friauf*, in: *Friauf / Scholz*, S. 11/23 Fn. 54; *Wohlfarth*, a. a. O., (Fn. 13), S. 241/260; *Feige*, S. 81.

20 BVerfGE 59, 63/90; 68, 1/90; 73, 339/374.

Als Form mittelbarer Bindung der EG-Organe an nationale Verfassungen sei zunächst die Verpflichtung der Gemeinschaft zur verfassungskonformen Auslegung genannt, wodurch das EG-Primärrecht so zu interpretieren sei, daß es mit den Verfassungen aller Mitgliedstaaten übereinstimmt, mit der Folge der Realisierung des „Gesetzes des Minimums in der supranationalen Verfassungsentwicklung“[21]. Begründet wird dies damit, daß die EG-Verträge aufgrund von Zustimmungsgesetzen ratifiziert worden seien, wobei der innerstaatliche Gesetzgeber die jeweiligen Verfassungen habe beachten müssen. Die Zustimmungsgesetze unterlägen damit dem für jedes Gesetz geltenden Verbot, eine mit der Verfassung in Widerspruch stehende Auslegungsmöglichkeit einer verfassungskonformen vorzuziehen. Dieselbe Auslegung sei in gleichem Maße auch für die Gemeinschaften verbindlich. Da die Gewalt der Gemeinschaften auf den Verträgen beruhe und damit aus der nationalen Sphäre herrühre, dürfe das Gemeinschaftsrecht nicht in einer Weise ausgelegt werden, das innerstaatliche Bindungen außer Betracht lasse[22].

Kritisch zu sehen ist dabei zunächst die Herleitung des Gebotes verfassungskonformer Auslegung, die mit der besonderen Betonung einer aus der „nationalen Sphäre herrührenden Gemeinschaftsgewalt“ sich ebenso wie die „Hypothekentheorie“ den Vorwurf gefallen lassen muß, sie verkenne die Wesensnatur des Übertragungsaktes nach Art. 24 Abs. 2 GG[23].

Doch auch bei einer anderen Begründung des Erfordernisses verfassungskonformer Auslegung, etwa aus dem Gedanken des Geltungsgrundes des Gemeinschaftsrechts selbst und als notwendiges Korrelat der völkerrechtsfreundlichen Auslegung nationaler Verfassungen[24] oder auch aus dem Gedanken der Gemeinschaftstreue[25] begegnet zumindest die Terminologie „verfassungskonforme Auslegung“ erheblichen Bedenken. Zunächst legt sie den Verdacht nahe, es gehe nicht um einen Schutz elementarer Verfassungsstrukturen, sondern um die volle Übereinstimmung des Gemeinschaftsrechts mit nationalen Verfassungen, ein Schluß, der zwar nicht gezogen wird[26], doch als Parallele zu verfassungskonformen Auslegungen einfachen Rechts in den Mitgliedstaaten erscheinen würde. Zum anderen wird die gewählte Bezeichnung dem Verhältnis von Gemeinschaftsrecht und nationalem Recht nicht gerecht, da sie ein Bild der Über- und Unterordnung der beiden Sphären zeichnet und verfassungskonforme Auslegung als Ausle-

---

21 *Friauf*, AöR 1960, 224/234; möglich ist es somit nach *Schwaiger*, AWD 1972, 265/271, der ebenfalls die These der verfassungskonformen Auslegung vertritt, etwa den Grundrechtsschutz am jeweiligen Maximalstandard zu orientieren, d. h., die strengste Verfassung heranzuziehen.

22 So die Begründung von *Friauf*, a. a. O., (Fn. 21), S. 230 ff.

23 So auch *Streinz*, a. a. O., (Fn. 13), S. 332 f.

24 *Antoniou*, S. 106 f.

25 *Zweigert*, RabelsZ 1964, 601/620 f.

26 *Friauf*, a. a. O., (Fn. 21), S. 232 läßt Art und Umfang verfassungsrechtlicher Beschränkungen offen.

gung eines niederrangigen am höherrangigem Recht ebenso wie die Tatsache der Verdrängung des niederrangigen durch das höherrangige Recht im Fall direkter Kollision „Kennzeichen einer sowohl homogenen wie hierarchisch gestuften Rechtsordnung“[27] sind, was im Verhältnis zwischen EG-Recht und nationalem Recht noch nicht der Fall sein dürfte, zumal nicht EG-Recht als in der Normenhierarchie dem nationalen Verfassungsrecht untergeordnet angesehen werden kann.

Selbst wenn somit die Geltung eines Prinzips der Gemeinschaftstreue der Argumentation zugrunde liegt[28], ist besser von der Achtung nationaler Verfassungsstrukturen als von verfassungskonformer Auslegung die Rede. Höherrangige Norm, die zur Nichtigkeit eines Gemeinschaftsrechtsaktes führen kann, ist dann dieser Grundsatz der Gemeinschaftstreue und nicht die jeweilige nationale Verfassungsnorm[29].

Auf die Gemeinschaftstreue als weitere Form einer mittelbaren Gemeinschaftsbindung an elementare nationale Verfassungsstrukturen ist nun im folgenden einzugehen, wobei die früher vertretenen Ansichten dazu im Rahmen der Grundrechtsproblematik in die aktualisierten Überlegungen mit einfließen.

3. Ansatzpunkte für ein Rücksichtnahmegebot auf nationale Verfassungsstrukturen

Einen wesentlichen Ansatzpunkt für ein Rücksichtsnahmegebot auf nationale Verfassungsstrukturen könnte der nun schon öfters erwähnte Grundsatz der Gemeinschaftstreue bilden, worunter ein ungeschriebenes Verfassungsprinzip der Gemeinschaft zu verstehen ist, das die Forderung nach gegenseitiger Loyalität und Solidarität zwischen der EG und den Mitgliedstaaten beinhaltet[30] und als Rechtsprinzip[31] und nicht nur als unverbindliches Verhaltenspostulat anzusehen ist. Ein Aspekt der Gemeinschaftstreue ist dabei vor allem ihre Funktion als Kompetenzausübungsschranke[32] für die Gemeinschaftsorgane, deren rechtmäßiges Handeln somit nicht nur eine bestehende Kompetenznorm voraussetzen würde, sondern auch die Einhaltung der aus der Gemeinschaftstreue folgenden Verpflichtungen.

---

27 *Di Fabio*, NJW 1990, 947/949.

28 *Zweigert*, a. a. O., (Fn. 25), S. 620.

29 *Zweigert*, a. a. O., (Fn. 25), S. 621.

30 *Hilf*, ZaöRV 1975, 51/58; *Söllner*, S. 10.

31 So ist auch die Rücksichtnahme auf nationale Verfassungen als „Gebot politischer Vernunft“ allgemein akzeptiert, als konkrete Rechtspflicht dagegen umstritten, s. *Streinz*, a. a. O., (Fn. 13), S. 331.

32 Ausführlich dazu *Ossenbühl*, Rundfunk, S. 34 ff. im Zusammenhang mit der Tätigkeit der Gemeinschaft im Rundfunkbereich und dem damit verbundenen Eingriff in die Kulturhoheit der Bundesländer.

Ähnliche Formen von Kompetenzausübungsschranken finden sich sowohl im bundesstaatlichen Recht als auch im Völkerrecht mit der Bundestreue[33] bzw. dem Rechtsmißbrauchsverbot[34].

Der Grundsatz der Bundestreue enthält dabei eine umfassende Rechtspflicht des Bundes und seiner Glieder zu bundesfreundlichem Verhalten, er ist akzessorischer Natur, d. h., er kann für sich allein keine Pflichten begründen, wohl aber auf bestehende Rechtsverhältnisse einwirken und bereits existierende Rechte oder Pflichten moderieren, variieren oder durch Nebenpflichten ergänzen[35].

Dabei kann die Bundestreue in Fällen, in denen das Gesetz eine Verständigung zwischen Bund und Ländern fordert, gesteigerte Mitwirkungspflichten aller Beteiligten begründen[36], Verhandlungen zwischen dem Bund und seinen Gliedern sowie zwischen den Ländern haben sich am Gebot bundesfreundlichen Verhaltens zu orientieren[37] und schließlich finden, wie erwähnt, bestehende Kompetenzen von Bund und Ländern in diesem Gebot bestimmte Schranken, da ein Bundesstaat nur bestehen kann, wenn Bund und Länder im Verhältnis zueinander beachten, daß das Maß, in dem sie von formal bestehenden Kompetenzen Gebrauch machen können, durch gegenseitige Rücksichtnahme bestimmt ist[38]. So hat der Landesgesetzgeber, wenn die Auswirkungen einer gesetzlichen Regelung nicht auf den Raum eines Landes begrenzt sind, auf die Interessen des Bundes und der übrigen Länder Rücksicht zu nehmen, verletzt er diese Pflicht in offenbarem Mißbrauch seiner Freiheiten, so ist sein Verhalten verfassungswidrig[39]. Umgekehrt hat auch der Bund bei Ausübung seiner Kompetenzen Rückwirkungen auf den Gesetzgebungsbereich der Länder zu beachten[40]. Der Grundsatz der Bundestreue hält dabei gerade als Kompetenzausübungsschranke die Egoismen des Bundes und der Länder in Grenzen und greift dort ein, wo deren Interessen auseinanderfallen, und zwar so, daß der eine Teil Schaden nimmt, wenn der andere Teil seine Maßnahmen ausschließlich nach seinen Interessen treffen würde[41], er schließt damit eine mißbräuchliche Interessenwahrnehmung aus[42].

Dieser letzte Gedanke liegt auch dem völkerrechtlichen Rechtsmißbrauchsverbot zugrunde, demgemäß kein Staat seine Kompetenzen in einer Weise ausüben darf, die gegen übergeordnete Interessen der Staatengemeinschaft und gegen

---

33 S. dazu den Überblick bei *Jarass / Pieroth,* GG, Art. 20, Rdnr. 12 ff.; kritisch zum Grundsatz der Bundestreue als justitiablem Rechtsgrundsatz *Hesse,* Grundzüge, S. 102 ff.; s. auch oben F.II.1. und 2.

34 *Schüle,* in: *Schlochauer* (Hrsg.), Wörterbuch des Völkerrechts, 3. Band, S. 69 ff.

35 BVerfGE 42, 103/117; 13, 54/75.

36 BVerfGE 1, 299/315 f.; 12, 205/254.

37 BVerfGE 12, 205/255 f.

38 BVerfGE 4, 115/141 f.

39 BVerfGE 4, 115/140; 6, 309/361.

40 BVerfGE 43, 291/349.

41 BVerfGE 43, 291/348.

42 BVerfGE 61, 149/205.

übergeordnete Interessen eines anderen Staats verstößt[43]. Ohne hier im einzelnen auf die Auseinandersetzungen über Herleitung, Geltung und konkreten Inhalt dieses Rechtsmißbrauchsverbots eingehen zu können[44], ist diese inhaltliche Bestimmung als Ausdruck der wohl überwiegenden Meinung in der völkerrechtlichen Literatur anzusehen[45], so daß auch im Völkerrecht von einem kompetenzregulierenden Mißbrauchsverbot ausgegangen werden kann.

Die Geltung eines vergleichbaren Prinzips der Gemeinschaftstreue mit entsprechenden Konsequenzen der Existenz von Kompetenzausübungsschranken für die Gemeinschaftsorgane wurde, was nach den vorstehenden Ausführungen naheliegt, einerseits aus einem Erst-recht-Schluß aus der Tatsache eines völkerrechtlichen Rechtsmißbrauchsverbots hergeleitet, mit der Begründung, wenn es ein derartiges Verbot schon im Völkerrecht gebe, müsse ein entsprechendes Verbot auch in Staatsassoziationen gelten, die, wie die Gemeinschaft, verschiedene souveräne Staaten zum Zwecke einer gemeinsamen Politik institutionell zusammenführten[46]. Andererseits wurden aus einem „präföderalen Charakter der EG" Folgerungen für die Verankerung eines dem Bundestreueprinzip entsprechenden Grundsatzes im Gemeinschaftsrecht gezogen[47].

Der letztgenannte Ansatz wurde dabei vor allem unter Hinweis darauf abgelehnt, es handele sich bei der EG um eine besondere Organisationsform, der wesentliche Merkmale der Staatlichkeit fehlten[48], die Herleitung des Prinzips der Gemeinschaftstreue aus einer vorkonzipierten Rechtsnatur der Gemeinschaft sei ebenso methodisch verfehlt wie sachlich unbegründet und berge die Gefahr begriffsjuristischer Zirkelschlüsse[49].

Richtig an dieser Kritik ist, daß die verfrühte Heranziehung bundesstaatlicher Analogien[50] nur die Gefahr heraufbeschwört, den weiterhin ungelösten Streit um die Rechtsnatur der EG zu erneuern, so daß es folgerichtiger erscheint, im

---

43 *Bleckmann,* Die Aufgaben einer Methodenlehre des Völkerrechts, S. 64.

44 So ist strittig, ob es sich um Völkergewohnheitsrecht,einen allgemeinen Rechtsgrundsatz nach Art. 38 Abs. 1 lit. c IGH-Statut oder um ein objektives, unmittelbar aus dem Begriff der Rechtsordnung abgeleitetes Prinzip handelt. Seine Geltung als Rechtsgrundsatz wird teilweise unter Hinweis auf dessen lediglich moralische Bindungswirkung bestritten. Inhaltlich ist noch nicht geklärt, ob es sich überhaupt um ein einheitliches Rechtsinstitut handelt oder ob der Begriff „Rechtsmißbrauchsverbot" verschiedene Einzelrechtssätze des Völkerrechts zusammenfaßt. S. zu allen diesen Fragen ausführlich *Bleckmann,* a. a. O., (Fn. 43), S. 57 ff. und die Literaturhinweise dort auf S. 11 Fn. 29; *Schüle,* a. a. O., (Fnm. 34), sowie *Verdross / Simma,* S. 235.

45 *Bleckmann,* a. a. O., (Fnm. 43), S. 57 f.; *Ossenbühl,* a. a. O., (Fn. 32), S. 45.

46 *Ossenbühl,* a. a. O., (Fn. 32), S. 45 .

47 Ansätze dazu bei *Lecheler,* EA 1968, 403 ff.

48 *Feige,* S. 90; s. unter Hinweis auf den spezifisch bundesstaatlichen Charakter der Bundestreue BVerfGE 31, 314/354.

49 *Ipsen,* Gemeinschaftsrecht, S. 217 f.; ders., in: GS *Geck,* S. 339/352 mit der Bemerkung, daß es besser wäre auf den „Gefühlsgehalt" des Begriffs „Gemeinschaftstreue" zu verzichten. Die Existenz des Prinzips erkennt *Ipsen* jedoch an.

50 Skeptisch insoweit auch *Hilf,* a. a. O., (Fn. 30), S. 227/252.

Gemeinschaftsrecht selbst nach Ansatzpunkten für ein Prinzip der Gemeinschaftstreue zu suchen, bei dessen inhaltlicher Ausgestaltung jedoch durchaus Parallelen zu verwandten Instituten im Staats- oder Völkerrecht möglich sein können. Diese Vorgehensweise hat inzwischen auch ebenso weitgehende Anerkennung gefunden, wie die Existenz eines Prinzips der Gemeinschaftstreue als solche an das sowohl die Mitgliedstaaten als auch die EG-Organe selbst gebunden sind.

Das Gegenargument, Art. 5 EWGV, der nur den Mitgliedstaaten Pflichten auferlegt, enthalte eine abschließende Regelung[51], ist dabei nicht überzeugend, ergeben sich doch aus dem EWG-Vertrag selbst eine Reihe von Regelungen, die auch die Gemeinschaftsorgane als Adressaten für Pflichten gegenüber den Mitgliedstaaten vorsehen und daher zusammen mit Art. 5 EWGV als Ausdruck eines übergeordneten Prinzips angesehen werden können, das zwischen der Gemeinschaft und ihren Gliedern wechselseitige Verhaltenspflichten inhaltlich im Sinne eines Rücksichtnahmegebotes ausgestaltet. So verlangt etwa Art. 6 Abs. 2 EWGV von den Gemeinschaftsorganen, die innere und äußere finanzielle Stabilität der Mitgliedstaaten nicht zu gefährden, doch kann aus ihm nicht geschlossen werden, die EG-Organe hätten allein den wirtschaftlichen Belangen der Mitgliedstaaten Rechnung zu tragen[52], legt doch andererseits Art. 5 Abs. 2 EWGV diesen Mitgliedstaaten selbst Unterlassungspflichten über den eigentlichen Anwendungsbereich des EWGV hinaus, etwa auch in den Bereichen Kultur oder Verteidigung[53], auf, so daß auch Art. 6 Abs. 2 EWGV nur als Ausschnitt einer weitergehenden Pflicht zur Gemeinschaftstreue erscheint[54], soll nicht das innere Gefüge der Gemeinschaft erheblich gestört werden. Gerade das Argument der Funktionsfähigkeit der EG wird deshalb nicht nur dazu herangezogen, die Kompetenzen der Gemeinschaft abzurunden und auszudehnen, wie das in der Rechtsprechung des EuGH häufig geschehen ist[55], sondern auch, um ein Loyalitätsverhältnis zwischen der Gemeinschaft und den Mitgliedstaaten rechtlich zu untermauern[56].

Zur Begründung eines Prinzips der Gemeinschaftstreue ist weiterhin hinzuweisen auf einige Bestimmungen des EWG-Vertrages, die auch im Verhältnis der Mitgliedstaaten untereinander deren Kompetenzausübung im Interesse übergeordneter Interessen inhaltlich einschränken, wie etwa Art. 103 Abs. 1 Satz 1 oder Art. 107 Abs. 1 EWGV nach denen die Mitgliedstaaten ihre Konjunktur- und Währungspolitik als eine Angelegenheit von gemeinsamem Interesse ansehen, wobei der Schluß nahe liegt, daß die Verpflichtung zur gegenseitigen Rücksichtnahme auch im Verhältnis der Mitgliedstaaten zueinander erst recht für stärker integrierte Bereiche des Gemeinschaftsrechts gelten muß[57].

---

51 *Beutler / Bieber / Pipkorn / Streil*, S. 82.

52 *Feige*, S. 92 f.; s. etwa auch Art. 8 c EWGV.

53 *GBTE / Bleckmann*, Art. 5 Rdnr. 26; *Grabitz*, EWGV, Art. 5 Rdnr. 11.

54 *GBTE / Zuleeg*, Art. 6 Rdnr. 7.

55 Zum Grundsatz des „effet utile“ in der Rechtsprechung des EuGH s. o. C.IV.2.

56 *Streinz*, a. a. O., (Fn. 13), S. 334 f.; *Zieger*, S. 46.

Auch die enge Verzahnung von mitgliedstaatlicher und gemeinschaftlicher Rechtsordnung legt die Verpflichtung zur gegenseitigen Rücksichtnahme nahe[58]. Ausdruck dieser Verzahnung sind etwa die Kooperation nationaler Gerichte mit dem EuGH im Verfahren des Art. 177 EWGV, der Charakter der Richtlinie gem. Art. 189 Abs. 3 EWGV als umsetzungsbedürftiger Rechtsakt, die Entwicklung allgemeiner Rechtsgrundsätze durch den EuGH unter Zuhilfenahme der nationalen Rechtsordnungen als Rechtsinhaltsquelle und andere Bereiche. Diese „gegenseitige Interpenetration“[59], dieses Bild „kommunizierender oder osmotischer Normensysteme“[60] verträgt sich nicht mit einer pauschalen Berufung auf die Eigenständigkeit der Gemeinschaftsrechtsordnung und einer damit verbundenen fehlenden Bindung der Gemeinschaftsorgane gegenüber den Mitgliedstaaten mittels der Gemeinschaftstreue. Die zunehmende wechselseitige Beeinflussung europäischer und nationaler Normensysteme schafft im Gegenteil eine Situation, die, insoweit ähnlich wie in einem Bundesstaat, aber ohne die Notwendigkeit diesbezüglicher Analogien, die Verpflichtung aller Beteiligten zu einer Konkordanz der verschiedenen Rechtsordnungen mit sich bringt[61].

Schließlich haben auch die EG-Organe selbst einen über Art. 5 EWGV hinausgehenden Grundsatz der Gemeinschaftstreue anerkannt, wenn auch nicht unter dieser Bezeichnung, so doch der Sache nach. Der EuGH hat in seiner Rechtsprechung dabei schon frühzeitig besonders von einer Pflicht der Mitgliedstaaten zur Solidarität gesprochen, welche diese durch ihren Beitritt zur Gemeinschaft übernommen hätten[62], diese Solidaritätspflicht betreffe, wie etwa Art 108 EWGV zeige, auch das Verhältnis der Mitgliedstaaten zueinander und liege dem gesamten Gemeinschaftssystem zugrunde[63]. In einer Entscheidung aus dem Jahre 1983[64] hat der Gerichtshof dann erstmals ausdrücklich von einer „gegenseitigen Pflicht zur loyalen Zusammenarbeit“ gesprochen, also auch die EG-Organe selbst in diese Pflichtenbindung mit einbezogen, was deutlich gemacht hat, daß auch von Seiten der Gemeinschaft eine allgemeine Rücksichtnahmepflicht auf besondere Belange der Mitgliedstaaten, insbesondere auch deren Zuständigkeit[65], angenommen wird. Die damit auch als rechtlich relevant angesehene Pflicht von Mitgliedstaaten und EG zu loyaler Zusammenarbeit und Unterstützung hat dabei, auch

---

57 *GBTE / Bleckmann*, Art. 5 Rdnr. 29.

58 In diesem Sinne auch *Wohlfarth*, Europäische und deutsche Rechtsordnung, S. 173 ff.; *Daig*, in: FS *Zweigert*, S. 395/400 Fn. 7; *Streinz*, a. a. O., (Fn. 13), S. 335.

59 *Tomuschat*, EuR 1976, Sonderheft, S. 45/62.

60 *Steinberger*, in: FS *Doehring*, S. 951/955 unter Berufung auf die Rechtsprechung des Bundesverfassungsgerichts, das in zunehmendem Maße die gegenseitige Beeinflussung von europäischer und nationaler Rechtsordnung betont, s. zuletzt BVerfGE 75, 223/234.

61 Den Gedanken des Konkordanzerfordernisses greift hier BVerfGE 37, 271/248 auf.

62 Rs. 39/72, Slg. 1973, 101/115.

63 Verb. Rs. 6 und 11/69, Slg. 1969, 523/540.

64 Rs. 230/81, Slg. 1983, 255/287.

65 A. a. O., (Fn. 64).

dies wurde betont[66], in Art. 5 EWGV nur eine besondere Ausprägung erfahren, dieser stellt deshalb keinesfalls eine abschließende Regel dar. Auch Rat, Kommission und Europäisches Parlament haben durch ihre jeweiligen Präsidenten das Prinzip der Gemeinschaftstreue als geltendes Rechtsprinzip akzeptiert, indem sie im Rahmen einer interinstitutionellen Vereinbarung vom 12.4.1989 betreffend Petitionen zum Europäischen Parlament[67] im Zusammenhang mit der Frage der Weiterbehandlung derartiger Petitionen an den Grundsatz erinnerten, „der den Mitgliedstaaten und den Gemeinschaftsorganen die gegenseitige Verpflichtung zur loyalen Zusammenarbeit bei der Anwendung der Verträge auferlegt und (...) seinen Niederschlag insbesondere in Art. 5 des EWG-Vertrages findet“[68].

Als Zwischenergebnis ergibt sich damit, daß ein auch die Gemeinschaftsorgane verpflichtender Grundsatz zur Gemeinschaftstreue weitgehend anerkannt ist, was allerdings die Schlußfolgerungen in bezug auf ein daraus folgendes Rücksichtnahmegebot auf nationale Verfassungsstrukturen, also seine konkrete Ausgestaltung, anbetrifft, herrscht nach wie vor keine Einigkeit, sofern dazu überhaupt Stellungnahmen vorliegen.

4. Die Gemeinschaftstreue als Grundlage der Verpflichtung zur Achtung nationaler Verfassungsstrukturen

Aus dem Grundsatz der Gemeinschaftstreue werden, wie erwähnt, Loyalitätspflichten und Rücksichtnahmegebote gefolgert, die sowohl das wechselseitige Verhältnis der Gemeinschaft und der Mitgliedstaaten als auch dasjenige der Mitgliedstaaten untereinander betreffen[69]. Was die im vorliegenden Kontext allein interessierenden Verpflichtungen der Gemeinschaft gegenüber den Mitgliedstaaten anbetrifft, so hat der EuGH bisher nur in den oben angegebenen Urteilen[70] ausgeführt, die Gemeinschaftsorgane seien verpflichtet, die Zuständigkeit der Regierungen der Mitgliedstaaten für die Festlegung des Sitzes der Gemeinschaftsorgane gem. Art. 216 EWGV und die darauf gestützten Beschlüsse zu beachten[71], außerdem wurde der Kommission aufgegeben, im Rahmen ihrer Loyalitätsverpflichtungen gegenüber den Mitgliedstaaten mit nationalen Strafverfolgungsbehörden im Wege der Herausgabe bestimmter Unterlagen zusammenzuarbeiten[72]. Ob der EuGH dagegen aus der Gemeinschaftstreue auch eine Kompetenzausübungsschranke der EG-Organe im Sinne eines Rücksichtnahmegebotes auf natio-

---

66 Rs. 44/84, Slg. 1986, 29/81 und zuletzt Rs. C-2/88 Imm., Tätigkeitsbericht Nr. 18/90, S. 32/33, Rs. C-217/88 EuZW 1990, 384/386.

67 Bull. EG 4/1989, Nr. 2.4.2.

68 Zitiert in BT-Drs. 11/297, S. 16.

69 *GBTE / Zuleeg*, Art. 1, Rdnr. 47; *Bleckmann*, DVBl. 1976, 483 ff.; ders., RIW 1981, 653 ff.; s. auch den Überblick bei *Söllner*, S. 15 ff.

70 A. a. O., (Fn. 64) und Rs. C-2/88 Imm., Tätigkeitsbericht Nr. 18/90, S. 32/33.

71 A. a. O., (Fn. 64).

72 Rs. C-2/88 Imm., Tätigkeitsbericht Nr. 18/90, S. 32/33 f.

nale Verfassungsstrukturen ableiten wird, erscheint zweifelhaft, da der Gerichtshof mitgliedstaatlichen Verfassungsbestimmungen bisher nur insoweit Bedeutung beigemessen hat, als sie als Rechtsinhaltsquelle für die inhaltliche Ausfüllung allgemeiner Rechtsgrundsätze des Gemeinschaftsrechts herangezogen werden konnten, wie das bei der Entwicklung seiner Grundrechtsjudikatur der Fall ist[73]. Dagegen hat der Gerichtshof etwa eine unmittelbare Bindung der Gemeinschaftsorgane an das nationale Verfassungsrecht abgelehnt[74] und wiederholt betont, es könne die Gültigkeit einer Gemeinschaftshandlung oder deren Geltung in einem Mitgliedstaat nicht berühren, wenn geltend gemacht werde, die Grundrechte in der ihnen von der Verfassung des Mitgliedstaates gegebenen Gestalt oder die Strukturprinzipien nationaler Verfassungen seien verletzt[75], das Gemeinschaftsrecht gehe wegen seiner Eigenständigkeit allen, wie auch immer gearteten nationalen Rechtsvorschriften vor[76], auch bei Schwierigkeiten der Umsetzung von Gemeinschaftsrecht spielen nationale Verfassungshindernisse auf der EG-Ebene keine Rolle[77]. Schließlich wurde auch der Einwand in einem Rechtsstreit um eine kartellrechtliche Maßnahme der Kommission zurückgewiesen, diese hätte aufgrund des Verhältnismäßigkeitsgrundsatzes Art. 14 der Verordnung Nr. 17 in Übereinstimmung mit einer mitgliedstaatlichen Verfassung[78] auslegen müssen, um eine schwerwiegende Störung der nationalen Verfassungsordnung zu verhindern. Diese Prüfung, so der EuGH, knüpfe nur formal an Gemeinschaftsrecht an, laufe aber darauf hinaus, die Gültigkeit einer Gemeinschaftsrechtshandlung von der Berücksichtigung einer Vorschrift des nationalen Verfassungsrechts abhängig zu machen, was jedoch ausgeschlossen sei, da nur Gemeinschaftsrecht Prüfungsmaßstab für den EuGH sein könne[79].

In der letztgenannten Entscheidung vermeidet der Gerichtshof somit das eigentliche Problem, indem er die Berücksichtigung nationaler Verfassungsgrundsätze über einen gemeinschaftsrechtlichen Grundsatz, hier den Verhältnismäßigkeitsgrundsatz[80], als Umgehung des Prinzips ansieht, daß Gemeinschaftsrechtshandlungen nur an Gemeinschaftsrecht zu messen seien, es aber doch gerade die Frage ist, ob nicht doch ein Gemeinschaftsgrundsatz existiert, der zur Achtung nationaler Verfassungsstrukturen verpflichtet. Das bloße Umgehungsargument wird dabei den oben bei der Begründung des Prinzips der Gemeinschaftstreue verwendeten Argumentationslinien nicht gerecht, demzufolge unter anderem auch

---

73 Zu dieser Grundrechterechtsprechung des EuGH s. die Nachweise bei *Scholz*, in: *Friauf / Scholz*, S. 53/73 ff.

74 Rs. 1/58, Slg. 1958/59, 43/63 f.; verb. Rs. 36 bis 38/59 und 40/59, Slg. 1960, 885/920 f.

75 Rs. 11/70, Slg. 1970, 1125/1135.

76 Rs. 6/64, Slg. 1964, 1251/1270.

77 Rs. 100/77, Slg. 1978, 879/886 f.; Rs. 102/79, Slg. 1980, 1473/1487.

78 Hier Art. 18 Abs. 2 Span. Verf.

79 Verb. Rs. 97 bis 99/87, Tätigkeitsbericht Nr. 21/89, S. 12/15.

80 Dazu s. auch unten II.

der Grundsatz der Funktionsfähigkeit der Gemeinschaft Rücksichtnahmepflichten auf der EG-Seite begründet.

Wenn der EuGH in verschiedenen Urteilen darauf hinweist, daß etwa Beschränkungen der Grundfreiheiten im Einzelfall durch Besonderheiten nationaler Art im Rahmen des Schutzes der Allgemeininteressen ebenso möglich sind[81], wie die Berücksichtigung der unterschiedlichen Interessen der Mitgliedstaaten bei der Ausgestaltung des ordre-public Vorbehaltes des Art. 48 Abs. 3 EWGV[82], wäre zunächst schon von der Wertigkeit der hier in Frage stehenden Rechtsgrundsätze nur schwer verständlich, warum eine ähnlich geartete Rücksicht auf nationale Verfassungsstrukturen auch unter dem Aspekt der Gemeinschaftstreue von vornherein ausscheiden sollte, zumal das Gegenargument der Eigenständigkeit der Gemeinschaftsordnung angesichts der schon beschriebenen vielseitigen Verflechtungen zwischen dem gemeinschaftlichen und dem nationalen Rechtsbereich an Überzeugungskraft verloren hat.

Auch die Herleitung der Gemeinschaftsbefugnisse aus nationalen Ermächtigungsakten spielt hier eine Rolle. Die Ermöglichung der Ausübung von Hoheitsrechten durch die Gemeinschaft im Wege nationaler Ermächtigungsakte erfolgte nur in begrenztem Umfang und in jeder mitgliedstaatlichen Rechtsordnung ist diese Übertragungskompetenz innerstaatlichen Schranken ausgesetzt, worauf bereits hingewiesen wurde[83]. Diese Grenze der Übertragungsmacht, deren wesentliches Ziel es ist, elementare Verfassungsstrukturen zu schützen, ist zwar keine solche des „Könnens", sondern nur des „Dürfens", da die zu anderen Ergebnissen führende Hypothekentheorie aus den oben genannten Gründen[84] abzulehnen ist. Jedoch gewinnen die innerstaatlich gesetzten Grenzen der Übertragungsmacht über das Gebot der Gemeinschaftstreue auch gemeinschaftsrechtliche Relevanzen, indem die EG-Organe aus dem soeben entwickelten Loyalitätsgedanken heraus verpflichtet sind, die mitgliedstaatlichen Interessen an der Wahrung ihrer unverzichtbaren Verfassungsprinzipien zu berücksichtigen. Dabei handelt es sich nicht um eine Bindung an diese Prinzipien, sondern um eine Pflicht zur Beachtung[85], und diese Pflicht erfaßt selbstverständlich nicht alle Verfassungsnormen[86], da dies dem Grundsatz der offenen Staatlichkeit der jeweiligen Verfassungen und ihrer Integrationsbereitschaft widersprechen würde. Zu beachten sind nur die wesentlichen Prinzipien mitgliedstaatlicher Verfassungen, deren Preisgabe die Grenzen des innerstaatlich Zulässigen überschreiten würde. Die Beachtungspflicht erfaßt dabei auch schon das Stadium der Gefährdung dieser

---

81 Rs. 33/74, Slg. 1974, 1299/1309; Rs. 71/76, Slg. 1977, 765/777; Rs. 52/79, Slg. 1980, 833/856.

82 Rs. 30/77, Slg. 1977, 1999/2013.

83 S. o. F.IV.2.a) Fn. 85 f.

84 S. o. I.2.

85 Zu den Unterschieden ausdrücklich *Streinz*, a. a. O., (Fn. 13), S. 334.

86 *Zweigert*, a. a. O., (Fn. 25), S. 621.

Prinzipien[87], d. h., schon Gemeinschaftsakte, die geeignet sein können wesentliche nationale Verfassungsstrukturen zu gefährden unterliegen der Kompetenzausübungsschranke der Gemeinschaftstreue mit ihren wechselseitigen Bindungen, sind doch auch die Mitgliedstaaten umgekehrt schon gehalten, eine Gefährdung von Zielen der Gemeinschaft zu unterlassen (Art. 5 Abs. 2 EWGV). Dieser Ansatz entspricht dem dem Grundsatz der Gemeinschaftstreue zugrundeliegenden Gebot größtmöglicher Konkordanz von europäischer und nationaler Rechtsordnung. Darin liegt auch kein Verstoß gegen den Grundsatz des Vorranges des Gemeinschaftsrechts[88], da das Rücksichtnahmegebot gleichsam im Vorfeld einer Rang- oder Kollisionsproblematik eingreift und klären soll, mit welchem zulässigen Inhalt Gemeinschaftshandlungen überhaupt in ein bestimmtes Verhältnis zum jeweiligen nationalen Recht treten.

Wenn dabei schon bei der Frage des zulässigen Inhalts der Gemeinschaftsakte nationales Verfassungrecht eine Rolle spielt, so ist das nicht ungewöhnlich, ist dies doch auch bei der Herleitung von Grundrechten der Fall. Soweit der entsprechende, elementaren nationalen Verfassungsgrundsätzen entsprechende Grundrechtsschutz auf EG-Ebene noch nicht gewährleistet war, lag daher der Gedanke nahe, den schon damals in der Literatur verbreitet bejahten Grundsatz der Gemeinschaftstreue dahingehend inhaltlich zu konkretisieren, daß sich daraus ein Gebot zur Rücksichtnahme auf wesentliche Bestandteile des national gewährleisteten Grundrechtsschutzes ergab. Es war die Rede von einer insoweit bestehenden „Pflicht zur Respektierung der nationalen Rechtsausübung"[89], das Gebot der Loyalität der Gemeinschaft gegenüber den Mitgliedstaaten verlange eine Beachtung von deren „durchbrechungsfesten Verfassungsnormen"[90], es gehe keineswegs darum, eine Respektierung aller Verfassungsnormen zu verlangen, da dies die Handlungsfreiheit der EG strukturwidrig beschneide, es gehe nur um die Wahrung elementarer (rechtsstaatlicher) Prinzipien[91].

Die Diskussion um die Pflicht zur Achtung wesentlicher Strukturen nationaler Grundrechte nahm, wie bereits oben angesprochen, in dem Umfang ab, wie auf Gemeinschaftsebene selbst im Rahmen allgemeiner Rechtsgrundsätze europäische Grundrechte entwickelt wurden, was einen Verzicht auf die Schrankenwirkung des Rücksichtnahmegebotes insoweit ermöglichte. Doch kann es nicht stets darum gehen, die Strukturprinzipien mitgliedstaatlicher Verfassungen auf die Rechtsordnung der EG als Rechtsinhaltsquelle für allgemeine Rechtsgrundsätze zu übertragen. Ob etwa die Gemeinschaft künftig föderalistisch strukturiert sein

---

87 Für ein Rücksichtnahmegebot auch schon „unterhalb der Schwelle des Art. 79 Abs. 3 EWGV"auch *Beyerlin,* UPR 1989, 361/364.

88 So aber *Bebr,* S. 707; er bezeichnet die Forderung nach Berücksichtigung wesentlicher Verfassungsprinzipien als „excessive, almost parochial demand (. . .) Thus the supremacy of Community law is ‚nationalized and particularized'".

89 *Wohlfarth,* a. a. O., (Fn. 58), S. 173.

90 So die zitierte Bezeichnung bei *Rabe,* S. 217.

91 *Zweigert,* a. a. O., (Fn. 25), S. 621.

sollte, ist der Entscheidung der Vertragspartner bei der Gestaltung der künftigen Europäischen Union zu überlassen. Die bestehende föderale Ordnung auch nur eines Mitgliedstaates ist jedoch, sollte es sich dabei wie im Falle der Bundesrepublik Deutschland um ein unverzichtbares Element der Verfassung handeln[92], nach den Grundsätzen der Gemeinschaftstreue zu respektieren und bei der Kompetenzausübung insoweit zu beachten, als aus der Tätigkeit der Gemeinschaft, die ausschließliche Länderkompetenzen berührt, „keine die Eigenstaatlichkeit der Länder aushöhlende Beeinträchtigung wesentlicher Länderhoheitsrechte" resultieren darf, die die Bundesrepublik Deutschland „in einen unlösbaren Konflikt zwischen Gemeinschaftsrecht und Verfassungsrecht stürzen würde"[93]. Gerade zur Vermeidung solch unlösbarer Konflikte dient das Rücksichtnahmegebot im Rahmen der Gemeinschaftstreue[94]. Ähnlich wie die Entwicklung der EuGH-Rechtsprechung zu den Grundrechten konfliktmindernd im Hinblick auf nationale Verfassungen, vor allem das Grundgesetz, gewirkt hat, könnte auch die Entwicklung eines gemeinschaftsrechtlichen Rücksichtnahmegebotes zur Minimierung von Spannungen als zusätzliches Kriterium — neben einer strikteren Beachtung der Grundsätze des Prinzips begrenzter Ermächtigung — gerade im Bereich staatsorganisationsrechtlicher Probleme[95] dienen.

5. Rücksichtnahmegebot auf nationale Verfassungsstrukturen und Justitiabilität

Das soeben skizzierte Gebot der Rücksichtnahme auf wesentliche Strukturen der Verfassungen der Mitgliedstaaten, entwickelt aus dem Grundsatz der Gemeinschaftstreue, wäre als solches voll vom EuGH nachprüfbar, da es sich bei diesem

---

92 S. dazu die Ausführungen unter F.IV.2.d).

93 *Hailbronner*, a. a. O., (Fn. 6), S. 152.

94 Für ein Prinzip der Achtung elementarer Verfassungsgrundsätze der Mitgliedstaaten unter dem Aspekt der Gemeinschaftstreue auch *Ossenbühl*, a. a. O., (Fn. 32), S. 38 ff.; *Bleckmann*, Europarecht, S. 180 („. . . Pflicht der EG, beim Erlaß ihrer Rechtsakte die Grenzen des den Staaten Zumutbaren nicht zu überschreiten. Hierzu gehört auch, daß sie berücksichtigen, was den Staaten nach ihrer Verfassung möglich ist"); *Hilf*, a. a. O., (Fn. 30), S. 58 f.; *Steiger*, VVDStRL 1988, 165/167) („. . . Garantiepflicht der Europäischen Gemeinschaften für ihre Mitglieder und deren Bestand. Dies ist nicht nur im formalen Sinne zu verstehen, sondern auch in bezug auf die Substanz und die Funktion"); *v. Meibom*, DVBl. 1969, 437/439 („. . . keine Verletzung unverzichtbarer Grundprinzipien der Verfassung eines Mitgliedstaates . . ."); *Ipsen*, in: GS *Geck*, S. 339/352; einschränkend *Everling*, EuR 1990, 195/220 f. Ablehnend, in Zusammenhang mit der Achtung föderaler Strukturen, *Ress*, a. a. O., (Fn. 5), S. 551; *Schwan*, S. 48 f.; *Geiger*, a. a. O., (Fn. 5), S. 51/62 — sein Argument, die einheitliche Anwendung des Gemeinschaftsrechts wäre dadurch bedroht, überzeugt nicht, da es nicht um die Frage der Anwendung geht, sondern darum, mit welchem Inhalt EG-Recht überhaupt zur Entstehung gelangt, s. o. im Text.

95 Zu zunehmenden Verfassungskonflikten im staatsorganisatorischen Bereich s. die Beispiele oben unter F.III.; auf Parallelen zur Grundrechtsproblematik weist *Streinz*, Bundesverfassungsgerichtliche Kontrolle, S. 57, Fn. 234, hin.

Grundsatz als spezifisch gemeinschaftsrechtlichen allgemeinen Rechtsgrundsatz[96] um einen tauglichen Maßstab zur Beurteilung von EG-Rechtsakten i. S. d. Art. 173 Abs. 1 EWGV handelt („Verletzung dieses Vertrages"). Auch der EuGH selbst wäre als Gemeinschaftsorgan an diese Grundsätze gebunden[97].

Die Konkretisierung der zu beachtenden wesentlichen Verfassungsprinzipien durch den Gerichtshof dürfte dabei ebenso wie seine rechtsvergleichende Tätigkeit durch die Herkunft der Richter aus den unterschiedlichen Rechtsordnungen der Mitgliedstaaten erleichtert werden[98], auch die ausführlichen Vorarbeiten der Generalanwälte in ihren Schlußanträgen können schon für eine Erörterung der Problematik genutzt werden, inwieweit im konkreten Fall Rücksichtnahmepflichten aus dem Gemeinschaftstreueprinzip eingreifen[99] und wie diese inhaltlich näher zu bestimmen sind. Dabei können an dieser Stelle natürlich auch inhaltliche Aspekte, etwa des Bundestreueprinzips, herangezogen werden, wie z. B. der schon erwähnte[100] Grundsatz, daß das Gebot der Rücksichtnahme bei der Ausübung von Kompetenzen verhindern soll, daß dort, wo die Interessen zweier Hoheitsträger auseinderfallen, einer dem anderen Schaden zufügen würde, wenn er seine Maßnahmen ausschließlich nach seinen Interessen treffen würde[101].

Wenn nun insgesamt vorgebracht wird, daß angesichts der „ausgreifend integrationsfreundlichen Rechtsprechung des EuGH" wohl kaum damit zu rechnen sei, dieser werde bei der Auslegung der Gemeinschaftskompetenzen Rücksichten auf elementare nationale Verfassungsstrukturen nehmen[102], so wird damit nur eine skeptische Haltung zum Ausdruck gebracht, die auch in dieser Arbeit oben[103] schon angeklungen ist.

Diese aus der Beobachtung abgelaufener Entwicklungen erwachsene Skepsis darf jedoch zum einen den Blick nicht dafür verstellen, daß gewisse restriktive Tendenzen in bezug auf Gemeinschaftsbefugnisse auch in der jüngeren Rechtsprechung des EuGH zum Ausdruck kommen[104], was, und das ist der zweite wichtige Aspekt, der Anfang einer Entwicklung sein sollte, in der der Gerichtshof neben seiner Integrationsfunktion die Funktion der Aufrechterhaltung des Kompetenzgleichgewichts zwischen der Gemeinschaft und den Mitgliedstaaten stärker

96 Zur Unterscheidung zwischen den Mitgliedstaaten gemeinsamen allgemeinen Rechtsgrundsätzen und solchen, die spezifisch gemeinschaftsrechtlich sind s. *Lecheler,* Allgemeine Rechtsgrundsätze, S. 53 ff.

97 *Wohlfarth,* a. a. O., (Fn. 13), S. 272.

98 *Daig,* a. a. O., (Fn. 58), S. 413.

99 *Daig,* a. a. O., (Fn. 58), S. 413.

100 Oben Fn. 41.

101 BVerfGE 43, 291/348.

102 *Dörr,* NWVBl 1988, 289/294; ausdrücklich ablehnend zur Berücksichtigung nationaler Verfassungsgrundsätze im Verfahren gem. Art. 177 EWGV (hier: keine vorläufige Aussetzung der Anwendbarkeit britischen Rechts) jüngst Rs. C-213/89 EuZW 1990, 355.

103 Oben I.4.

104 Oben C.IV.4.c).

betont als dies bisher der Fall war[105], zumal die wesentlichen integrationsfördernden Entscheidungen bereits getroffen wurden und auch weitgehende Akzeptanz gefunden haben.

II. Der Verhältnismäßigkeitsgrundsatz

Die sich im Gemeinschaftsrecht ausweitenden Konfliktsituationen mit nationalen Verfassungsstrukturen werfen die Frage auf, ob nicht neben dem soeben behandelten Rücksichtnahmegebot aus dem Gedanken der Gemeinschaftstreue auch der als Regulativ widerstreitender Interessen aus dem nationalen[106] wie internationalen[107] Recht bekannte Verhältnismäßigkeitsgrundsatz als weitere Kompetenzausübungschranke Geltung beanspruchen kann.

Wie oben[108] bereits erwähnt, hat es der EuGH in einer kürzlich ergangenen Entscheidung[109] abgelehnt, gemeinschaftsrechtliche Bestimmungen im Lichte des Verhältnismäßigkeitsgrundsatzes in Übereinstimmung mit einer nationalen Verfassungsnorm auszulegen, um so eine schwerwiegende Störung einer mitgliedstaatlichen Verfassungsordnung zu verhindern. Der Gerichtshof argumentierte, damit würde in Wirklichkeit eine Bindung an nationales Recht hergestellt, die nach gemeinschaftsrechlichen Grundsätzen nicht möglich sei. Maßstab für die Prüfung der Rechtmäßigkeit von Handlungen der EG-Organe sei allein das Gemeinschaftsrecht selbst. Die Frage der Anwendbarkeit des Verhältnismäßigkeitsgedankens im Kompetenzbereich ist damit jedoch nicht zufriedenstellend beantwortet, da es gerade darum geht, nach einer gemeinschaftsrechtlichen Verankerung dieses Gedankens zu suchen, um einen entsprechenden Kontrollmaßstab zu gewinnen.

Sollte festgestellt werden, daß Verhältnismäßigkeitserwägungen als Grundsätze des EG-Rechts selbst auch der Kompetenzausweitung der Gemeinschaft Schranken zu sehen vermögen, kann dagegen nicht mehr vorgebracht werden, dies führe mittelbar zu einer Bindung an nationales Recht, da dies keine Rolle spielt, solange eine unmittelbare Bindung an Gemeinschaftsrecht gewährleistet ist, mag dieses selbst auch mitgliedstaatlichen Rechtsordnungen indirekt Relevanz auf Gemeinschaftsebene zumessen[110].

---

105 In diesem Sinne *Bleckmann*, JZ 1990, 301/305; *Ossenbühl*, a. a. O., (Fn. 32), S. 42; *Everling*, in: FS *Doehring*, S. 179/197 („Je mehr die Kompetenzen der Organe der Gemeinschaft zunehmen (...), um so mehr wird auch die Notwendigkeit einer am föderalen Prinzip orientierten Kompetenzabgrenzung deutlich werden.").

106 S. dazu *Ress*, in: *Kutscher u. a.* (Hrsg.), Verhältnismäßigkeit, S. 5 ff., sowie *Schwarze*, Europäisches Verwaltungsrecht, Bd. II, S. 69 ff.; *Jarass / Pieroth*, GG, Art. 20, Rdnr. 56 ff.

107 *Ress*, a. a. O., (Fn. 106), S. 37 ff. für den Bereich der EG und der EMRK, ebenso, auch unter Einbeziehung des allgemeinen Völkerrechts, *Schwarze*, a. a. O., (Fn. 106), S. 685 ff.

108 Unter I.4.

109 Verb. Rs. 97 bis 99/87, Tätigkeitsbericht Nr. 21/89, S. 12/15.

1. Allgemeine Geltung des Verhältnismäßigkeitsgrundsatzes im Gemeinschaftsrecht

Der Verhältnismäßigkeitsgrundsatz in der inzwischen wohl weitgehend gebräuchlichen Terminologie[111] enthält drei Komponenten und besagt, daß ein eingesetztes Mittel geeignet sein muß, einen bestimmten Zweck zu erreichen, das Mittel muß weiterhin erforderlich sein und schließlich sind die von der zu kontrollierenden Maßnahme tangierten Interessen zu vergleichen (Verhältnismäßigkeit im engeren Sinne), d. h. die Proportionalität zwischen Mittel und Zweck muß angemessen sein.

Mit diesem Inhalt[112] spielt der Verhältnismäßigkeitsgrundsatz im Recht der EG seit langem vor allem in zweifacher Hinsicht eine wichtige Rolle:

Zum einen als Prüfungsmaßstab für Akte der EG-Organe, und zwar sowohl für Normativakte als auch für Einzelmaßnahmen im Verwaltungsbereich[113], wobei die Bedeutung des Verhältnismäßigkeitsgrundsatzes hier nicht zuletzt im grundrechtssensiblen Bereich als Abwägungsmaßstab zwischen den Gemeinwohlzielen der EG und der Wesensgehaltsgarantie der Grundrechte zum Ausdruck kommt[114], zum anderen auch als Korrektiv für mitgliedstaatliches Handeln. So werden, wenn einzelne Bestimmungen des EWG-Vertrages Ausnahmen von den Grundfreiheiten der Gemeinschaft festlegen (z. B. Art. 36, 48 Abs. 3, 56, 66 EWGV), diese Ausnahmen durch den EuGH in ihrer konkreten Anwendung einer Erforderlichkeitskontrolle unterzogen[115] und damit wiederum der Versuch gemacht, gemeinschaftliche und mitgliedstaatliche Interessen im Wege „praktischer Konkordanz“[116] einander verhältnismäßig zuzuordnen.

Die Herleitung des Verhältnismäßigkeitsgrundsatzes im Gemeinschaftsrecht ergibt sich dabei nach Ansicht des EuGH aus dessen Charakter als allgemeiner Rechtsgrundsatz[117], die Literatur nennt als Grundlagen auch das der Gemeinschaftsrechtsordnung immanente Rechtsstaatsprinzip[118]. Da dabei Ausdruck eines

---

110 Dies übersieht auch *Feige*, S. 97 f., wenn er vorbringt, die Forderung nach Beachtung des Verhältnismäßigkeitsgrundsatzes durch die EG-Organe helfe nicht weiter. Die Bindung der Organe richte sich allein nach dem Vertrag. Fraglich ist aber doch gerade, ob der Verhältnismäßigkeitsgrundsatz, als Prinzip auf der Ebene der EG-Verfassung, eine derartige Bindung herbeiführen kann.

111 Zu den terminologischen Differenzen in der Literatur *Dechsling*, Das Verhältnismäßigkeitsgebot, S. 5 f.

112 Zurückhaltend zur Übernahme der deutschen Terminologie und Dogmatik *Schwarze*, a. a. O., (Fn. 106), S. 832.

113 *Schwarze*, a. a. O., (Fn. 106), S. 838.

114 *Ress*, a. a. O., (Fn. 106), S. 5/39; *Grabitz / Pernice*, EWGV, Art. 164, Rdnr. 101 ff.

115 S. etwa *Grabitz / Matthies*, EWGV, Art. 36, Rdnr. 7.

116 *Ress*, a. a. O., (Fn. 106), S. 5/41; *Schwarze*, a. a. O., (Fn. 106), S. 837 weist jedoch zu Recht darauf hin, daß Verhältnismäßigkeitsgrundsatz und das von *Hesse* stammende Prinzip praktischer Konkordanz nicht in jeder Hinsicht gleichgesetzt werden können.

117 RS. 41/79 u. a., Slg. 1980, 1979/1997 sowie jüngst Rs. C-265/87 Tätigkeitsbericht Nr. 17/89, S. 17 ff.

formellen Rechtsstaatsverständnisses auch die Begrenzung der Gemeinschaftstätigkeit im oben besprochenen Umfang [119] auf ausdrücklich vertraglich zugewiesene Befugnisse ist, wird zuweilen auch der Verhältnismäßigkeitsgrundsatz als Ergänzung des Prinzips begrenzter Ermächtigung angesehen. [120]

Da das Prinzip begrenzter Ermächtigung neben seiner Funktion zur Sicherung individueller Rechte auch den Kompetenzbereich der Mitgliedstaaten schützen soll [121], liegt der Gedanke nahe, daß somit auch der Verhältnismäßigkeitsgrundsatz als Schranke für die Ausübung von Befugnissen der Gemeinschaft im Hinblick auf entgegenstehende Interessen der Mitgliedstaaten anzusehen ist. Diese, vom EuGH — wie gezeigt — abgelehnten Erwägungen, spielen in der Literatur eine zunehmende Rolle [122] und sollen hier fortgeführt werden. Dabei ist zunächst auf ähnliche Überlegungen in der Bundesrepublik einzugehen.

2. Der Verhältnismäßigkeitsgrundsatz als Kompetenzausübungsschranke

a) Überlegungen im bundesdeutschen Verfassungsrecht

Die Anwendung des Verhältnismäßigkeitsgrundsatzes — ursprünglich nur im Polizeirecht angesiedelt [123], später auch auf die Verfassungsebene übertragen [124] und inzwischen die verschiedensten Rechtsbereiche abdeckend [125] — als Kompetenzausübungsschranke findet zunächst ihre Rechtfertigung in Art. 72 Abs. 2 GG, der als verfassungsrechtliche Ausformung des Verhältnismäßigkeitsgrundsatzes ebenso Zeugnis für dessen Geltung auch im Kompetenzbereich des Grundgesetzes ablegt wie die Stufung der legislativen Befugnisse des Bundes nach ausschließlichen, konkurrierenden, Rahmen- und Grundsatzgesetzgebungskompetenzen [126]. Dabei spielt bei der Frage der Existenz des Verhältnismäßigkeitsgrundsatzes keine Rolle, daß das Bundesverfassungsgericht die Interpretation des Art. 72 Abs. 2 GG, der für die Inanspruchnahme gesetzgeberischer Kompetenzen durch den Bund im Bereich konkurrierender Kompetenzen ein „Bedürfnis" nach bundesgesetzlicher Regelung fordert, weitgehend dem Ermessen des Bundesgesetzgebers überläßt und die gerichtliche Kontrolle auf die Nachprüfung eines Ermessensmißbrauchs beschränkt [127].

---

118 *Ipsen*, Gemeinschaftsrecht, S. 512; zum Rechtsstaatsprinzip im EG-Recht s. *Scholz*, in: FS *Steindorff*, S. 1413 ff.; wie *Ipsen*, auch *GBTE / Bleckmann*, Art. 5 Rdnr. 33.

119 S. unter D.

120 *Ipsen*, a. a. O., (Fn. 118).

121 S. B.III.1.a).

122 *Hailbronner*, a. a. O., (Fn. 6), m. w. N.

123 S. etwa *Gallwas / Mössle*, S. 143 ff., *Ress*, a. a. O., (Fn. 106), S. 11 f.

124 Zur Entwicklung *Ress*, a. a. O., (Fn. 106), S. 11 ff.

125 *Ress*, a. a. O., (Fn. 106), S. 11 ff.

126 *Stettner*, Grundfragen einer Kompetenzlehre, S. 398; *Ossenbühl*, a. a. O., (Fn. 32), S. 37.

Auch die Rechtsprechung und Lehre zu Art. 28 Abs. 2 GG, wonach außerhalb des Kernbereichs der Selbstverwaltungsgarantie Eingriffe in diese Selbstverwaltung durch übergeordnete Hoheitsträger am Grundsatz der Verhältnismäßigkeit zu messen sind[128], sprechen dafür, diesem Grundsatz gerade in der Zuordnung des Kompetenzbereichs verschiedener Träger öffentlicher Gewalt als konfliktregulierenden Modus eine nicht zu unterschätzende Bedeutung einzuräumen[129].

Die Verwendung des Verhältnismäßigkeitsgrundsatzes im Rahmen der Kompetenzausübung fällt dabei um so leichter, als dieser Grundsatz seine Wurzeln zumindest nicht ausschließlich im Grundrechtsbereich[130] hat, sondern auch aus dem Rechtsstaatsgrundsatz abgeleitet werden kann[131], dessen Prinzipien auch im Kompetenzbereich eine Rolle spielen, dies auch deshalb, weil sich etwa „in der föderalistischen Ordnung des Grundgesetzes ein bedeutsames Stück Rechtsstaatlichkeit verwirklicht hat“[132].

Somit gilt auch in der Kompetenzordnung des Grundgesetzes der Verhältnismäßigkeitsgrundsatz als Kompetenzausübungsschranke, die eine Schutzfunktion zugunsten der Länder, aber auch der Kommunen auszuüben in der Lage ist[133].

b) Die Situation im Gemeinschaftsrecht

Anhaltspunkte dafür, daß Verhältnismäßigkeitsgesichtspunkte auch für die Tätigkeit der Gemeinschaftsorgane bei deren Kompetenzausübung zu beachten sind, ergeben sich schon aus dem EG-Primärrecht selbst.

So setzt die Anwendung des Art. 235 EWGV voraus, daß ein „Tätigwerden der Gemeinschaft erforderlich erscheint“, die Angleichung innerstaatlicher Rechtsvorschriften ist der EWG als Aufgabe vorgegeben, wenn dies „für das Funktionieren des Gemeinsamen Marktes erforderlich ist“ (Art. 3 lit. h EWGV)

---

127 BVerfGE 2, 213/224; 65, 1/63; zustimmend zu dieser Rechtsprechung *Majer,* EuGRZ 1980, 98 ff. und 158 ff. unter Ablehnung der Vorschläge der Enquête-Kommission Verfassungsreform, die in Art. 72 Abs. 5 GG (neu) eine volle Justitiabilität durch das Bundesverfassungsgericht vorgeschlagen hat (BT-Drs. 7/5924, S. 123).

128 S. etwa BayVerfGH DVBl. 1989, 308/309 f.; BVerwG NVwZ-RR 1989, 378/379; VGH Mannheim VBlBW 1989, 100/101, sowie die weiteren Nachweise bei Schoch, VerwArch 1990, 18/32 Fn. 92; in BVerfGE 79, 127 ff. findet sich dagegen kein Hinweis auf den Verhältnismäßigkeitsgrundsatz; dazu ebenfalls Schoch, a. a. O., S. 18 ff.

129 In diesem Sinne auch *Kloepfer,* Der Staat 1974, 457/484 Fn. 37 und *Kisker,* Der Staat 1975, 169/175 ff.; a. A. jetzt allerdings BVerfGE 81, 310 ff.

130 BVerfGE 19, 342/348 f.; 61, 126/134; 76, 1/50 f.

131 BVerfGE 69, 1/35; 76, 256/359; *Ress,* a. a. O., (Fn. 106), S. 15; ablehnend insoweit *Dechsling,* a. a. O., (Fn. 111), S. 114 ff., der sich schon gegen die Geltung eines allgemeinen Rechtsstaatsprinzips nach dem Grundgesetz ausspricht.

132 *Stettner,* a. a. O., (Fn. 126), S. 400.

133 So auch *Stettner,* a. a. O., (Fn. 126), S. 397 ff. („. . . Verhältnismäßigkeitsprinzip als (. . .) auch für kompetentielle Auslegungs- und Konfliktfragen gültiges Regulativ . . .“).

und die Gemeinschaft trifft bis zum 31.12.1992 die zur Vollendung des Binnenmarktes „erforderlichen Maßnahmen“ (Art. 8 a Abs. 1 EWGV[134].

Soweit der Verhältnismäßigkeitsgrundsatz im Gemeinschaftsrecht auch unter rechtsstaatlichen Aspekten gesehen und als Ergänzung zum Prinzip begrenzter Ermächtigung betrachtet wird[135], ergibt sich seine Relevanz für den Kompetenzbereich ebenfalls zwangsläufig, da, wie erwähnt, das Prinzip begrenzter Ermächtigung hier auch in seiner Sicherungsfunktion für den mitgliedstaatlichen Kompetenzbereich zur Geltung kommt. Der Machtbegrenzungsaspekt des Verhältnismäßigkeitsgrundsatzes und derjenige des Prinzips begrenzter Ermächtigung wirken somit zusammen, als quasi — grundrechtlicher Schutz für den Einzelnen, als Schutz verbliebener Zuständigkeitsfelder für die Mitgliedstaaten und deren regionale Ebenen.

Weiterhin sei auch noch auf den Zusammenhang mit dem Prinzip der Gemeinschaftstreue hingewiesen. Nicht wenige Stimmen in der Literatur sehen den Verhältnismäßigkeitsgrundsatz in kompetentieller Hinsicht als im Prinzip der Gemeinschaftstreue verankert an[136] oder anders gewendet, die Gemeinschaftstreue werde durch den Verhältnismäßigkeitsgrundsatz konkretisiert[137]. Andere sehen im Rücksichtnahmegebot auf nationale Verfassungsstrukturen eine besondere Ausprägung des Verhältnismäßigkeitsgrundsatzes[138].

Wie dafür die Begründungen im einzelnen auch sein mögen, so steht jedenfalls fest, daß zwischen der Gemeinschaftstreue und dem Verhältnismäßigkeitsgrundsatz wechselseitige Einflüsse bestehen. Verlangt die Gemeinschaftstreue in Form des Rücksichtnahmegebots auf nationale Verfassungsstrukturen, daß die EG-Organe bei der Verfolgung der Ziele der Gemeinschaft mitgliedstaatliche Verfassungsaspekte nicht unberücksichtigt lassen dürfen soweit elementare Verfassungsprinzipien gefährdet erscheinen, so gebietet die Treuepflicht umgekehrt auch den Mitgliedstaaten bei ihrem Handeln, die Ziele der Gemeinschaft nicht aus den Augen zu verlieren, sie haben alles zu unterlassen, was diese Ziele gefährden könnte (Art. 5 Abs. 2 EWGV).

Dieses schon oben im Zusammenhang mit den Ausführungen zur Gemeinschaftstreue beschriebene[139] Korrespondenzverhältnis findet in der Kompetenzausübungsschranke des Verhältnismäßigkeitsgrundsatzes seine Entsprechung. Wie es den Mitgliedstaaten untersagt ist, in unverhältnismäßiger Weise von nationalen Gestaltungsspielräumen im Bereich der Grundfreiheiten Gebrauch zu

---

[134] S. den Hinweis auf diese Bestimmungen auch bei *GBTE / Bleckmann*, Art. 5, Rdnr. 33.

[135] S. oben II.1.

[136] *Delbrück*, S. 58.

[137] *GBTE / Bleckmann*, Art. 5, Rdnr. 33; ders., Europarecht, S. 168.

[138] *Hailbronner*, a. a. O., (Fn. 6), S. 152; ebenso wohl auch *Steindorff*, Grenzen der EG-Kompetenzen, S. 110.

[139] S. oben I.4.

machen[140], ebenso wie auch Schutzklauseln zu Gunsten der Mitgliedstaaten in ihrem Inhalt auf das absolut Notwendige beschränkt sind (s. etwa Art. 8 c Abs. 2 EWGV), so ist auch die durch ihre Organe handelnde Gemeinschaft selbst gebunden an die Grundsätze der Verhältnismäßigkeit, zumal dann, wenn nationale Verfassungsstrukturen berührt werden[141]. Hat somit der EuGH etwa im Rahmen der Cassis-Rechtsprechung den Verhältnismäßigkeitsgrundsatz als Kompetenzausübungsschranke der Mitgliedstaaten im Hinblick auf Gemeinschaftsziele etabliert, so gebietet schon der Grundsatz der Gemeinschaftstreue mit seiner ihm immanenten Gegenseitigkeit von Pflichtenstellungen, auch die EG-Kompetenzen unter Verhältnismäßigkeitsgesichtspunkten zu begrenzen. Die rigide Stellung des EuGH[142], den Grundsatz der Verhältnismäßigkeit insofern nicht zuzulassen und als eine Umgehung des Prinzips anzusehen, daß EG-Organe nur an Gemeinschaftsrecht gebunden seien, sollte von daher noch einmal überdacht werden. Der Verhälntismäßigkeitsgrundsatz ist Teil des Gemeinschaftsrechts und als solcher auch vom EuGH zu beachten und anzuwenden.

3. Inhalt des Verhältnismäßigkeitsgrundsatzes als Kompetenzausübungsschranke und Justitiabilität

Sprechen damit eine Reihe von Gesichtspunkten dafür, den Verhältnismäßigkeitsgrundsatz als Kompetenzausübungsschranke im Gemeinschaftsrecht nicht nur auf die Mitgliedstaaten, sondern auch auf die EG-Organe anzuwenden, folgt daraus, daß diese nur insoweit von ihren Kompetenzen Gebrauch machen dürfen, als die intendierten Maßnahmen geeignet und erforderlich sind, um ein Vertragsziel der Gemeinschaft zu erreichen. Die Auswirkungen auf die den Mitgliedstaaten verbliebenen Kompetenzen, vor allem aber auf ihre Verfassungsstrukturen, dürfen dabei in ihrer Eingriffsintensität nicht außer Verhältnis zu den angestrebten Zielen stehen[143]. Dabei ist auch hier, ebenso wie im Zusammenhang mit den Erörterungen zum Rücksichtnahmegebot auf nationale Verfassungsstrukturen, darauf hinzuweisen, daß diese Erwägungen erst dann angestellt werden können, wenn eine Kompetenz der EG im Wege der Auslegung vertraglicher Ermächtigungsgrundlage schon bejaht werden konnte[144].

Was die einzelnen Kriterien des Verhältnismäßigkeitsgrundsatzes anbetrifft, so steht den Gemeinschaftsorganen, ähnlich wie auch etwa dem Gesetzgeber

---

140 S. dazu etwa die sog. Cassis-Rechtsprechung des EuGH; Überblick bei *Grabitz / Matthies*, EWGV, Art. 30, Rdnr. 18 ff.

141 In diesem Sinne auch *Steindorff*, a. a. O., (Fn. 138), S. 109 („Prinzip der Gegegenseitigkeit") und andeutungsweise auch *Everling*, a. a. O., (Fn. 94), S. 216 f.

142 S. oben I.4.

143 So im Zusammenhang mit der EG-Tätigkeit im Rundfunkbereich *Ossenbühl*, a. a. O., (Fn. 32), S. 40 und *Delbrück*, S. 57 ff.

144 Das Verhältnismäßigkeitsprinzip greift somit gleichsam wieder „auf der zweiten Stufe" der Kompetenzprüfung ein.

nach dem Verfassungsrecht der Bundesrepublik — sowohl im Bereich der Grundrechte [145] als auch im Bereich des Art. 72 Abs. 2 GG [146] — ein gewisser Beurteilungsspielraum zu. Sobald gemeinschaftliche Maßnahmen das Grundgefüge nationaler Verfassungen, „die sie konstituierenden Strukturen" [147], zu beeinträchtigen drohen, dürfte jedoch ein unverhältnismäßiger Eingriff stets anzunehmen sein, so daß insoweit weitgehende Deckungsgleichheit mit den Ergebnissen der Anwendung eines Rücksichtnahmegebots auf nationale Verfassungsstrukturen besteht. Dieses grobe Raster verfeinernde Kriterien wären dabei im einzelnen vor allem durch den EuGH zu entwickeln. Im Zusammenhang mit dem eben erwähnten Beurteilungsspielraum der EG-Organe bei der Einschätzung der Verhältnismäßigkeit im Einzelfall dürfen dabei jedoch keine voreiligen Parallelen zur sehr großzügigen Handhabung des Art. 72 Abs. 2 GG durch das Bundesverfassungsgericht [148] gezogen werden. Ist diese restriktive Linie der Rechtsprechung, die Art. 72 Abs. 2 GG in seiner Regulativfunktion zugunsten der Länder praktisch entwertet und in sein Gegenteil verkehrt hat, schon im bundesdeutschen Verfassungsrecht nicht unumstritten [149], so kommen noch weitere Punkte hinzu, die bei Vergleichen mit der EG-Ebene zur Vorsicht mahnen. Einmal steht die Judikatur des Bundesverfassungsgerichts zu Art. 72 Abs. 2 GG in einer Linie mit der staatsrechtlichen Diskussion der Weimarer Republik, nach deren überwiegender Auffassung eine Kontrolle durch den Staatsgerichtshof dahingehend, ob das Reich etwa die Bedürfnisvoraussetzungen des Art. 9 WRV [150] (gem. Art. 9 WRV hatte das Reich die Gesetzgebung über die Wohlfahrtspflege und den Schutz der öffentlichen Ordnung, „soweit ein Bedürfnis für den Erlaß einheitlicher Regelungen vorhanden" war) korrekt interpretiert hatte, praktisch ausgeschlossen war, da es sich hierbei wegen der Unbestimmtheit der Formulierungen nicht um Rechtsfragen, sondern um solche des politischen Ermessens handele [151]. Hintergrund war dabei nicht zuletzt auch die grundsätzliche Zurückhaltung der Gerichte gegenüber legislativen Akten in der Tradition der noch im 19. Jahrhundert vorherrschenden Lehre von der unantastbaren Suprematie des Parlamentes als Ausdruck unteilbarer Volkssouveränität [152]. Schon ein flüchtiger Blick auf die Form

---

145 Wie weit der Spielraum des Gesetzgebers hier ist, hängt nicht zuletzt auch von der Bedeutung der „auf dem Spiele stehenden Rechtsgüter" ab (vgl. BVerfGE 57, 139/159; 62, 1/50); s. auch *Jarass / Pieroth,* GG, Art. 20 Rdnr. 62.

146 BVerfGE 2, 213/224; 65, 1/63.

147 S. zuletzt BVerfGE 73, 339/375 f.

148 S. o. Fn. 146.

149 S. etwa *Stettner,* a. a. O., (Fn. 126), S. 403, der meint, das Bundesverfassungsgericht müsse in der Lage sein, die offene Flanke, die der föderalistischen Ordnung des GG durch das Leerlaufen des Art. 72 Abs. 2 GG beigebracht worden sei, zu schließen.

150 Gleiche Probleme ergaben sich bei der Grundsatzgesetzgebung des Artikels 11 WRV, wonach das Reich eine entsprechende Kompetenz nur hatte, wenn dies zur Erfüllung bestimmter Zwecke „erforderlich" war.

151 S. dazu *Majer,* a. a. O., (Fn. 127), S. 103 mit ausführlichen Nachweisen zur damaligen Diskussion.

152 *Majer,* a. a. O., (Fn. 127), S. 104.

der gesetzgeberischen Tätigkeit des Rates und die weitgehende Machtlosigkeit des Europäischen Parlaments macht hier Unterschiede deutlich, die, von der Frage der grundsätzlichen Bewertung derartiger richterlicher Zurückhaltung einmal abgesehen, eine Übernahme entsprechender Argumentationslinien auf den Gemeinschaftsbereich weitgehend ausschließen. Vorrangig ist damit bei der Prüfung der Verhältnismäßigkeit einer Gemeinschaftsmaßnahme nicht so sehr, ob es sich um einen Akt der Legislative oder der Exekutive handelt, vielmehr hat die Kontrolldichte sich an der Intensität des Eingriffs dieser Maßnahme in mitgliedstaatliche Positionen, vor allem verfassungsrechtlicher Art, zu orientieren[153].

Schließlich ist auch an dieser Stelle wieder hervorzuheben, daß der EuGH neben seiner Funktion als integrationsförderndes Organ in besonderer Weise auch die Aufgabe hat, das Kompetenzgleichgewicht zwischen der EG und den Mitgliedstaaten zu erhalten[154], wozu dann auch gehört, Rechtssätzen wie dem Verhältnismäßigkeitsgrundsatz weitgehende Geltung zu verschaffen. Ist damit eine Kontrolle mitgliedstaatlicher Maßnahmen möglich, wenn diese Ziele der Gemeinschaften, speziell Grundfreiheiten in unverhältnismäßiger Weise zu beeinträchtigen drohen[155], hat dies auch umgekehrt für die Verhältnismäßigkeitsprüfung von Handlungen der EG-Organe zu gelten. Das schließt Beurteilungsspielräume der Organe nicht aus, hindert aber eine fast vollständige Rücknahme richterlicher Überprüfung[156].

III. Das Prinzip der Subsidiarität

1. Das Subsidiaritätsprinzip in der politischen Diskussion

Wenn es darum geht, eine Antwort auf die Frage nach den Grenzen gemeinschaftlicher Kompetenzausübung zu finden, spielt der Begriff der Subsidiarität des Handelns der EG-Organe eine immer größere Rolle in der europarechtlichen Literatur, aber auch in offiziellen Verlautbarungen der EG sowie in Überlegungen der Mitgliedstaaten. Dabei wird diese Subsidiarität als ein Prinzip aufgefaßt, demgemäß die Gemeinschaft Befugnisse nur ausübt, soweit ihr Handeln unerläßlich notwendig ist, um die in den Gründungsverträgen genannten Ziele wirksam zu erreichen und hierzu Maßnahmen der einzelnen Mitgliedstaaten oder auch der Länder, Regionen und autonomen Gemeinschaften nicht ausreichen[157]. Rele-

---

153 In diesem Sinne auch *Schwarze*, a. a. O., (Fn. 106), S. 839.

154 S. dazu schon die oben in Fn. 105 zitierten Autoren; außerdem *Everling*, EuR 1987, 215/235; ders., EuR 1990, 195/226 f. mit dem Hinweis darauf, der Gerichtshof habe die Aufgabe, für ein ausgewogenes Verhältnis zwischen der Gemeinschaft und ihren Mitgliedstaaten zu sorgen.

155 Zur sog. Cassis-Rechtsprechung des EuGH s. o. Fn. 140.

156 *Lecheler*, a. a. O., (Fn. 96), S. 35; in diesem Sinne wohl auch *Hailbronner*, a. a. O., (Fn. 6), S. 154 und *Ipsen*, a. a. O., (Fn. 94), S. 354.

157 S. die entsprechende Definition bei *Schelter*, EuZW 1990, 217/218.

vanz gewinnt dieses Prinzip sowohl für den Gebrauch schon bestehender Kompetenzen der EG als auch als Leitbild bei der Ausstattung der Gemeinschaft mit weiteren Kompetenzen im Rahmen der Reform des EG-Primärrechts zur Schaffung der Wirtschafts- und Währungsunion[158] und der Politischen Union[159].

Es bereitet daher oftmals Schwierigkeiten, Postulate nach der Verwirklichung des Subsidiaritätsprinzips im Gemeinschaftsrecht danach zu unterscheiden, ob sie schon die bestehende Kompetenzverteilung zwischen der EG und den Mitgliedstaaten betreffen oder auf die bevorstehenden Vertragsänderungen abzielen, eine Unterscheidung, die bei der Untersuchung gegenwärtiger Grenzen der Gemeinschaftsbefugnisse natürlich wichtig ist.

Die Diskussion um die Stellung des Subsidiaritätsprinzips im Gemeinschaftsrecht angeregt hat zunächst das Europäische Parlament, das in seinem Entwurf eines „Vertrages zur Gründung der Europäischen Union" aus dem Jahre 1984[160] im Bereich konkurrierender Kompetenzen zwischen den Mitgliedstaaten und der Union ein Tätigwerden letzterer nur vorsieht, „um Aufgaben zu verwirklichen, die gemeinsam wirkungsvoller wahrgenommen werden können als von einzelnen Mitgliedstaaten allein" (Art. 12 Abs. 2 Satz 2 Vertragsentwurf[161]). Auch im Hinblick auf die in den 90er Jahren zu erwartenden Vertragsänderungen hat das Parlament in einer Entschließung vom 12.7.1990[162] auf die Bedeutung des Subsidiaritätsprinzips hingewiesen und die ausdrückliche Bestätigung dieses Prinzips durch die anstehenden Regierungskonferenzen gefordert, gleichzeitig jedoch auch schon dessen derzeitige Geltung betont.

Der damalige amtierende Ratspräsident, Irlands Premierminister Haughey, bezeichnete in einer Erklärung vor dem Europäischen Parlament das Prinzip der Subsidiarität als den „Zement", der die Steine der Europäischen Union zusammenhalten werde[163] und auch die EG-Kommission hat diesem Prinzip schon mehrfach verbal ihre Reverenz erwiesen. So benannte Kommissionspräsident Delors eine hochrangige Expertengruppe, um zu erkunden, wie das Subsidiaritätsprinzip als Leitlinie in die europäische Arbeit eingeführt werden könne[164], weiterhin bezeichnete er sich gegenüber den Ministerpräsidenten der Bundesländer als „Verfechter

158 Der Europäische Rat hat beschlossen für den 13.12.1990 eine Regierungskonferenz einzuberufen, um im Hinblick auf die noch zu realisierende zweite und dritte Stufe der Wirtschafts- und Währungsunion die erforderlichen Änderungen der EG-Gründungsverträge vorzunehmen; s. dazu die Schlußfolgerungen des Rates von Dublin v. 25./26.6.1990 (EA 1990, D 396/398).

159 Zur Eröffnung der Regierungskonferenz über die Politische Union am 14.12.1990 s. ebenfalls EA 1990, D 396/398.

160 ABl. 1984 Nr. C 77/33.

161 Weitere Hinweise zum Subsidiaritätsprinzip finden sich in der Präambel und in Art. 66 des Vertragentwurfs.

162 S. die entsprechende Meldung in EuZW 1990, 302 f. und ABl. 1990 Nr. C 231/163 ff.

163 Das Parlament Nr. 26/1990 v. 22.6.1990, S. 15.

164 *Knemeyer,* DVBl. 1990, 449/450.

des Subsidiaritätsprinzips"[165] und äußerte auf einer weiteren Rede in Bonn[166], es reiche nicht aus, wenn die Vertragstexte der EG die Rechtsgrundlagen für ihr Handeln lieferten, es müsse nämlich außerdem sichergestellt sein, daß dieses Handeln unerläßlich sei, sonst solle man es besser den dezentralen Körperschaften überlassen.

Die Ministerpräsidenten der Länder selbst forderten in ihrem auf dem Treffen vom 27.10.1987 verabschiedeten 10-Punkte-Programm die Verwirklichung des Subsidiaritätsprinzips auf Gemeinschaftsebene[167], die Länder sollten auch künftig alle Fragen regeln, „die von ihnen sachgerechter, bürgernäher und besser gelöst werden können", und auch soweit die Länder an den bisherigen drei Konferenzen „Europa der Regionen"[168] teilgenommen haben, brachten sie auch auf dieser Ebene ihre Überzeugung zum Ausdruck, Subsidiarität und Föderalismus müßten die Architekturprinzipien Europas sein[169], die Kompetenzverteilung zwischen der künftigen Europäischen Union, den Mitgliedstaaten und den Ländern, Regionen und autonomen Gemeinschaften müsse an diesen Prinzipien orientiert sein[170]. Dies entspricht auch den vom Bundesrat in einer Entschließung zur Weiterentwicklung der Europäischen Gemeinschaft und zur Wirtschafts- und Währungsunion[171] vorgetragenen Überlegungen.

Die sich, wie bereits angedeutet, auch in der Literatur mehrenden Stimmen nach Respektierung des Subsidiaritätsprinzips als allgemeinem Prinzip im Gemeinschaftsrecht schließlich[172] haben vor allem in Folge der Ergänzung des EWG-Vertrages durch Art. 130 r Abs. 4 Satz 1 im Zusammenhang mit der Verabschiedung der Einheitlichen Europäischen Akte Auftrieb erhalten. Darauf wird noch zurückzukommen sein.

---

165 Arbeitsdokument des Präsidenten der EG-Kommission für das Treffen mit den Ministerpräsidenten der Bundesländer am 19.5.1988 in Bonn (EA 1988, D 340/341).

166 Rede vom 5.10.1989; zitiert nach *Schelter*, a. a. O., (Fn. 157).

167 Der einschläge Punkt 2 des Programmes ist nachzulesen bei *Knemeyer*, a. a. O., (Fn. 164), S. 450.

168 Diese Konferenzen fanden auf Initiative des bayerischen Ministerpräsidenten Streibl im Oktober 1989 (München), April 1990 (Brüssel) und Oktober 1990 (Riva) statt. Zu den ersten beiden Konferenzen s. EuZW 1990, 205; *Borchmann*, DÖV 1990, 879 ff.

169 Punkt 3 der Entschließung von München (s. *Borchmann*, a. a. O., (Fn. 168), S. 880).

170 Punkte 1 und 2 der Entschließung von Brüssel (s. *Borchmann*, a. a. O., (Fn. 168), S. 881 f.).

171 Beschluß v. 13.6.1990 (BR-Drs. 220/90).

172 S. als Beispiele für zustimmende Äußerungen in der Literatur *Hailbronner*, a. a. O., (Fn. 6), S. 153 ff.; *Schelter*, a. a. O., (Fn. 157), S. 217 ff.; *Everling*, EuR 1987, 214/220, allerdings unter Hinweis auf Probleme der Justitiabilität; *Dauses*, BayVBl. 1989, 609/615 f.; *Bleckmann*, ZRP 1990, 265/268; *Geiger*, a. a. O., (Fn. 5), S. 62 ff., der das Subsidiaritätsprinzip als Ausformung des im Gemeinschaftsrecht allgemein anerkannten Grundsatzes der Verhältnismäßigkeit ansieht, es selbst aber als inhaltsarm bezeichnet; *Jansen*, EuR 1990 Beiheft 1, S. 5/14; *Vorwerk*, S. 50 ff.

Dieser kurze Überblick, der nur einige besonders markante Stellungnahmen zum Subsidiaritätsprinzip aufzeigen konnte, scheint weitere Fragen nach der Geltung dieses Prinzips im Gemeinschaftsrecht zu erübrigen, haben sich doch sowohl die EG-Organe, mit Ausnahme des EuGH[173], als auch die Mitgliedstaaten dezidiert für die Anerkennung der Existenz dieses Prinzips ausgesprochen. Jedoch bleiben Fragen offen:

— Wie schon kurz erwähnt, ist oft unklar, ob das Subsidiaritätsprinzip bereits Anwendung finden kann oder erst nach einer, dann gleichsam insoweit konstitutiven, Ergänzung der Gemeinschaftsverträge.

— Handelt es sich um eine politische Leitvorstellung oder um einen unmittelbar geltenden Rechtsgrundsatz?

— Inwieweit sind die durch das Subsidiaritätsprinzip gestellten Anforderungen auf ihre Beachtung hin gerichtlich überprüfbar?

Nachfolgend soll versucht werden, Ansätze zur Beantwortung dieser Fragen zu entwickeln. Zuvor ist jedoch noch kurz auf die Herkunft des Subsidiaritätsprinzips und die Diskussion um seine Geltung unter dem Grundgesetz einzugehen, um wiederum das Umfeld der stattfindenden europarechtlichen Diskussion auszuleuchten.

2. Grundlagen des Subsidiaritätsprinzips und seine Geltung unter dem Grundgesetz

a) Grundlagen des Subsidiaritätsprinzips

Das Subsidiaritätsprinzip als Ordnungsgrundsatz für das Verhältnis von Individuum und Staat, Gesellschaft und Staat sowie den inneren Aufbau von Staat und Gesellschaft, demgemäß „die höhere organisatorische Einheit nur insoweit Aufgaben an sich ziehen soll, als die nachgeordnete Einheit sie nicht ebensogut oder besser erledigen kann“[174] hat verschiedene geistesgeschichtliche Grundlagen[175].

So finden sich Ausprägungen dieses Prinzips etwa in der organisch-föderalistischen Gesellschaftslehre des Johannes Althusius, dessen vom einzelnen her gerechtfertigte, auf der Grundlage von Sozialverträgen bestehende, korporative Ordnung einer personalistischen Subsidiaritätsdoktrin folgt[176], weiterhin in der Genossenschaftslehre Otto von Gierkes[177] oder auch in den von Dezentralisie-

---

173 Der EuGH hat sich noch nicht zum Subsidiaritätsprinzip geäußert, was der bisherigen Linie seiner Rechtsprechung durchaus entspricht. Zu Fragen der Justitiabilität s. unten G.III.4.

174 *Maunz / Zippelius*, S. 69.

175 Dazu ausführlich *Isensee*, S. 18 ff. (katholische Soziallehre), S. 35 ff. (organisch-föderalistische Gesellschaftslehre), S. 44 ff. (liberalistische Staatstheorie).

176 *Isensee*, a. a. O., (Fn. 175), S. 37 ff.

177 *Isensee*, a. a. O., (Fn. 175), S. 41 f.

rungsgesichtspunkten geprägten staatspolitischen Ordnungsvorstellungen von Konstantin Frantz[178]. Dabei trat allerdings der Grundsatz der Subsidiarität in Verbindung mit föderalistischem Gedankengut weniger in seiner kompetenztrennenden Funktion zutage, als vielmehr als integratives Moment einer als ideal gedachten Gesellschaftsverfassung.

Demgegenüber rückte der Aspekt der Abgrenzung von Kompetenzen bei der vorwiegend von der Antithese von Staat und Gesellschaft geprägten Vertretern der liberalistischen Staatstheorie in den Vordergrund, Subsidiarität erscheint hiernach als Mittel zur Begrenzung staatlicher Macht, wobei der Staat weitgehend auf eine reine Rechtsbewahrfunktion beschränkt blieb; wollte er darüber hinaus zu Wohlfahrtszwecken im Bereich der Daseinsvorsorge tätig werden, so war dies etwa nach Ansicht Immanuel Kants[179] nur möglich, soweit weder der einzelne zur Selbsthilfe, noch das Volk selbst zu spontanem Beistand in der Lage war — mithin ein geradezu klassischer Fall der Anwendung des Subsidiaritätsprinzips. Wilhelm von Humboldt dagegen sah, ebenfalls unter Berufung auf die Kriterien der Notwendigkeit und Subsidiarität, die staatliche Kompetenz auf die bloße Aufrechterhaltung der öffentlichen Sicherheit beschränkt[180], während Robert von Mohl[181] (anders als Kant und von Humboldt von der potentiell umfassenden Kompetenz des Staates ausgehend) den Staat erst durch seine notwendige Ergänzungsfunktion zur Unterstützung unzureichender individueller und gesellschaftlicher Eigenkräfte in seiner Existenz legitimiert sah. Georg Jellinek[182] schließlich, als ein weiterer Vertreter des Liberalismus, der die Tätigkeit des Staates in ausschließliche und konkurrierende Befugnisse unterteilte und letztere vor allem dem sozialen Bereich zuordnete, vertrat im Blick auf die konkurrierenden Kompetenzen die Auffassung, nur soweit die freie individuelle oder genossenschaftliche Tat unvermögend sei, den vorgesetzten Zweck zu erreichen, könne und müsse der Staat die Aufgabe übernehmen.

Die größte Aufmerksamkeit für das Subsidiaritätsprinzip vermochten aber weder föderalistisch noch liberal gesinnte Staatsdenker zu erreichen, sondern die katholische Soziallehre, deren wesentlichen Kern — neben dem Grundsatz der Solidarität — dieses Prinzip darstellt[183]. Grundgelegt wurde es dabei in der Enzyklika „Quadragesimo anno" aus dem Jahre 1931, deren insoweit wesentliche Passage lautet:[184]

178 *Isensee*, a. a. O., (Fn. 175), S. 42 ff.; *Kimminich*, Politische Studien 1987, 587/589.

179 *Isensee*, a. a. O., (Fn. 175), S. 48 ff.

180 *Isensee*, a. a. O., (Fn. 175), S. 50 ff.

181 *Isensee*, a. a. O., (Fn. 175), S. 58 ff.

182 *Isensee*, a. a. O., (Fn. 175), S. 67 ff.

183 *Isensee*, a. a. O., (Fn. 175), S. 18 ff.; *Herzog*, in: Evangelisches Staatslexikon, Sp. 3564 ff.; *v. Nell-Breuning*, in: Staatslexikon, Sp. 826 ff. (6. Aufl.); *Rauscher* und *Hollerbach*, in: Staatslexikon, Sp. 386 ff. (7. Aufl.), jeweils zum Stichwort Subsidiarität(sprinzip).

184 AAS XXIII (1931), S. 177 ff., n. 79. Die deutsche Übersetzung wurde den „Texten zur katholischen Soziallehre", Kevelaer 1975, entnommen.

„Wie dasjenige, was der Einzelmensch aus eigener Initiative und mit seinen eigenen Kräften leisten kann, ihm nicht entzogen und der Gesellschaftstätigkeit zugewiesen werden darf, so verstieße es gegen die Gerechtigkeit, das, was die kleineren und untergeordneten Gemeinwesen leisten und zum guten Ende führen können, für die weitere und übergeordnete Gemeinschaft in Anspruch zu nehmen; zugleich ist es überaus nachteilig und verwirrt die ganze Gesellschaftsordnung. Jedwede Gesellschaftstätigkeit ist ja ihrem Wesen und Begriff nach subsidiär; sie soll die Glieder des Sozialkörpers unterstützen, darf sie aber niemals zerschlagen oder aufsaugen."

Mit der Enzyklika „Pacem in terris" aus dem Jahre 1963 [185] wurde das Subsidiaritätsprinzip in seinem Geltungsbereich auch auf das Verhältnis staatlicher zu überstaatlichen Instanzen ausgedehnt. Demnach kommt es der universalen Autorität als besondere Aufgabe zu, „jene Fragen zu behandeln und zu entscheiden die sich bezüglich des universalen Gemeinwohls stellen, und zwar in wirtschaftlicher, sozialer und politischer wie auch in kultureller Hinsicht: Fragen, die wegen ihres Gewichtes, wegen ihres weitverflochtenen Zusammenhanges und ihrer Dringlichkeit als zu schwierig angesehen werden müssen, als daß sie von den Lenkern der Einzelstaaten glücklich gelöst werden können".

Vor dem Hintergrund der neuscholastischen Naturrechtslehre [186] und in teilweiser Anlehnung an oben besprochene Elemente der deutschen Staatsrechtslehre [187] hat sich damit im Bereich der katholischen Soziallehre ein auf die Freiheit und Würde des einzelnen gestütztes Politikmodell entwickelt [188], dessen genauer Gehalt auch in der katholischen Literatur nicht einheitlich gesehen wird [189], das aber jedenfalls unabhängig von offenen Einzelfragen mit einem geradezu sozialrevolutionären Impetus ausgestattet ist, wenn man diese Modellvorstellung mit der Realität bestehender Staats- und Gesellschaftsordnungen kontrastiert. Dieser Charakter wird um so deutlicher, wenn man bedenkt, daß zur inhaltlichen Bestimmung des Begriffspaares „größere / kleinere Gemeinschaft" nicht nur zwei dem Mitglieder- und Aufgabenkreis nach homogene, sondern auch heterogene Gemeinschaften gemeint sein können [190], daß unter einer kleineren Gemeinschaft eine „personennähere Gruppierung" [191] zu verstehen ist, womit eine bloße numerische Festlegung der verschiedenen Ebenen ausscheidet, und daß schließlich die Gesamtheit

---

185 AAS LX (1963), S. 257 ff., n. 140/141, sowie Fn. 184.

186 Zu den philosophischen Hintergründen *Isensee*, a. a. O., (Fn. 175), S. 21 ff.

187 Hingewiesen wird in diesem Zusammenhang aber auch stets auf die Rolle des Nationalökonomen Heinrich Pesch und seine Vorarbeiten; s. etwa bei *Herzog*, a. a. O., (Fn. 183).

188 S. etwa auch die Enzyklika „Mater et magistra" von 1961 (AAS LIII, S. 401 ff. n. 53).

189 *Herzog*, a. a. O., (Fn. 189); die im folgenden aufgeführten Punkte sind nicht unstrittig.

190 *Herzog*, Der Staat 1963, 399/403 nennt als Beispiel eine Handwerkerkammer und eine Gemeinde beim Bau eines Lehrlingsheimes.

191 In der Konsequenz wächst damit die Bedeutung der Kirchc (so *Herzog*, a. a. O., (Fn. 190), S. 404).

der zu bewältigenden Aufgaben nicht nur auf zufällig gerade existierende Gemeinschaften verteilt werden soll („statisches“ Verständnis der Subsidiarität), sondern daß auch diese Gemeinschaften selbst entsprechend dem Subsidiaritätsprinzip zunächst erst ausgewählt oder geschaffen werden können, womit sich etwa auch die Frage nach der „richtigen“ Größe eines Staatsgebildes stellen würde („dynamisches“ Verständnis der Subsidiarität)[192]. Sind diese einzelnen Ausprägungen des Subsidiaritätsprinzips auch, wie angedeutet, nicht Bestandteil einer einhelligen Meinung in der katholischen Soziallehre, so wird diese mit ihren Aussagen doch zumeist an diesen eher extensiven Ausformungen des Prinzips gemessen[193], wenn es darum geht, es im Bereich des Staatsrechtes mit den Anforderungen der Realität einer existierenden Verfassungsordnung zu vergleichen. Darauf wird nun einzugehen sein.

b) Die Geltung des Subsidiaritätsprinzips unter dem Grundgesetz

Ob das Subsidiaritätsprinzip Eingang in das geltende Verfassungsrecht der Bundesrepublik gefunden hat, wird innerhalb der Staatsrechtslehre nicht einheitlich beurteilt.

Zwar wird einerseits zugestanden, daß das Grundgesetz mit der besonderen Erwähnung der Einzelperson (Art. 1 GG), der Familie (Art. 6 Abs. 1 GG), der privaten Vereinigungen (Art. 9 GG), ihrer Dachorganisationen (Art. 19 Abs. 3 GG), der Gemeinden und Gemeindeverbände (Art. 28 Abs. 2 GG), der Kirchen (Art. 140 GG), der Länder (Art. 20 Abs. 1 GG), des Bundes (Art. 20 Abs. 1 GG) und der zwischenstaatlichen Einrichtungen (Art. 24 Abs. 1 GG) die für die Anwendung des Subsidiaritätsprinzips wesentlichen Stufen gleichsam als Gerüst in die Verfassungsregelung aufgenommen hat, doch könnten daraus keine Schlüsse auf eine allgemeine Geltung dieses Prinzips gezogen werden. Darüber hinaus entspreche die Kompetenzverteilung zwischen Bund und Ländern gem. Art. 70 ff., 83 ff. GG nicht den Anforderungen des Subsidiaritätsprinzips, Art. 15 GG widerspreche ihm mit seiner Schaffung von Sozialisierungsmöglichkeiten ebenso. Endlich kollidiere das dynamische Subsidiaritätsverständnis mit den durch das Grundgesetz festgelegten Organisationseinheiten, die nicht zur Disposition gestellt werden könnten, sowie mit den hergebrachten Vorstellungen von der Souveränität der Staatsgewalt zu deren wesentlichen Elementen auch die Kompetenz-Kompetenz und damit die potentielle staatliche Allzuständigkeit gehörten[194].

---

192 Nach *Herzog,* a. a. O., (Fn. 190), S. 405 Fn. 22, lassen einige Passagen aus der Enzyklika „Quadragesimo anno“ auf ein dynamisches Verständnis schließen.

193 *Herzog,* a. a. O., (Fn. 190), S. 423, weist ausdrücklich auf den Umstand hin, daß das Urteil über die staatsrechtliche Bedeutung des Subsidiaritätsprinzips davon abhängen kann, welches Verständnis dieses Prinzips der Beurteiler zugrundelegt.

194 S. zu allen diesen Argumenten zusammenfassend *Herzog,* a. a. O., (Fn. 175).

Soweit dagegen das Subsidiaritätsprinzip als Teil der grundgesetzlichen Ordnung angesehen wird, wird dies aus Art. 1 Abs. 1 GG als Ausdruck eines personalistischen Menschenbildes[195], aus den Freiheitsgarantien des Art. 2 Abs. 1 GG[196], aus einer Gesamtschau verschiedener Verfassungsbestimmungen (Art. 2 Abs. 1, 6, 9, 28 Abs. 2, 30, 70 Abs. 1, 72 Abs. 2, 83 GG[197]) oder auch aus der föderativen Struktur selbst gefolgert[198].

Die Gerichte äußerten sich nur vereinzelt zur Frage der Geltung eines allgemeinen Subsidiaritätsprinzips, so hat etwa das Bundesverwaltungsgericht im Zusammenhang mit der Errichtung von Arbeitskammern für Arbeitnehmer als Körperschaften des öffentlichen Rechts die Ableitung eines allgemeinen Verfassungsgrundsatzes aus einzelnen Bestimmungen abgelehnt[199], das Bundesverfassungsgericht hat in seiner Entscheidung zu einigen Bestimmungen des Bundessozialhilfe- und Jugendwohlfahrtsgesetzes[200] jegliche Stellungnahme vermieden obwohl dies im Vorfeld dieser Entscheidung vermutet worden war[201]. Selbst soweit jedoch ein dem Grundgesetz zugrundeliegendes Subsidiaritätsprinzip anerkannt wird, wird dabei zugleich dessen rechtliche Relevanz meist dadurch eingeschränkt, daß es nicht als absolutes verfassungsrechtliches Gebot, sondern als „flexible Handlungsmaxime"[202], nicht als Rechtssatz, sondern als Rechtsprinzip, das sachgerechte Abweichungen zulasse[203], nicht als lex, sondern eher als ratio legis[204], verstanden zu werden pflegt.

---

195 *Kimminich,* a. a. O., (Fn. 178), S. 592 ff.; *Isensee,* a. a. O., (Fn. 175), S. 222, meint dagegen, Art. 1 Abs. 1 GG sei „zu abstrakt, um das Subsidiaritätsprinzip zu sanktionieren".

196 *Kimminich,* a. a. O., (Fn. 178), S. 595 ff.; *Isensee,* a. a. O., (Fn. 175), S. 291 („grundrechtlicher Ankerplatz des objektiven Subsidiaritätsprinzips").

197 *Maunz / Zippelius,* a. a. O., (Fn. 174).

198 S. *Maihofer,* in: Handbuch des Verfassungsrechts, S. 953/987; skeptisch zu derartigen Zusammenhängen mit dem Argument, Prinzipien gesellschaftsföderalen Denkens seien auf den staatlichen Föderalismus nicht übertragbar, Lerche, VVDStRL 1964, S. 66 ff.

199 BVerwGE 23, 304/306, unter Hinweis auf „*Lerche,* Übermaß und Verfassungsrecht, S. 200 und 201", der sich dort gegen die Entwicklung eines allgemeinen Subsidiaritätsprinzips aus bestimmten Einzelelementen der Verfassung ausspricht, das mit dem staatspolitischen Subsidiaritätsprinzip nur noch den Namen gemein hätte.

200 BVerfGE 22, 180 ff.

201 Zur Vorgeschichte dieser Entscheidung s. *Isensee,* a. a. O., (Fn. 175), S. 10 ff.

202 *Kimminich,* a. a. O., (Fn. 178), S. 598; *Herzog,* a. a. O., (Fn. 190), S. 423, spricht von einer möglichen Rolle des Subsidiaritätsprinzips als „Leitmotiv" einer stabilen, an den Erfordernissen der Wirklichkeit orientierten Sozialordnung.

203 Dies im Sinn von *Larenz,* in: FS *Nikisch,* S. 275/300, demgemäß ein Prinzip, im Gegensatz zu einem Grundsatz, keine Norm ist, die auf einen einzelnen Fall unmittelbar angewandt werden kann. Zur ähnlichen Unterscheidung zwischen Prinzip und Regel s. *Alexy,* 71/75 f. und *Gallwas / Mössle,* S. 52.

204 *Isensee,* a. a. O., (Fn. 175), S. 313 ff.

3. Anhaltspunkte für die Geltung des Subsidiaritätsprinzips im Gemeinschaftsrecht

Vergleicht man den — hier nur skizzenhaft wiedergegebenen — geistesgeschichtlichen Hintergrund des Subsidiaritätsprinzips und die Intensität der über seine aktuelle Geltung geführten Diskussion für den Bereich des Grundgesetzes, mit den dazu auf europarechtlicher Ebene angestellten Erörterungen, so nehmen sich letztere, soweit sie überhaupt über bloße Postulate hinausgehen, eher bescheiden aus[205].

Fest steht jedenfalls, und dies sei den folgenden Ausführungen vorweggeschickt, daß es sich bei dem von allen Seiten[206] befürworteten europäischen Subsidiaritätsprinzip um ein einfaches Kompetenzverteilungsmodell zwischen der EG und ihren Mitgliedstaaten handelt, das nicht den Anspruch erhebt, seine Legitimation etwa in dem Gedankengut der katholischen Soziallehre zu finden, was schon daraus deutlich wird, daß niemand daran denkt, seinen Ausführungen ein „dynamisches" Subsidiaritätsverständnis[207] zugrundezulegen und damit auch die verschiedenen kompetenztragenden Ebenen hinsichtlich ihrer Existenz oder ihrer Größe auch nur partiell in Frage zu stellen; die Frage etwa, was die „richtige Größe" der EG sei, wird, soweit ersichtlich, von niemandem aufgeworfen, jedenfalls nicht in diesem Zusammenhang.

Ein etwaiges europarechtliches Subsidiaritätsprinzip wird somit „befreit"vom Ballast der Wurzeln dieses Prinzips als gleichsam freischwebendes, rein pragmatisch zu verstehendes Organisationsschema angesehen, dessen Aufgabe es ist, Konflikte der EG im Verhältnis zu ihren Mitgliedstaaten angesichts ständigen Kompetenzzuwachses der Gemeinschaft zu minimieren und zentralistischen Tendenzen gegenzusteuern.

Da es Aufgabe des letzten Teils dieser Arbeit ist, nach derartigen Konfliktlösungsmodellen Ausschau zu halten, die gerade auch verfassungsrechtliche Probleme der Mitgliedstaaten im Prozeß der europäischen Integration soweit möglich vermeiden helfen, soll auch hier auf diesem pragmatischen Weg fortgeschritten werden[208]. Dabei wird auch zu fragen sein, welche Rolle auch in diesem Zusammenhang das Prinzip begrenzter Ermächtigung spielt.

---

205 Zu Recht fordert daher *Bleckmann,* a. a. O., (Fn. 172), S. 268, eine verstärkte Diskussion des Subsidiaritätsprinzips im EG-Recht; diese stecke noch in ihren Anfängen.

206 S. oben III.1.

207 S. dazu die Nachweise oben Fn. 192.

208 Dies geschieht auch deshalb, weil das Prinzip der Subsidiarität nur einen Teilaspekt der vorliegenden Untersuchung darstellt und daher naturgemäß der dafür zur Verfügung stehende Raum nur knapp bemessen sein muß. Das bedeutet nicht, daß in der künftigen Diskussion zur Subsidiarität dieses Prinzip nicht auch auf seinen geschichtlichen Hintergrund und dessen Bedeutung für die EG-Ebene hin zu prüfen wäre.

a) Art. 130 r Abs. 4 Satz 1 EWGV

Der durch Art. 25 der Einheitlichen Europäischen Akte in den EWG-Vertrag aufgenommene Art. 130 r enthält im Absatz 4 Satz 1 die folgende Bestimmung: „Die Gemeinschaft wird im Bereich der Umwelt insoweit tätig, als die in Absatz 1 genannten Ziele besser auf Gemeinschaftsebene erreicht werden können als auf der Ebene der einzelnen Mitgliedstaaten.“ Absatz 1 legt dabei die Ziele der Umweltpolitik der Gemeinschaften näher fest.

Diese Bestimmung, mit der eine den Gedanken des Subsidiaritätsprinzips angenäherte Formulierung erstmals explizit Eingang in das Gemeinschaftsrecht auf primärrechtlicher Ebene gefunden hat[209], wird zum Teil nicht als Kompetenzverteilungsnorm, sondern als bloße politische Orientierung verstanden[210]. Wenn dies zunächst damit begründet wird, das Vorliegen der Voraussetzungen von Befugnisnormen müsse ex-ante beurteilt werden können, ob Ziele im Umweltbereich „besser auf Gemeinschaftsebene“ erreicht werden, sei jedoch nur einer expost Einschätzung zugänglich[211], wird dabei übersehen, daß es gerade im Bereich des öffentlichen Rechts nicht selten Fälle gibt, in denen ausschließlich auf einen ex-ante-Standpunkt abgestellt wird und Irrtümer bei der Prüfung von Befugnissen, die sich erst bei rückblickender Betrachtung erweisen, bei der Frage nach bestehenden Kompetenzen unberücksichtigt bleiben[212].

Das weiterhin vorgetragene Argument, Art. 130 r Abs. 4 Satz 1 EWGV sei nur „eine anders formulierte Konkretisierung der bisher schon für Art. 100 und 235 EWGV geltenden Grundsätze eines geschmeidigen, dynamischen und wechselseitig aufeinander bezogenen Nebeneinander von einzelstaatlicher und gemeinschaftlicher Umweltpolitik“[213], stützt gerade umgekehrt die These, daß Art. 130 r Abs. 4 Satz 1 EWGV eine Kompetenzverteilungsnorm darstellt, da auch die erwähnten Generalklauseln nicht bloße politische Handlungsmaßstäbe setzen, sondern rechtlich verbindliche Befugnisregelungen mit lediglich unbestimmten Rechtsbegriffen, die den EG-Organen einen gewissen Handlungsspielraum belassen[214]. Daraus zu schließen, sie seien juristischer Auslegung kaum zugänglich und dies auch auf Art. 130 r Abs. 4 Satz 1 zu erstrecken[215], hieße weite Bereiche gemeinschaftlicher Tätigkeit politischer Opportunität ohne gerichtliche Kontrolle anheimzustellen und damit erneut aus der Schwierigkeit juristischer Abgrenzungen die völlige oder jedenfalls weitgehende Nichtexistenz derartiger Grenzen zu

---

209 So auch Punkt 1 der oben (Fn. 162) genannten Entschließung des Europäischen Parlamentes.

210 *Krämer*, in: *Rengeling* (Hrsg.), Europäisches Umweltrecht, S. 137/142 ff.

211 *Krämer*, a. a. O., (Fn. 210), S. 143 f.

212 *Grabitz*, EWGV, Art. 130 f., Rdnr. 72, erwähnt als Beispiel die Begründung der Eilzuständigkeit der Polizei in den einzelnen landesrechtlichen Bestimmungen.

213 *Krämer*, a. a. O., (Fn. 210), S. 146.

214 S. oben C.III.2.b) und c).

215 *Krämer*, a. a. O., (Fnn. 210), S. 142 f.

folgern[216], ein Ergebnis, das, wie zu zeigen versucht wurde[217], dem Prinzip begrenzter Ermächtigung widerspricht.

Auch der bloße Hinweis auf den dynamischen Charakter des Gemeinschaftsrechts, im Unterschied zu einer „statisch angelegten" Kompetenzverteilung im Bundesstaat[218], kann über die rechtliche Qualifizierung einer Norm nichts aussagen, zumal diese Differenzierung auch schon deshalb nicht voll befriedigt, weil auch im Bundesstaat eher dynamische Kompetenzverteilungselemente anzutreffen sind, wie etwa Art. 72 Abs. 2 GG beweist. Da somit den Gesichtspunkten, die für die Natur des Art. 130 r Abs. 4 Satz 1 EWGV als politische Leitlinie sprechen, keine Überzeugungskraft zugesprochen werden kann, sieht die wohl inzwischen überwiegende Meinung in der Literatur in dieser Vorschrift eine Norm mit rechtlicher Verbindlichkeit, die den Subsidiaritätsgedanken explizit zum Ausdruck bringt[219].

Diese Sicht entspricht wohl auch eher den Intentionen der Vertragsparteien der Einheitlichen Europäischen Akte, denen die von der Kommission der Regierungskonferenz zur Revision der EG-Verträge vorgelegten Entwürfe „zu weitgehend"[220] waren, so daß Art. 130 r Abs. 4 Satz 1 EWGV auch in einer Funktion als Kompetenzschranke gesehen werden muß. Geschlossen werden kann dies auch aus dem Text der Einheitlichen Akte selbst, die in Art. 3 bestimmt, daß die EG-Organe „ihre Befugnisse und Zuständigkeiten unter den Bedingungen und im Hinblick auf die Ziele ausüben", die u. a. „in Titel II vorgesehen sind". Titel II enthält auch die einschlägigen neuen Bestimmungen zum Umweltschutz, einschließlich Art. 130 r Abs. 4 Satz 1 EWGV, dem somit ausdrücklich ein kompetenzverteilender, normativer Charakter mit entsprechender Justitiabilität zukommt[221]; wie groß dabei der gerichtliche Kontrollumfang ist, ist eine Frage, die dabei erst auf einer weiteren Prüfungsstufe zu entscheiden ist.

An diesem gefundenen Ergebnis kann auch die Tatsache nichts ändern, daß Art. 130 s EWGV grundsätzlich einstimmige Beschlüsse des Rates im Umweltbereich vorsieht, da ebenso wie bei Art. 100 oder 235 EWGV eine Schaffung von Kompetenzen im Konsenswege nicht möglich ist[222] und auch bei Einstimmigkeit

---

216 Zu dieser (falschen) Argumentationsweise auch kritisch *Isensee*, a. a. O., (Fn. 125), S. 74.

217 S. oben C. und F.IV.1.

218 *Krämer*, a. a. O., (Fn. 210), S. 143.

219 S. etwa *Ress*, EuGRZ 1987, 361/362; *Glaesner*, EuR 1986, 119/140 f.; *Lietzmann*, in: Rengeling, (a. a. O., Fn. 210), S. 163/172; *Beyerlin*, UPR 1989, 361/362 ff.; *Vorwerk*, S. 42; *Geiger*, a. a. O., (Fn. 5), S. 63; *Hailbronner*, a. a. O., (Fn. 6), S. 153; *Knemeyer*, a. a. O., (Fn. 164), S. 950; *Bieber*, ÖZöRV 1988, 211/252 f.; *Steindorff*, a. a. O., (Fn. 138), S. 61 und 117 f.; *Scheuing*, EuR 1989, 152/164 ff.; *Everling*, a. a. O., (Fn. 105), S. 194; Cerexhe, in: *Knoche / Boeden* (Hrsg.), Wege zur europäischen Rechtsgemeinschaft, Band I, S. 52/56; s. auch BR-Drs. 150/84, S. 28.

220 *Scheuing*, a. a. O., (Fn. 219), S. 164.

221 Zu diesem Argument s. auch *Vorwerk*, S. 42.

222 *Ress*, a. a. O., (Fn. 219), S. 342.

eine richterliche Kontrolle — gemäß dem Auftrag an den EuGH zur Wahrung des Rechts bei der Anwendung des EWG-Vertrages (Art. 164 EWGV) — eröffnet sein muß, die sich an justitiablen Kriterien orientiert[223].

b) Subsidiarität als allgemeiner Grundsatz des Gemeinschaftsrechts

Steht damit fest, daß es sich bei Art. 130 r Abs. 4 Satz 1 EWGV um die ausdrückliche Verankerung des Subsidiaritäsgedankens im EWG-Vertrag für den Bereich des Umweltschutzes handelt, der insoweit nicht nur einen politischen Leitfaden darstellt, sondern rechtliche Verbindlichkeit besitzt, fragt es sich, ob ein darüber hinausgehender allgemeiner Rechtsgrundsatz der Subsidiarität im Gemeinschaftsrecht anerkannt werden kann. Dabei können hier bewußt nur einige skizzenhafte Ausführungen gemacht werden, die einer weiteren Vertiefung bedürfen. Ausgehend von der Überlegung, daß bei der Herleitung spezifisch gemeinschaftsrechtlicher allgemeiner Rechtsgrundsätze[224] sowohl die Analyse einzelner Normen des EWG-Vertrages als auch gewohnheitsrechtliche Elemente[225], d. h., allgemeine Rechtsüberzeugung und fortwährende Übung durch die Mitgliedstaaten und die Gemeinschaftsorgane eine Rolle spielen, bietet sich dem Betrachter gegenwärtig etwa folgendes Bild:

(1) Der EWG-Vertrag enthält selbst, neben Art. 130 Abs. 4 Satz 1, eine Reihe von Bestimmungen, die als Ausdruck eines allgemeinen Grundsatzes der Subsidiarität gedeutet werden können[226].

Die Rechtsangleichung innerstaatlicher Normen erfolgt nur, soweit dies für das ordnungsgemäße Funktionieren des Gemeinsamen Marktes erforderlich ist (Art. 3 lit. h), die anzugleichenden Vorschriften müssen sich unmittelbar auf die Errichtung oder das Funktionieren dieses Marktes auswirken (Art. 100); Art. 235 greift nur dann ein, wenn gerade ein Tätigwerden der Gemeinschaft selbst erfor-

---

223 Zur Ansicht, Art. 130 r Abs. 4 Satz 1 EWGV enthalte weder eine bloße politische Leitlinie noch eine Subsidiaritätsklausel, sondern ein „Prinzip der geeigneten Aktionsebene“ *Grabitz*, EWGV, Art. 130 Rdnr. 76; daß sich dieses Prinzip und der Grundsatz der Subsidiarität jedoch nicht ausschließen, sondern sich durchaus auch ergänzen können, indem die geeignete Aktionsebene nach Subsidiaritätsgesichtspunkten bestimmt wird, weist *Vorwerk*, S. 50 f., nach.

224 Zur Unterscheidung speziell gemeinschaftsrechtlicher allgemeiner Rechtsgrundsätze und den Mitgliedstaaten gemeinsamen allgemeinen Rechtsgrundsätzen im Gemeinschaftsrecht s. *Lecheler*, Diss. Erlangen 1967, S. 149 ff. und oben Fn. 96.
Zur Bedeutung des Wortes „Grundsatz“ im Gemeinschaftsrecht als auch verbindliche Festlegung grundlegender Bestimmungen, die in ihrer Bedeutung nicht herabgestuft werden dürfen s. Rs. 43/75, Slg. 1976, 455/475.

225 *Lecheler*, a. a. O., (Fn. 224), S. 161: „Die allgemeinen europarechtlichen Grundsätze unterscheiden sich (. . .) vom sonstigen Gemeinschaftsgewohnheitsrecht lediglich durch ihre grundsätzliche Bedeutung (. . .). Ihre Normqualität beziehen diese allgemeinen Rechtsgrundsätze regulär aus den Verfahren der Gewohnheitsrechtsbildung.“.

226 S. dazu auch *Glaesner*, in: *Rengeling*, a. a. O., (Fn. 210), S. 1/8; *Geiger*, a. a. O., (Fn. 5), S. 63: *Dauses*, a. a. O., (Fn. 172), S. 615.

derlich ist, um eines ihrer Ziele zu erreichen; nur unter derselben Prämisse findet auch eine Koordinierung der Wirtschaftspolitik der Mitgliedstaaten statt (Art. 6 Abs. 1); die Maßnahmen zur Verwirklichung des Binnenmarktes sind darüber hinaus gem. Art. 8 a allgemein an das Erforderlichkeitskriterium gebunden; im Bereich des Wettbewerbsrechtes erstreckt sich das Verbot wettbewerbshindernder Vereinbarungen oder Beschlüsse gem. Art. 85 nur auf solche, welche den Handel zwischen den Mitgliedstaaten zu beeinträchtigen geeignet sind[227]. Auch diejenigen Bestimmungen des EWG-Vertrages, die es den Mitgliedstaaten erlauben, über gemeinschaftliche Rechtsangleichungsmaßnahmen hinaus strengere nationale Standards vorzusehen, können durchaus auch im Zusammenhang mit Subsidiaritätserwägungen gesehen werden (s. etwa Art. 118 a, 130 f oder 100 a Abs. 4) und schließlich stellt, unter formalen und eher „gesetzestechnischen" Gesichtspunkten, die EG-Richtlinie (Art. 189 Abs. 3), die nur das zu erreichende Ziel verbindlich festlegt, den innerstaatlichen Stellen jedoch die Wahl der Form und der Mittel überläßt, eine gemeinschaftliche Handlungsweise unter weitgehender Schonung mitgliedstaatlicher Regelungsbefugnisse dar[228].

Wenn einige der eben genannten nur beispielhaften Bestimmungen, wie etwa Art. 8 a oder die Art. 100, 235 EWGV schon oben als Anhaltspunkte für die Existenz des Gedankens der Verhältnismäßigkeit als Kompetenzausübungsschranke im Gemeinschaftsrecht gedient haben[229], kann das nicht überraschen, gibt es doch zwischen den Prinzipien der Verhältnismäßigkeit — speziell dem Aspekt der Erforderlichkeit — und der Subsidiarität bei aller Unterschiedlichkeit des jeweiligen Ursprungs[230] gewisse Berührungspunkte. So beurteilt sich die Frage, ob ein Eingreifen der höherrangigen Ebene im Vergleich zu unteren Ebenen erforderlich und notwendig ist, primär danach, ob letztere geeignet und in der Lage sind, die in Frage stehenden Aufgaben zu bewältigen. Subsidiaritätskriterien liefern also den Maßstab für die Prüfungsstufe „Erforderlichkeit" im

---

227 Auch die neue Fusionskontrollverordnung (ABl. 1989 Nr. C 305/1 ff.) gilt nur für Zusammenschlüsse von „gemeinschaftsweiter Bedeutung" (Art. 1), selbst in derartigen Fällen ist unter bestimmten Voraussetzungen eine Verweisung an die zuständigen Behörden der Mitgliedstaaten durch die Kommission möglich (Art. 9). Ob die letztere Bestimmung Ausdruck des Subsidiaritätsgedankens ist, erscheint zweifelhaft, da die Kommission in ihrer Entscheidung weitgehend frei ist, bedarf jedoch einer genaueren Untersuchung.

228 Dabei wird hier natürlich von dem vertraglichen Idealzustand ausgegangen und Entwicklungen bleiben außer acht, die den Mitgliedstaaten bei der Umsetzung von Richtlinien durch deren detaillierte Ausgestaltung kaum mehr Spielräume lassen (s. dazu etwa *Schweitzer / Hummer*, S. 114 f.).

229 S. oben II.2.b).

230 Während etwa das Verhältnismäßigkeitsprinzip als formales auf jede denkbare Zweck-Mittel-Beziehung anwendbares Kriterium den Zweck eines zu prüfenden Eingriffs in eine Rechts- oder Kompetenzposition voraussetzt, bildet der zu erreichende Zweck den Ausgangspunkt der Überlegungen bei der Kontrolle eines möglichen Verstoßes gegen das Subsidiaritätsprinzip; ausführlich auch zu weiteren Unterschieden, *Isensee*, a. a. O., (Fn. 175), S. 88 ff.

Rahmen der Verhältnismäßigkeit, soweit diese auch auf das Verhältnis verschiedener Hoheitsträger zueinander und deren Aufgabenverteilung Anwendung findet, wovon oben[231] ausgegangen wurde. Dies bedeutet umgekehrt jedoch nicht, daß der Grundsatz der Subsidiarität erst über das Verhältnismäßigkeitsprinzip normative Kraft und somit nur mittelbar Anwendbarkeit finden könnte und allein nur ein rechtlich unverbindliches Prinzip darstellt, das für konkrete Subsumtionsarbeit nicht herangezogen werden kann[232], wie Art. 130 r Abs. 4 Satz 1 EWGV als Ausfluß des Subsidiaritätsgedankens beweist[233]. Er ist dessen inhaltliche Ausgestaltung, bezogen auf den Umweltbereich, dem das allgemeine Subsidiaritätsprinzip entspricht, wie es auch schon in vereinzelten Formulierungsvorschlägen in Anbetracht der bevorstehenden Vertragsänderungen zum Ausdruck kommt[234].

(2) Zur Herausbildung eines allgemeinen Rechtsgrundsatzes der Subsidiarität im Gemeinschaftsrecht können auch die bereits einleitend dargestellten zahlreichen Äußerungen der EG-Organe wie der Mitgliedstaaten beitragen[235], in denen allgemein eine Anerkennung des Subsidiaritätzprinzips zum Ausdruck kommt, die auch schon teilweise mehr darstellt als nur die Tolerierung einer unverbindlichen Leitvorstellung.

Wenn etwa der Kommissionspräsident Delors die Meinung vertritt[236], die bloße Zuweisung vertraglicher Befugnisse an die Gemeinschaft reiche nicht mehr aus, das Handeln der EG müsse unerläßlich sein, um die Vertragsziele zu erreichen, deutet dies ebenso auf die Verbindlichkeit entsprechender Handlungsmaximen hin[237], wie die gesamte Entschließung des Europäischen Parlaments vom 12. 7. 1990[238], die sich dem Subsidiaritätsprinzip ausführlich widmet. Darin stellt

---

231 S. oben II.2.

232 So aber *Isensee*, a. a. O., (Fn. 175), S. 314. Für ihn ist das „Übermaßverbot" die notwendige Komplementärnorm zum Subsidiaritätsprinzip, da nur dieses nicht nur ein Prinzip, sondern „vollnormativer Rechtssatz" sei (zu dieser Differenzierung s. schon oben die Nachweise in Fn. 203). Das Subsidiaritätsprinzip bedürfe erst derartiger vermittelnder Konkretisierungen.

233 Zusammenhänge von Verhältnismäßigkeit und Subsidiaritätsprinzip sehen auch *Geiger*, a. a. O., (Fn. 5), S. 62 f. („Subsidiarität als Ausformung des im Gemeinschaftsrecht allgemein anerkannten Grundsatzes der Verhältnismäßigkeit"), *Kimminich*, a. a. O., (Fn. 178), S. 597 f.; *Steindorff*, a. a. O., (Fn. 138), S. 62 und *Hailbronner*, a. a. O., (Fn. 6), S. 154, während *Lerche*, a. a. O., (Fn. 199), S. 200 ff. eine strikte Trennung beider vornimmt, sie stünden weder in begrifflicher Verbindung miteinander, noch decke sich der jeweilige Geltungsbereich, noch falle etwa dem einen Prinzip das Ob, dem anderen das Wie staatlicher Tätigkeiten zu; der Erforderlichkeitsgedanke habe isolierend-individualisierenden Charakter, während es beim Subsidiaritätsgedanken um das stufenweise Vorschreiten zu stetig größer werdenden Lebenskreisen gehe.

234 S. oben Fn. 157.

235 S. oben III.1.

236 Nachweis oben Fn. 166.

237 Auch, wenn *Delors* an anderer Stelle (EA 1988, D 340/341; s. oben Fn. 165) betont, er sei zwar „ein Verfechter des Subsidiaritätsprinzips", aber „vielleicht nicht in dem präzisen Sinn, den das deutsche Verfassungsrecht diesem Prinzip beigelegt hat".

das Parlament fest, daß der Grundsatz der Subsidiarität bereits vor der Einheitlichen Europäischen Akte „implizit in den Verträgen enthalten war", es stellt weiterhin diesen Grundsatz in eine Reihe mit weiteren „Schutzmechanismen" gegen eine „unangemessene Erweiterung von Gemeinschaftsbefugnissen", u. a. auch dem Prinzip begrenzter Ermächtigung, und bezeichnet ihn zwar auch als „politische Orientierungshilfe" für den Handlungsspielraum der Gemeinschaft im Bereich konkurrierender Kompetenzen, hält es jedoch auch für notwendig, „politische und gerichtliche Garantien" für die Achtung des Subsidiaritätsprinzips zu geben, was die Justitiabilität dessen einzelner Elemente voraussetzt und es damit dem Bereich des ausschließlich Politischen entzieht.

(3) Finden diese soeben erwähnten Bekenntnisse zur Einhaltung des Subsidiaritätsprinzips dann auch ihre, wenn auch erst vereinzelte, Entsprechung in einem an diesem Prinzip orientierten Gebrauch bestehender Gemeinschaftskompetenzen, kann die Geltung eines entsprechenden allgemeinen Rechtssatzes auch vom Tatsächlichen her untermauert werden. Ein Beispiel[239] hierfür liefert etwa die „neue Strategie"[240] bei der Realisierung des Binnenmarktes, dergemäß die gemeinschaftliche Rechtsetzungstätigkeit dadurch beschränkt werden soll, daß einerseits im Bereich der Harmonisierung industrieller Produktnormen die Normung weitestgehend auf private Gremien verlagert wird, andererseits an die Stelle umfangreicher Rechtsangleichung ganzer Gebiete eine bloße Minimalharmonisierung bei im übrigen wechselseitiger Anerkennung mitgliedstaatlicher Regelungen treten, um somit einen Abbau von Handels- und Dienstleistungsschranken zu beschleunigen. Mag bei diesen Konzepten eben auch dieser Beschleunigungseffekt von gewisser Tragweite gewesen sein, liegt de facto jedenfalls eine Orientierung an Subsidiaritätsgesichtspunkten vor.

(4) Schließlich ist auch noch auf die Bedeutung des Prinzips begrenzter Ermächtigung für die Geltung eines allgemeinen Rechtsgrundsatzes der Subsidiarität im Gemeinschaftsrecht hinzuweisen.

Zwar ließe sich auch ohne Zugrundelegung des Subsidiaritätsprinzips begründen, warum die Mitgliedstaaten und nicht die Gemeinschaft über die Kompetenz-Kompetenz verfügen sollen[241], nämlich aus deren Staatscharakter heraus, doch ist es richtig, daß die nur eingeschränkte Übertragung von Hoheitsrechten auf die Gemeinschaft im Wege einer schrittweisen Integrationsfolge und der Gedanke

---

238 S. oben Fn. 162.

239 Weiterhin genannt werden können etwa die Verwirklichung des Subsidiaritätsprinzips bei Maßnahmen des Europäischen Fonds für regionale Entwicklung (EFRE), der im wesentlichen eine Beteiligung an Ausgaben der Mitgliedstaaten für regionale Programme vorsieht, so daß die Basisfinanzierung diesen Mitgliedstaaten entsprechend ihrer Leistungsfähigkeit obliegt, s. *Spiekermann*, S. 40; den Ergänzungscharakter der Förderung aus dem EFRE heben auch *Schweitzer / Hummer*, S. 382, hervor.

240 S. dazu ausführlich *Bruha*, ZaöRV 1986, 1 ff. und den entsprechenden Hinweis bei *Hailbronner*, a. a. O., (Fn. 6), S. 154.

241 Anders insoweit *Vorwerk*, S. 51.

der Subsidiarität insoweit im Einklang stehen, als die Gemeinschaft nur jeweils immer die Kompetenzen ausüben soll, die sie zur Erreichung ihrer Ziele benötigt[242]; die oben genannten Bestimmungen des EWG-Vertrages[243] lieferten einen Nachweis dafür. Integration und Subsidiarität ergänzen sich[244].

Das Prinzip begrenzter Ermächtigung bildet somit insoweit formal die ideale Entsprechung zum Subsidiaritätsgedanken als materialem Prinzip, als Kompetenzen nur „nach oben abgegeben werden" wie dies zur Erfüllung gemeinsamer übergeordneter Interessen erforderlich ist; Subsidiaritätsgedanke und staatlicher Anspruch auf Erhaltung der Kompetenz-Kompetenz können daher auch nicht, wie bei der Anwendung des Subsidiaritätsprinzips auf das Verhältnis zwischen Staat und Gesellschaft in Konflikt miteinander geraten[245], da vorliegend das Subsidiaritätsprinzip gerade zugunsten der Ebene eingreift, die diese potentielle Allzuständigkeit für sich reklamiert.

Als Ergebnis kann somit festgehalten werden, daß es eine Vielzahl von Anhaltspunkten dafür gibt, daß das Subsidiaritätsprinzip über Art. 130 r Abs. 4 Satz 1 EWGV hinaus als allgemeiner Grundsatz des Gemeinschaftsrechts bereits jetzt Geltung hat.

4. Inhalt des Subsidiaritätsprinzips und Justitiabilität

Der Inhalt des Subsidiaritätsprinzips als Kompetenzverteilungsschema bei der künftigen Neugestaltung der Kompetenzverteilung zwischen der EG und den Mitgliedstaaten sowie als Kompetenzausübungsschema bei der Nutzung gegenwärtiger Befugnisse kann der oben wiedergegebenen Definition[246] entnommen werden, die sich wohl weitgehend durchgesetzt hat und inzwischen auch vom Bundesrat in seine Vorschläge zur Reform der EG-Verträge aufgenommen wurde[247].

Soweit in der Literatur die Geltung dieses Subsidiaritätsprinzips schon zum gegenwärtigen Zeitpunkt im Gemeinschaftsrecht bejaht wird[248], wird dabei jedoch nicht selten auf dessen bloß politischen Charakter verwiesen[249], wogegen oben einige Argumente angeführt werden konnten.

---

242 Ebenso *Vorwerk*, S. 51, der soweit ersichtlich, als einziger ausdrücklich auf das Verhältnis von Prinzip begrenzter Ermächtigung und Subsidiaritätsprinzip eingeht.

243 S. oben unter Ziffer (1).

244 Das Europäische Parlament betont in seiner schon mehrfach angesprochenen Entschließung an mehreren Stellen die Bedeutung der Beachtung des Subsidiaritätsprinzips für den künftigen Fortgang der europäischen Integration (s. Fn. 162).

245 Auf derartige Konflikte mit staatlichen Souveränitätsansprüchen weist *Herzog*, a. a. O., (Fn. 190), S. 417 ff. hin.

246 S. oben Fn. 157.

247 BR-Drs. 550/90; EuZW 1990, 431.

248 S. oben Fn. 172; sowie *Bruha*, a. a. O., (Fn. 240), S. 29; *Rengeling*, ZHR 1988, 455/471.

Es besteht erneut die Tendenz, aus der zugegeben nicht einfachen Kontrollmöglichkeit der Einhaltung des Subsidiaritätsprinzips auf dessen fehlende Rechtssatzeigenschaft und damit auch fehlende Justitiabilität zu schließen[250].

Ausgehend von dem hier vertretenen Charakter des Subsidiaritätsprinzips als allgemeinem Rechtsgrundsatz, kann zur Frage der gerichtlichen Kontrolle dessen Befolgung weitgehend auf die Ausführungen zur Justitiabilität der Beachtung des Verhältnismäßigkeitsprinzips verwiesen werden[251].

Ähnlich wie dort, bedarf es auch hier der konkretisierenden Tätigkeit des EuGH bei der Kontrolle von EG-Rechtsakten auf eine Verletzung des Subsidiaritätsprinzips hin, dessen Funktion auch in diesem Kontext primär die Wächterstellung „über die Achtung der Verteilung der Aufgaben zwischen der EG und den Mitgliedstaaten ist“[252].

Trotz eines sicher bestehenden Spielraums der Gemeinschaftsorgane bei der Beurteilung der Frage, ob eine Handlung auf EG-Ebene erforderlich ist oder nicht, ist auch hier vor einer übereilten Parallele zur Kontrolldichte des Bundesverfassungsgerichts zu Art. 72 Abs. 2 GG zu warnen, auf die Hintergründe dazu wurde ebenfalls schon oben hingewiesen[253].

Klären müssen wird die Rechtsprechung bei ihrer Tätigkeit vor allem eine Frage, die bei der pauschalen Forderung nach Verwirklichung des Subsidiaritätsprinzips im Gemeinschaftsrecht bisher nur wenig erörtert wurde[254], nämlich die, ob der „Subsidiaritätsfall“ (d. h. die Erforderlichkeit des Tätigwerdens der Gemeinschaft) erst dann eintritt, wenn jeder einzelne Mitgliedstaat der EG und jede Region nicht selbst zur Verwirklichung der Gemeinschaftsziele in der Lage ist oder ob es genügt, daß dies bei einzelnen Gliedern der jeweils unteren Ebene der Fall ist, ein Problem, das gerade bei einer mit steigender Mitgliederzahl immer heterogener werdenden Gemeinschaft zunehmend an Bedeutung gewinnt.

---

249 S. u. a. *Everling*, a. a. O., (Fn. 105), S. 194: „Subsidiaritätsprinzip mehr (...) Orientierung in der politischen Auseinandersetzung denn (...) rechtliche Schranke für die Ausübung von Zuständigkeiten durch die Gemeinschaft.“.

250 S. oben, Fn. 216.

251 S. oben II.3.; auch unter dem Aspekt der bereits erwähnten teilweisen Deckungsgleichheit beider Prinzipien.

252 So das Europäische Parlament in seiner Entschließung vom 12.7.1990, s. oben a. a. O., (Fn. 162).

253 S. oben II.3.

254 S. dazu etwa *Jooss*, Politische Studien 1989, 482/487 f.; *Renzsch*, Aus Politik und Zeitgeschichte, B 28/90, 28/35, Fn. 52; *Grabitz*, EWGV, Art. 130 r, Rdnr. 73 a. E.; *Krämer*, a. a. O., (Fn. 210), 144 f.

IV. Zusammenfassung

Die im bisherigen Gang der Untersuchung gewonnene Erkenntnis, daß das Prinzip begrenzter Ermächtigung in der praktischen Handhabung des Gemeinschaftsrechts weder in seiner rein formalen Bedeutung noch als ein materielles Kriterium für die inhaltliche Bestimmung und Begrenzung einzelner Kompetenznormen eine Beachtung erfährt, die seinen unter B. aufgeführten Funktionen im Kompetenzsystem der EG ausreichend gerecht würde, führte zu der Frage nach weiteren Ansätzen für eine auch rechtlich relevante Grenzziehung zwischen gemeinschaftlichen und mitgliedstaatlichen Befugnissen, nicht zuletzt auch im Hinblick auf zunehmende Konflikte im Spannungsfeld von Regelungsanspruch der EG und Betroffenheit nationaler Verfassungsgrundsätze.

Drei derartige Ansätze in Form allgemeiner Rechtsgrundsätze des Gemeinschaftsrechts konnten dabei in ihren Umrissen entwickelt werden, deren nähere inhaltliche Ausgestaltung als Kompetenzausübungsschranken vor allem in der Rechtsprechung des EuGH zu erfolgen hat; dieser muß insoweit auch seiner Schutzfunktion für die Mitgliedstaaten Rechnung tragen.

Nach dem Gebot der Rücksichtnahme, das sich auf das Prinzip der Gemeinschaftstreue gründet, haben die EG-Organe bei der Ausübung ihrer Befugnisse Gefährdungen elementarer nationaler Verfassungsstrukturen zu unterlassen. Für den Bereich des Grundgesetzes hat das Bundesverfassungsgericht wiederholt diesen Wesenskern umschrieben, der inhaltlich wohl über die Grenze des Art. 79 Abs. 3 GG hinausgeht. Ähnlich unverzichtbare Bestandteile nationaler Verfassungsstrukturen finden sich auch in den anderen EG-Mitgliedstaaten. Der Grundsatz der Verhältnismäßigkeit findet nicht nur im grundrechtsrelevanten Bereich Anwendung, sondern auch im Verhältnis verschiedener Kompetenzträger zueinander. Er gilt insoweit für die Mitgliedstaaten, sofern sie Grundfreiheiten des EWG-Vertrages in zulässiger Weise einschränken, umgekehrt aber auch für die Gemeinschaftsorgane beim Gebrauch ihrer Befugnisse gegenüber den Mitgliedstaaten. Im Bereich des Konflikts mit nationalen Verfassungen gewinnt dabei vor allem die Verhältnismäßigkeit im engeren Sinne an Bedeutung, nach der Eingriffe in diese Verfassungsbereiche nicht außer Verhältnis zur Bedeutung der durch die Eingriffshandlung zu verwirklichenden Gemeinschaftsziele stehen dürfen.

Ein gewisser, allerdings nicht unbegrenzter, Entscheidungsspielraum besteht dabei für die Gemeinschaftsorgane ebenso wie bei der Anwendung des zuletzt behandelten Subsidiaritätsprinzips, das als Kompetenzregulativ im Gemeinschaftsrecht breite Zustimmung erfährt, dabei aber nicht nur als politische Leitlinie, sondern als justitiabler Rechtsgrundsatz zu verstehen ist. Art. 130 r Abs. 4 Satz 1 EWGV ist insoweit nur Ausdruck eines allgemein geltenden Gedankens.

H. Schlußbetrachtung

Die Kompetenzverteilung zwischen der Europäischen Gemeinschaft und den Mitgliedstaaten hat sich als vielschichtige Problematik erwiesen, die zumeist nur unter Einzelaspekten erörtert wird, selten jedoch in einer umfassenden Gesamtschau.

Aufgrund dieser Vielschichtigkeit verbietet es sich auch, einzelne vertretene Ansichten pauschal als europafreundlich oder europafeindlich einzustufen, muß es doch wohl nicht mehr darum gehen, überhaupt seine europäische Gesinnung unter Beweis zu stellen, sondern im Wege eines offenen Diskurses Lösungen dafür zu erarbeiten, die Entwicklung der „Gemeinschaftverfassung" mit der Wahrung staatlicher Identitäten und gewachsener Vielfalt in Einklang zu bringen. Das Prinzip begrenzter Ermächtigung liefert dabei, wie gezeigt werden konnte, nicht nur ein formales Grundschema für die Befugnisse der Gemeinschaftsorgane, sondern auch Anhaltspunkte für die Frage, ob das EG-Recht allgemeine Rechtsgrundsätze kennt, die der gemeinschaftlichen Kompetenzausübung, gerade im Hinblick auf weit gefaßte Ermächtigungsnormen im Bereich konkurrierender Kompetenzen, Schranken zu setzen vermögen.

Die anstehenden Verhandlungen zur Revision der Gemeinschaftsverträge zur Vorbereitung der Wirtschafts- und Währungsunion und der Politischen Union sollten dabei zum einen auch dazu genutzt werden, nach dem Vorbild der Einheitlichen Europäischen Akte, Kompetenzen der EG zu präzisieren, damit generalklauselartige Bestimmungen von der Art des Art. 235 EWGV nicht mehr in den Verdacht geraten, faktische Vertragsrevisionsklauseln zu sein, zum andern aber auch dazu, das Subsidiaritätsprinzip, wie vielfach gefordert, als Rechtsgrundsatz auch ausdrücklich in den Verträgen zu verankern. Dem EuGH wird es dabei nach der ersten Phase des Aufbaus der Gemeinschaft mit der im Vordergrund stehenden Sicherung der Position des Gemeinschaftsrechts im Verhältnis zum nationalen Recht, zukommen, die Wahrung des erforderlichen Gleichgewichts zwischen der EG und den Mitgliedstaaten zu gewährleisten. Dies nicht als Rückschritt auf dem Weg zur europäischen Integration, sondern als Notwendigkeit zur Förderung des Einigungsprozesses zu begreifen, bedarf sicher noch mancher Überzeugungsarbeit. Die Diskussion darüber ist jedenfalls in vollem Gange.

Literaturverzeichnis

Alexy, Robert: Theorie der Grundrechte, Baden-Baden 1985.

Antoniou, Theodora: Europäische Integration und griechische Verfassung, Frankfurt / M. 1985.

Bebr, Gerhard: Development of Judicial Control of the European Communities, The Hague u. a. 1981.

Behrens, Fritz: Rechtsgrundlagen der Umweltpolitik der Europäischen Gemeinschaften, Berlin 1976.

Bernhardt, Rudolf: Quellen des Gemeinschaftsrechts: Die „Verfassung" der Gemeinschaft, in: Kommission der Europäischen Gemeinschaften (Hrsg.): Dreißig Jahre Gemeinschaftsrecht, Luxemburg 1983, S. 77 ff.

Bernhardt, Wilfried: Verfassungsprinzipien — Verfassungsgerichtsfunktionen — Verfassungsprozeßrecht im EWG-Vertrag. Zur Auslegung des Gemeinschaftsprozeßrechts, insbesondere der Bestimmungen über Zuständigkeit, Zugang und Entscheidungswirkungen, am Maßstab des Art. 164 EWGV, Berlin 1987.

Beutler, Bengt / *Bieber*, Roland / *Pipkorn*, Jörn / *Streil*, Jochen: Die Europäische Gemeinschaft — Rechtsordnung und Politik, 3. Aufl., Baden-Baden 1987.

Beyerlin, Ulrich: Die „neue" Umweltpolitik der Europäischen Gemeinschaften, UPR 1989, S. 361 ff.

Bieber, Roland: Zur Bedeutung der Einheitlichen Europäischen Akte für Rechtsentwicklung und Integrationskonzept der Europäischen Gemeinschaft, ÖZöRV 1988, S. 211 ff.

Bieber, Roland / *Ress*, Georg (Hrsg.): Die Dynamik des Europäischen Gemeinschaftsrechts. Die Auslegung des Europäischen Gemeinschaftsrechts im Lichte nachfolgender Praxis der Mitgliedstaaten und der EG-Organe, Baden-Baden 1987.

Blanke, Hermann-Josef: Die Bundesländer im Spannungsverhältnis zwischen Eigenstaatlichkeit und Europäischer Integration, in: *Heckmann*, Dirk / *Meßerschmidt*, Klaus (Hrsg.): Gegenwartsfragen des Öffentlichen Rechts, SÖR Bd. 552, Berlin 1988, S. 53 ff. (zitiert: *Blanke*, in: *Heckmann / Meßerschmidt* (Hrsg.), Gegenwartsfragen).

Bleckmann, Albert: Art. 5 EWGV und die Gemeinschaftstreue, DVBl. 1976, S. 483 ff.

— Chancen und Gefahren der europäischen Integration, JZ 1990, S. 301 ff.

— Die Aufgaben einer Methodenlehre des Völkerrechts, Heidelberg / Karlsruhe 1978.

— Die Beihilfenkompetenz der Europäischen Gemeinschaften — Ein Beitrag zum Prinzip der begrenzten Ermächtigung, DÖV 1977, S. 615 ff.

— Die Rechtsprechung des Europäischen Gerichtshofes zur Gemeinschaftstreue, RIW 1981, S. 653 ff.

— Die Rolle der richterlichen Rechtschöpfung im Europäischen Gemeinschaftsrecht, in: Lüke, Gerhard / Ress, Georg / Will, Michael (Hrsg.): Gedächtnisschrift für Léontin-Jean Constantinesco, Köln 1983, S. 61 ff.

— Europarecht, 5. Aufl., Köln 1990.

— Politische Aspekte der europäischen Integration unter dem Vorzeichen des Binnenmarktes, ZRP 1990, S. 265 ff.

— Zu den Auslegungsmethoden des Europäischen Gerichtshofes, NJW 1982, S. 1177 ff.

— Zur Bindung der Länder an die Ziele der Bundespolitik, DÖV 1986, S. 125 ff.

Böhm, Reinhard: Kompetenzauslegung und Kompetenzlücken im Gemeinschaftsrecht. Ein Beitrag zur Klärung und Abgrenzung von effet utile, implied powers, resulting powers und Lückenklauseln, Frankfurt / M. 1985.

Bonner Kommentar: Kommentar zum Bonner Grundgesetz, Heidelberg, Loseblatt, Stand: Mai 1990 (zitiert: *BK* / Bearbeiter).

Borchmann, Michael: Konferenz „Europa der Regionen" in München und Brüssel, DÖV 1990, S. 879 ff.

— Verbindungsbüros der Bundesländer bei der EG — Berechtigte Interessenvertretung oder Nebenaußenpolitik? NVwZ 1988, S. 218 ff.

Bothe, Michael: „Soft law" in den Europäischen Gemeinschaften? in: v. Münch, Ingo (Hrsg.): Festschrift für Hans-Jürgen Schlochauer, Berlin / New York 1981, S. 761 ff.

Bradley, Kieran St. C.: The European Court and the Legal Basis of Community Legislation, ELR 1988, S. 379 ff.

Bruha, Thomas: Rechtsangleichung in der Europäischen Wirtschaftsgemeinschaft — Deregulierung durch „Neue Strategie"? ZaöRV 1986, S. 1 ff.

Bruha, Thomas / *Kindermann,* Harald: Rechtsetzung in der Europäischen Gemeinschaft, ZG 1986, S. 293 ff.

Bryde, Brun-Otto: Verfassungsentwicklung. Stabilität und Dynamik im Verfassungsrecht der Bundesrepublik Deutschland, Baden-Baden 1982 (zitiert: *Bryde,* Verfassungsentwicklung).

Campbell, A.: The Single European Act and the Implications, ICLQ 1986, S. 932 ff.

Capotorti, Francesco / *Hilf,* Meinhard / *Jacobs,* Francis / *Jacqué,* Jean-Paul: Der Vertrag zur Gründung der Europäischen Union. Kommentar zum Entwurf des Europäischen Parlamentes, Baden-Baden 1986.

Cerexhe, Etienne: Welche Chancen bietet die Einheitliche Europäische Akte? in: Knoche, Meinhard (Hrsg.): Wege zur europäischen Rechtsgemeinschaft I, Koblenz 1987, S. 52 ff.

Chinkin, C. M.: The Challenge of Soft Law: Development and Change in International Law, ICLQ 1989, S. 850 ff.

Classen, Claus Dieter: Bildungspolitische Förderungsprogramme der EG — Eine kritische Untersuchung der vertragsrechtlichen Grundlagen, EuR 1990, S. 10 ff.

Constantinesco, Léontin-Jean: Das Recht der Europäischen Gemeinschaften. Band I. Das institutionelle Recht, Baden-Baden 1977.

Currie, David P.: Die Verfassung der Vereinigten Staaten von Amerika, Frankfurt / M. 1988.

Daig, Hans-Wolfram: Zur Rechtsvergleichung und Methodenlehre im Europäischen Gemeinschaftsrecht, in: Bernstein, Herbert / Drobnig, Ulrich / Kötz, Hein (Hrsg.): Festschrift für Konrad Zweigert, Tübingen 1981, S. 395 ff.

Dauses, Manfred: Grundlagen der Rechtsprechung des Europäischen Gerichtshofes — Auswirkungen auf Bund und Länder, BayVBl. 1989, S. 609 ff.

Dechsling, Rainer: Das Verhältnismäßigkeitsgebot, München 1989 (zitiert: *Dechsling*, Das Verhältnismäßigkeitsgebot).

Delbrück, Jost: Die Rundfunkhoheit der deutschen Bundesländer im Spannungsfeld zwischen Regelungsanspruch der Europäischen Gemeinschaft und nationalem Verfassungsrecht, Frankfurt / M. 1986.

Di Fabio, Udo: Richtlinienkonformität als ranghöchstes Normauslegungsprinzip? NJW 1990, S. 947 ff.

Dörr, Dieter: Die Europäischen Gemeinschaften und die deutschen Bundesländer, NWVBl. 1988, S. 289 ff.

Donner, A. M.: The Constituional Powers of the Court of Justice of the European Communities, CMLR 1974, S. 127 ff.

Dorn, Dietrich-W.: Art. 235 EWGV — Prinzipien der Auslegung. Die Generalermächtigung zur Rechtsetzung im Verfassungssystem der Gemeinschaften, Kehl u. a. 1986.

Ehle, Dietrich / *Meier*, Gerd: EWG-Warenverkehr, Köln 1971.

Ehricke, Ulrich: „Soft law" — Aspekte einer neuen Rechtsquelle, NJW 1989, S. 1906 ff.

Eibach, Gerhard: Das Recht der Europäischen Gemeinschaften als Prüfungsgegenstand des Bundesverfassungsgerichts — Verfassungsrechtliche und verfahrensrechtliche Möglichkeiten unter den Gesichtspunkten des deutschen sowie des europäischen Rechts und des Völkerrechts, Berlin 1986.

Elazar, Daniel J. / *Greilsammer*, Ilan: Federal Democracy: The U.S.A. and Europe Compared — A Political Science Perspective, in: Cappelletti, Mauro / Seccombe, Monica / Weiler, Joseph: Integration Through Law, Volume 1, Book 1, Berlin / New York 1986, S. 136 ff.

Erbguth, Wilfried: Bundesstaatliche Kompetenzverteilung im Bereich der Gesetzgebung, DVBl. 1988, S. 317 ff.

Everling, Ulrich: Brauchen wir „Solange III"? EuR 1990, S. 195 ff.

— Die allgemeine Ermächtigung der Europäischen Gemeinschaft zur Zielverwirklichung in Art. 235 EWGV, EuR 1976 / Sonderheft, S. 1 ff.

— Gestaltungsbedarf des Europäischen Rechts, EuR 1987, S. 214 ff.

— Vom Zweckverband zur Europäischen Union — Überlegungen zur Struktur der Europäischen Gemeinschaft, in: Stödter, Rolf / Thieme, Werner (Hrsg.): Festschrift für Hans Peter Ipsen, Tübingen 1977, S. 595 ff.

— Zur föderalen Struktur der Europäischen Gemeinschaft, in: Hailbronner, Kay / Ress, Georg / Stein, Eric (Hrsg.): Festschrift für Karl Doehring, Berlin / Heidelberg 1989, S. 179 ff.

— Zur rechtlichen Wirkung von Beschlüssen, Entschließungen, Erklärungen und Vereinbarungen des Rates oder der Mitgliedstaaten der Europäischen Gemeinschaft, in: Lüke, Gerhard / Ress, Georg / Will, Michael (Hrsg.): Gedächtnisschrift für Léontin-Jean Constantinesco, Köln 1983, S. 133 ff.

— Zur Rechtsprechung des Europäischen Gerichtshofs über die Beschäftigung von EG-Ausländern in der öffentlichen Verwaltung, DVBl. 1990, S. 225 ff.

Feige, Konrad: Der Gleichheitssatz im Recht der EWG, Tübingen 1973.

Forch, Stefan: Freizügigkeit für Studienreferendare, NVwZ 1987, S. 27 ff.

Friauf, Karl Heinrich: Die Bindung deutscher Verfassungsorgane an das Grundgesetz bei Mitwirkung an europäischen Organakten, in: derselbe / Scholz, Rupert: Europarecht und Grundgesetz, Berlin 1990, S. 11 ff.

— Die Notwendigkeit einer verfassungskonformen Auslegung im Recht der westeuropäischen Gemeinschaften, AöR 1960, S. 224 ff.

Fugmann, Friedrich: Verfassungsgebung zur Europäischen Union — Warum und wie? Politische Studien 1989, S. 459 ff.

Gallwas, Hans-Ullrich / *Mössle,* Wilhelm: Bayerisches Polizei- und Sicherheitsrecht, Stuttgart / München 1990.

Gauweiler, Marijke: Die rechtliche Qualifikation interorganschaftlicher Absprachen im Europarecht, Diss. Mainz 1988 (zitiert: *Gauweiler,* Diss. Mainz 1988).

Geiger, Rudolf: Die Stellung der Bundesländer im europäischen Gemeinschaftsrecht und ihre Rechtsschutzmöglichkeiten gegen Akte der Gemeinschaft, in: Kremer, Harry A. (Hrsg.): Die Landesparlamente im Spannungsfeld zwischen europäischer Integration und europäischem Regionalismus, München 1988 (zitiert: *Geiger,* in: Kremer (Hrsg.): Die Landesparlamente).

— Völkerrecht und Grundgesetz, München 1985.

Glaesner, Joachim: Die Einheitliche Europäische Akte, EuR 1986, S. 119 ff.

— Die Einheitliche Europäische Akte — Versuch einer Wertung, in: Schwarze, Jürgen (Hrsg.): Der Gemeinsame Markt, Bestand und Zukunft in wirtschaftsrechtlicher Perspektive, Baden-Baden 1987, S. 9 ff.

— Umwelt als Gegenstand einer Gemeinschaftspolitik, in: Rengeling, Hans-Werner (Hrsg.): Europäisches Umweltrecht und europäische Umweltpolitik, Köln 1988, S. 1 ff.

Goyard, Pierre: Die Stellung des Gemeinschaftsrechts im französischen Recht, DÖV 1989, S. 259 ff.

Grabitz, Eberhard: Bilanz und Analyse des Luxemburger Gipfels, in: Knoche, Meinhard (Hrsg.): Wege zur europäischen Rechtsgemeinschaft I, Koblenz 1987, S. 37 ff.

— Die Einheitliche Europäische Akte: Rechtliche Bewertung, Integration 1986, S. 95 ff.

— Europäisches Verwaltungsrecht — Gemeinschaftsrechtliche Grundsätze des Verwaltungsverfahrens, NJW 1989, S. 1776 ff.

Grabitz, Eberhard (Hrsg.): Kommentar zum EWG-Vertrag, Loseblatt, München, Stand: September 1989.

— Quellen des Gemeinschaftsrechts: Rechtshandlungen der Gemeinschaftsorgane, in: Kommission der Europäischen Gemeinschaften (Hrsg.): Dreißig Jahre Gemeinschaftsrecht, Luxemburg 1983, S. 91 ff.

Groeben, Hans von der / *Boeckh,* Hans von / *Thiesing,* Jochen / *Ehlermann,* Claus D.: Kommentar zum EWG-Vertrag, 3. Aufl., Baden-Baden 1983, (zitiert: *GBTE* / Bearbeiter).

Gröschner, Rolf: Öffentlichkeitsaufklärung als Behördenaufgabe, DVBl. 1990, S. 619 ff.

Gulich, Joachim: Rechtsfragen grenzüberschreitender Rundfunksendungen: Die deutsche Rundfunkordnung im Konflikt mit der Dienstleistungsfreiheit, Baden-Baden 1990 (zitiert: *Gulich,* Rechtsfragen).

Gulmann, Claus: Member State measures for enlarging the scope of the Treaties, in: Bieber, Roland / Ress, Georg (Hrsg.): Die Dynamik des Europäischen Gemeinschaftsrechts im Lichte nachfolgender Praxis der Mitgliedstaaten und der EG-Organe, Baden-Baden 1987, S. 241 ff.

Hackspiel, Sabine: Opferentschädigung und Europäisches Gemeinschaftsrecht, NJW 1989, S. 2166 ff.

Hänsch, Klaus: Europäische Integration und parlamentarische Demokratie, EA 1986, S. 191 ff.

Hailbronner, Kay: Die deutschen Bundesländer in der EG, JZ 1990, S. 149 ff.

— Europa 1992: Das institutionelle System der Gemeinschaften, JuS 1990, S. 263 ff.

Hartley, T. C.: The foundations of European Community Law, 2. ed., Oxford 1988.

Hauschka, Christoph E.: Grundprobleme der Privatrechtsfortbildung durch die Europäische Wirtschaftsgemeinschaft, JZ 1990, S. 521 ff.

Henrichs, Helmut: Gemeinschaftsrecht und nationale Verfassungen — Eine Konfliktstudie, EuGRZ 1989, S. 257 ff.

Herdegen, Matthias: Europäisches Gemeinschaftsrecht und die Bindung deutscher Verfassungsorgane an das Grundgesetz. Bemerkungen zu neueren Entwicklungen nach dem „Solange II"-Beschluß, EuGRZ 1989, S. 309 ff.

Herzog, Roman: Subsidiaritätsprinzip, in: *derselbe* / *Kunst,* Hermann / *Schlaich,* Klaus / *Schneemelcher,* Wilhelm (Hrsg.): Evangelisches Staatslexikon, Band II, 3. Aufl., Stuttgart 1987, Spalte 3564 ff.

— Subsidiaritätsprinzip und Staatsverfassung, Der Staat 1963, S. 399 ff.

Hesse, Konrad: Grundzüge des Verfassungsrechts der Bundesrepublik Deutschland, 16. Aufl., Heidelberg 1988.

Hilf, Meinhard: Die Organisationsstruktur der Europäischen Gemeinschaften, Berlin u. a. 1982, (zitiert: *Hilf,* Organisationsstruktur).

— Die rechtliche Bedeutung des Verfassungsprinzips der parlamentarischen Demokratie für den europäischen Integrationsprozeß, EuR 1984, S. 9 ff.

— Europäisches Gemeinschaftsrecht und Drittstaatsangehörige, in: Hailbronner, Kay / Ress, Georg / Stein, Eric (Hrsg.): Festschrift für Karl Doehring, Berlin / Heidelberg 1989, S. 339 ff.

— Maßnahmen zur Erweiterung des Wirkungsbereichs der Verträge, in: Bieber, Roland / Ress, Georg (Hrsg.): Die Dynamik des Europäischen Gemeinschaftsrechts im Lichte nachfolgender Praxis der Mitgliedstaaten und der EG-Organe, Baden-Baden 1987, S. 251 ff.

— Sekundäres Gemeinschaftsrecht und deutsche Grundrechte. I. Auswirkungen auf die Gemeinschaftsordnung, ZaöRV 1975, S. 51 ff.

Hochbaum, Ingo: The Federal Structure of Member States as a Limit to Common Educational Policy: The Case of Germany, in: *De Witte,* Bruno (Hrsg.): European Community Law of Education, Baden-Baden 1989, S. 145 ff.

— Politik und Kompetenzen der Europäischen Gemeinschaften im Bildungswesen, BayVBl. 1987, S. 481 ff.

Hölscheidt, Sven / *Pieper,* Stefan Ulrich / Schollmeier, Andres: Einführung in das Recht der Europäischen Gemeinschaften, JA 1990, S. 188 ff.

Hollerbach, Alexander: Subsidiarität — II. Rechtliche Aspekte, in: Görres-Gesellschaft (Hrsg.): Staatslexikon, Band 5, 7. Aufl., Freiburg 1989, Spalte 389 f.

Ipsen, Hans Peter: Der „Kulturbereich" im Zugriff der Europäischen Gemeinschaft, in: Fiedler, Wilfried / Ress, Georg (Hrsg.): Gedächtnisschrift für Wilhelm Karl Geck, Köln 1989, S. 330 ff.

— Die Verfassungsrolle des Gerichtshofs für die Integration, in: Schwarze, Jürgen (Hrsg.): Der Europäische Gerichtshof als Verfassungsgericht und Rechtsschutzinstanz, Baden-Baden 1983, S. 29 ff., (zitiert: *Ipsen,* in: Schwarze (Hrsg.): Der Europäische Gerichtshof).

— Europäisches Gemeinschaftsrecht, Tübingen 1972, (zitiert: *Ipsen,* Gemeinschaftsrecht).

— Europäische Verfassung — Nationale Verfassung, EuR 1987, S. 195 ff.

— Über Supranationalität, in: derselbe: Europäisches Gemeinschaftsrecht in Einzelstudien, Baden-Baden 1984, S. 97 ff.

— Vier Glossen zur Einheitlichen Akte, in: Jekewitz, Jürgen / Klein, Eckart / Kühne, Hans (Hrsg.): Festschrift für Karl Josef Partsch, Berlin 1989, S. 327 ff.

Isensee, Josef: Subsidiaritätsprinzip und Verfassungsrecht, Berlin 1968.

Jansen, Bernhard: Das Arbeits- und Sozialrecht im Zweck- und Kompetenzgefüge der Europäischen Gemeinschaft, EuR 1990, Beiheft 1, S. 5 ff.

Jarass, Hans D. / *Pieroth,* Bodo: Grundgesetz für die Bundesrepublik Deutschland, München 1989.

Jooss, Gerhard: Europäischer Zentralismus — Tendenzen und Gegenkräfte, Politische Studien 1989, S. 482 ff.

Jürgens, Peter: Die Europäische Aktiengesellschaft nimmt Strukturen an, BB 1990, S. 1145 ff.

Karl, Wolfram: Die spätere Praxis im Rahmen eines dynamischen Vertragsbegriffs, in: Bieber, Roland / Ress, Georg (Hrsg.): Die Dynamik des Europäischen Gemeinschaftsrechts im Lichte nachfolgender Praxis der Mitgliedstaaten und der EG-Organe, Baden-Baden 1987, S. 81 ff.

Katholische Arbeitnehmer Bewegung (Hrsg.): Texte zur katholischen Soziallehre. Mit einer Einführung von Oswald von Nell-Breuning, SJ, Kevelaer 1975.

Kewenig, Wilhelm A.: Die europäischen Gemeinschaften und die bundesstaatliche Ordnung der Bundesrepublik Deutschland, JZ 1990, S. 459 ff.

Kimminich, Otto: Das Subsidiaritätsprinzip und seine Auswirkungen im geltenden Verfassungsrecht, Politische Studien 1989, S. 587 ff.

Kisker, Gunter: Neuordnung des bundesstaatlichen Kompetenzgefüges und Bund-Länder-Planung, Der Staat 1975, S. 169 ff.

Klein, Eckart: Die Kompetenz- und Rechtskompensation — Überlegungen zu einer Argumentationsfigur, DVBl. 1981, S. 661 ff.

— Grundrechtliche Schutzpflichten des Staates, NJW 1989, S. 1633 ff.

— Vertragsauslegung und „spätere Praxis" internationaler Organisationen, in: *Bieber,* Roland / *Ress,* Georg (Hrsg.): Die Dynamik des Europäischen Gemeinschaftsrechts im Lichte nachfolgender Praxis der Mitgliedstaaten und der EG-Organe, Baden-Baden 1987, S. 101 ff.

*Klein,*Eckart / *Beckmann,* Martina: Neuere Entwicklungen des Rechts der Europäischen Gemeinschaften, DÖV 1990, S. 179 ff.

Kloepfer, Michael: Europäischer Umweltschutz ohne Kompetenz? UPR 1986, S. 321 ff.

— Verfassung und Zeit. Zum überhasteten Gesetzgebungsverfahren, Der Staat 1974, S. 456 ff.

Knemeyer, Franz-Ludwig: Subsidiarität — Föderalismus, Dezentralisation, DVBl. 1990, S. 449 ff.

Köck, Heribert Franz: Die „implied powers" der Europäischen Gemeinschaften als Anwendungsfall der „implied powers" internationaler Organisationen überhaupt, in: Böckstiegel, Karl-Heinz (Hrsg.): Festschrift für Ignaz Seidl-Hohenveldern, Köln 1988, S. 279 ff.

Koszuszeck, Helmut: Freier Dienstleistungsverkehr und nationales Rundfunkrecht, ZUM 1989, S. 541 ff.

Krämer, Ludwig: Einheitliche Europäische Akte und Umweltschutz: Überlegungen zu einigen neuen Bestimmungen im Gemeinschaftsrecht, in: Rengeling, Hans-Werner (Hrsg.): Europäisches Umweltrecht und europäische Umweltpolitik, Köln 1988, S. 137 ff., (zitiert: *Krämer,* in: Rengeling (Hrsg.): Europäisches Umweltrecht).

Kraus, Herbert: Das Erfordernis struktureller Kongruenz zwischen der Verfassung der Europäischen Verteidungsgemeinschaft und dem Grundgesetz, in: Der Kampf um den Wehrbeitrag, Band II, 2. Halbband, München 1953, S. 545 ff.

v. *Kraushaar,* Reinhold: Zur Kompetenz der Kommissionen der Europäischen Gemeinschaften zum Erlaß von Verordnungen, DÖV 1959, S. 726 ff.

Lachmann, Per: Some Danish Reflections on the Use of Art 235 of the Rome Treaty, CMLR 1981, S. 447 ff.

Läufer, Thomas: Das Europäische Parlament nach der Direktwahl: Positionsstärkung durch intrakonstitutionellen Wandel? EuR 1979, S. 261 ff.

Lagrange, Maurice: Les pouvoirs de la haute autorité et l'application du traité de Paris, RDP 1961, S. 40 ff.

Larenz, Karl: Wegweiser zu richterlicher Rechtsschöpfung, in: *Bötticher*, Eduard u.a. (Mitverf.): Festschrift für Artur Nikisch, Tübingen 1958, S. 275 ff.

Lecheler, Helmut: Der Europäische Gerichtshof und die allgemeinen Rechtsgrundsätze, Berlin 1971 (zitiert: *Lecheler*, Allgemeine Rechtsgrundsätze).

— Der Fortgang der europäischen Integration im Spiegel der Rechtsprechung des EGH und der nationalen Gerichte, EA 1968, S. 403 ff.

— Der nationale öffentliche Dienst und der europäische Binnenmarkt, BayVBl. 1989, S. 417 ff.

— Die allgemeinen Rechtsgrundsätze in der Rechtsprechung des Europäischen Gerichtshofs, Diss. Erlangen 1967, (zitiert: *Lecheler*, Diss. Erlangen 1967).

— Die Interpretation des Art. 48 Abs. 4 EWGV und ihre Konsequenzen für die Beschäftigung im nationalen öffentlichen Dienst, Berlin 1990, (zitiert: *Lecheler*, Interpretation).

— „Supranationalität" der Europäischen Gemeinschaften — Rechtliche Beschreibung oder unverbindliche Leerformel? JuS 1974, S. 7 ff.

Lenz, Carl Otto: Die Rechtsprechung des Europäischen Gerichtshofs im Bereich des Bildungswesens, EA 1989, S. 125 ff.

Lerche, Peter: Föderalismus als nationales Ordnungsprinzip, VVDStRL Heft 21, Berlin 1964, S. 66 ff.

— Übermaß und Verfassungsrecht, Köln 1961.

Lietzmann, Kurt: Einheitliche Europäische Akte und Umweltschutz: Die neuen Umweltbestimmungen in EWG-Vertrag, in: Rengeling, Hans-Werner (Hrsg.): Europäisches Umweltrecht und europäische Umweltpolitik, Köln 1988, S. 163 ff.

de Lobkowicz, Wenceslas: Ein Europäisches Kommunalwahlrecht für alle EG-Bürger, DÖV 1989, S. 519 ff.

Ludet, Daniel / *Stotz*, Rüdiger: Die neue Rechtsprechung des französischen Conseil d'Etat zum Vorrang völkerrechtlicher Verträge, EuGRZ 1990, S. 93 ff.

Magiera, Siegfried: Die Einheitliche Europäische Akte und die Fortentwicklung der Europäischen Gemeinschaft zur Europäischen Union, in: *Fiedler*, Wilfried / *Ress*, Georg (Hrsg.): Gedächtnisschrift für Wilhelm Karl Geck, Köln 1989, S. 507 ff.

— Die Europäische Gemeinschaft auf dem Weg zu einem Europa der Bürger, DÖV 1987, S. 221 ff.

— Politische Rechte im Europa der Bürger, in: *Zuleeg*, Manfred (Hrsg.): Ausländerrecht und Ausländerpolitik in Europa, Baden-Baden 1987, S. 123 ff. (zitiert: *Magiera*, in: *Zuleeg* (Hrsg.): Ausländerrecht).

Maihofer, Werner: Kulturelle Aufgaben des modernen Staates, in: *Benda*, Ernst / *derselbe* / *Vogel*, Hans-Jochen (Hrsg.): Handbuch des Verfassungsrechts, Berlin / New York 1984, S. 953 ff.

Majer, Diemut: Ist die verfassungsgerichtliche Prüfung der Voraussetzungen der konkurrierenden Gesetzgebung des Bundes sinnvoll und möglich? EuGRZ 1980, S. 98 ff. / 158 ff.

Matthies, Heinrich: Grundlagen des Subventionsrechts und Kompetenzen aus EG-rechtlicher Sicht, ZHR 1988, S. 442 ff.

Maunz, Theodor / *Dürig,* Günther / *Herzog,* Roman / *Scholz,* Rupert: Kommentar zum Grundgesetz, Loseblatt, 4 Bände, München, Stand: Dezember 1989, (zitiert: Bearbeiter, in: *M/D/H/S*).

Maunz, Theodor / *Zippelius,* Reinhold: Deutsches Staatsrecht, 26. Aufl., München 1985.

Mayer, Franz / *Kopp,* Ferdinand: Allgemeines Verwaltungsrecht, 5. Aufl., Stuttgart 1985.

Mc Cutcheon, J. Paul: The Irish Supreme Court, European Political Cooperation and the Single European Act, LIEI 1988, S. 93 ff.

v. Meibom, Hanspeter: Der EWG-Vertrag und die Grundrechte des Grundgesetzes, DVBl. 1969, S. 437 ff.

Meier, Gert: Die „Mitteilung" der Kommission: Ein Instrument der Normsetzung der Gemeinschaft? in: *Baur,* Jürgen / *Hopt,* Klaus / *Mailänder,* Peter (Hrsg.): Festschrift für Ernst Steindorff, Berlin / New York 1990, S. 1303 ff.

Memminger, Gerhard: Die Bedeutung des Verfassungsrechtsstreits zur EG-Rundfunkrichtlinie, DÖV 1989, S. 846 ff.

Mewes, Horst: Einführung in das politische System der USA, Heidelberg 1986.

Molkenbur, Gerhard: Umweltschutz in der Europäischen Gemeinschaft, DVBl. 1990, S. 677 ff.

v. Nell-Breuning, Oswald: Subsidiaritätsprinzip, in: *Görres-Gesellschaft* (Hrsg.): Staatslexikon, Band 7, 6. Aufl., Freiburg 1962, Spalte 826 ff.

Nickel, Dietmar / *Bieber,* Roland: Europäische Grund- und Bürgerrechte. Kolloquium des Europäischen Parlaments „Besondere Rechte und Charta für Bürgerrechte der EG", 26.-28.10.1978 in Florenz, EuGRZ 1979, S. 21 ff.

Nicolaysen, Gert: Europäisches Gemeinschaftsrecht, Stuttgart 1979.

— Tabakrauch, Gemeinschaftsrecht und Grundgesetz. Zum BVerfG-Beschluß vom 12.5.1989 — 2 BvQ 3/89, EuR 1989, S. 215 ff.

— Zur Theorie von den „implied powers" in den Europäischen Gemeinschaften, EuR 1966, S. 129 ff.

Oppermann, Thomas: Die Europäische Gemeinschaft als parastaatliche Superstruktur, in: Stödter, Rolf / Thieme, Werner (Hrsg.). Festschrift für Hans Peter Ipsen, Tübingen 1977, S. 685 ff.

— Von der EG-Freizügigkeit zur gemeinsamen europäischen Ausbildungspolitik, Berlin 1988, (zitiert: *Oppermann,* EG-Freizügigkeit).

Oschatz, Georg-Berndt: Normsetzung der Länder in einem Europa der Regionen: Gesetzgebung oder Satzungserlaß? ZG 1990, S. 14 ff.

Ossenbühl, Fritz: Föderalismus nach 40 Jahren Grundgesetz, DVBl. 1989, S. 1230 ff.

— Rundfunk zwischen nationalem Verfassungsrecht und europäischem Gemeinschaftsrecht, Frankfurt / M. 1986, (zitiert: *Ossenbühl,* Rundfunk).

Pechstein, Matthias: Austria ante portas: Österreichs Neutralität als Hindernis für einen EG-Beitritt, EuR 1989, S. 54 ff.

— Die Mitgliedstaaten der EG als „Sachwalter des gemeinsamen Interesses". Gesetzgebungsnotstand im Gemeinschaftsrecht, Baden-Baden 1987.

Pescatore, Pierre: The Law of Integration, Leiden 1974.

Pieper, Stefan Ulrich: Die Direktwirkung von Richtlinien der Europäischen Gemeinschaft, DVBl. 1990, S. 684 ff.

Pieroth, Bodo: Materiale Rechtsfolgen grundgesetzlicher Kompetenz- und Organisationsnormen, AöR 1989, S. 422 ff.

Priebe, Reinhard: Entscheidungsbefugnisse vertragsfremder Einrichtungen im Europäischen Gemeinschaftsrecht, Baden-Baden 1979.

Rabe, Hans-Jürgen: Das Verordnungsrecht der Europäischen Wirtschaftsgemeinschaft, Hamburg 1963.

Rat der EG / Generalsekretariat (Hrsg.): Erklärungen zur europäischen Bildungspolitik, Luxemburg 1988.

Rauscher, Anton: Subsidiarität — I. Sozialethik, in: *Görres-Gesellschaft* (Hrsg.): Staatslexikon, Band 5, 7. Aufl., Freiburg 1989, Spalte 386 ff.

Rengeling, Hans-Werner: Grundlagen des Subventionsrechts und Kompetenzen aus der Sicht von Bund und Ländern, ZHR 1988, S. 455 ff.

— Rechtsgrundsätze beim Verwaltungsvollzug des Europäischen Gemeinschaftsrechts, KSE Bd. 27, Köln 1977.

Renzsch, Wolfgang: Deutsche Länder und europäische Integration, Aus Politik und Zeitgeschichte, B 28/90, S. 28 ff.

Ress, Georg: Das deutsche Zustimmungsgesetz zur Einheitlichen Europäischen Akte — Ein Schritt zur „Föderalisierung" der Europapolitik, EuGRZ 1987, S. 361 ff.

— Der Grundsatz der Verhältnismäßigkeit im deutschen Recht, in: Kutscher, Hans u.a. (Hrsg.): Der Grundsatz der Verhältnismäßigkeit in europäischen Rechtsordnungen, Heidelberg 1985, S. 5 ff. (zitiert: *Ress*, in: *Kutscher* (Hrsg.), Verhältnismäßigkeit).

— Die Europäischen Gemeinschaften und der deutsche Föderalismus, EuGRZ 1986, S. 549 ff.

— Souveränitätsverständnis in den Europäischen Gemeinschaften, Baden-Baden 1980.

— Über die Notwendigkeit der parlamentarischen Legitimierung der Rechtsordnung der Europäischen Gemeinschaften, in: *Fiedler*, Wilfried / *Ress*, Georg (Hrsg.): Gedächtnisschrift für Wilhelm Karl Geck, Köln 1989, S. 625 ff.

Roth, Wulf-Henning: Grundfreiheiten des Gemeinsamen Marktes für kulturschaffende Tätigkeiten und kulturelle Leistungsträger, ZUM 1989, S. 101 ff.

Rudolf, Walter: Die Europäische Stiftung und die deutschen Bundesländer, in: *Bernhardt*, Rudolf / *Doehring*, Karl / *Frowein*, Jochen Abr. (Hrsg.): Festschrift für Hermann Mosler, Berlin 1983, S. 785 ff.

Rupp, Hans Heinrich: Wahlrecht für Ausländer? ZRP 1989, S. 363 ff.

de Ruyt, Jean: L'acte unique européen, Bruxelles 1987.

Schelter, Kurt: Subsidiarität — Handlungsprinzip für das Europa der Zukunft, EuZW 1990, S. 217 ff.

Scherer, Joachim: Solange II: Ein grundrechtspolitischer Kompromiß, JA 1987, S. 483 ff.

Scheuing, Dieter H.: Umweltschutz auf der Grundlage der Einheitlichen Europäischen Akte, EuR 1989, S. 152 ff.

Schilling, Theodor: Zur Wirkung von EG-Richtlinien. Versuch einer völkerrechtlichen Betrachtung, ZaöRV 1988, S. 637 ff.

— Art. 24 Abs. 1 des Grundgesetzes, Art. 177 des EWG-Vertrags und die Einheit der Rechtsordnung, Der Staat 1990, S. 161 ff.

Schneider, Hartmut: Die Rechtsfigur des Verfassungswandels im Europäischen Gemeinschaftsrecht, DVBl. 1990, S. 282 ff.

Schoch, Friedrich: Zur Situation der kommunalen Selbstverwaltung nach der Rastede-Entscheidung des Bundesverfassungsgerichts, VerwArch 1990, S. 18 ff.

Scholz, Rupert: Der europäische Rechtsstaat, in: *Baur*, Jürgen / *Hopt*, Klaus / *Mailänder*, Peter (Hrsg.): Festschrift für Ernst Steindorff, Berlin / New York 1990, S. 1413 ff.

— Europäisches Gemeinschaftsrecht und innerstaatlicher Verfassungsrechtsschutz, in: Friauf, Karl-Heinrich / derselbe: Europarecht und Grundgesetz, Berlin 1990, S. 53 ff.

— Grundrechtsprobleme im europäischen Kartellrecht — Zur Hoechst-Entscheidung des EuGH, WuW 1990, S. 99 ff.

— Wie lange bis „Solange III"? NJW 1990, S. 941 ff.

Schrader, Christian: Das Kooperationsprinzip — Ein Rechtsprinzip? DÖV 1990, S. 326 ff.

Schüle, Adolf: Rechtsmißbrauch, in: Schlochauer, Hans-Jürgen (Hrsg.): Wörterbuch des Völkerrechts, 3. Band, Berlin 1962, S. 69 ff.

Schütz, Hans-Joachim: Bund, Länder und Europäische Gemeinschaften, Der Staat 1990, S. 201 ff.

— Verfassungsrechtliche Fragen der Teilhabe der deutschen Bundesländer an Entscheidungen der Europäischen Gemeinschaften, BayVBl. 1990, S. 481 ff./518 ff.

Schwaiger, Henning: Mitgliedstaatliche Verfassungsmäßigkeit und sekundäres Gemeinschaftsrecht, AWD 1972, S. 265 ff.

Schwan, Hartmut Heinrich: Die deutschen Bundesländer im Entscheidungssystem der Europäischen Gemeinschaften, Berlin 1982.

Schwartz, Ivo: EG-Rechtsetzungsbefugnis für das Fernsehen, ZUM 1989, S. 381 ff.

Schwarze, Jürgen: Europäisches Verwaltungsrecht, 2 Bände, Baden-Baden 1988.

— Schutz der Grundrechte in der Europäischen Gemeinschaft, EuGRZ 1986, S. 293 ff.

Schwarze, Jürgen / *Bieber*, Roland (Hrsg.): Eine Verfassung für Europa, Baden-Baden 1984.

Schweitzer, Michael / *Hummer*, Waldemar: Europarecht, 3. Aufl., Frankfurt / M. 1990.

Sedemund, Joachim (u.a.): Zur Zuständigkeit der Europäischen Gemeinschaft auf dem Gebiet der Straßenverkehrssicherheit. Rechtsgutachten erstattet im Auftrag des Bundesministers für Verkehr, Köln 1990 (maschinenschriftlich).

Seidel, Martin: Die Vollendung des Binnenmarktes der Europäischen Gemeinschaft als Rechtsetzungsprozeß, in: *Baur*, Jürgen / *Hopt*, Klaus / *Mailänder*, Peter (Hrsg.): Festschrift für Ernst Steindorff, Berlin / New York 1990, S. 1455 ff.

Seidl-Hohenveldern, Ignaz: Das Recht der internationalen Organisationen einschließlich der supranationalen Gemeinschaften, 4. Aufl., Köln 1984.

Siedentopf, Heinrich / *Hauschild,* Christoph: Europäische Integration und die öffentlichen Verwaltungen der Mitgliedstaaten, DÖV 1990, S. 445 ff.

Slynn, Gordon: The use of subsequent practice as an aid to interpretation by the Court of Justice of the European Communities, in: Bieber, Roland / Ress, Georg (Hrsg.): Die Dynamik des Europäischen Gemeinschaftsrechts, Die Auslegung des Europäischen Gemeinschaftsrechts im Lichte nachfolgender Praxis der Mitgliedstaaten und der EG-Organe, Baden-Baden 1987, S. 137 ff.

Söllner, Renate: Art. 5 EWG-Vertrag in der Rechtsprechung des Europäischen Gerichtshofes, München 1985.

Spiekermann, Bernd (Mitverf.): Europäische Regionalpolitik, hrsg. von der Konrad-Adenauer-Stiftung e. V. / Institut für Kommunalwirtschaft, Köln 1988.

Steffen, Uwe: Kommunalwahlrecht für Bürger aus anderen Mitgliedstaaten der Europäischen Gemeinschaft, BayVBl. 1990, S. 297 ff.

Steiger, Heinhard: Diskussionsbeitrag zum Thema „Die Bedeutung gliedstaatlichen Verfassungsrechts in der Gegenwart", VVDStRL, Heft 46, 1988, S. 165 ff.

Steinberger, Helmut: Aspekte der Rechtsprechung des Bundesverfassungsgerichts zum Verhältnis zwischen Europäischem Gemeinschaftsrecht und deutschem Recht, in: *Hailbronner,* Kay / *Ress,* Georg / *Stein,* Eric (Hrsg.): Festschrift für Karl Doehring, Berlin / Heidelberg 1989, S. 951 ff.

Steindorff, Ernst: Grenzen der EG-Kompetenzen, Heidelberg 1990.

Stettner, Rupert: Grundfragen einer Kompetenzlehre, Berlin 1983.

Stöger, Fritz: Aufgaben und Tätigkeit des Beobachters der Länder bei den Europäischen Gemeinschaften, in: *Magiera,* Siegfried / *Merten,* Detlef (Hrsg.): Bundesländer und Europäische Gemeinschaft, Berlin 1988, S. 101 ff.

Streinz, Rudolf: Bundesverfassungsgerichtliche Kontrolle über die deutsche Mitwirkung am Entscheidungsprozeß im Rat der Europäischen Gemeinschaften, Berlin 1990, (zitiert: *Streinz,* Bundesverfassungsgerichtliche Kontrolle).

— Bundesverfassungsgerichtlicher Grundrechtsschutz und Europäisches Gemeinschaftsrecht, Baden-Baden 1989, (zitiert: *Streinz,* Grundrechtsschutz).

— Die Auswirkungen des Europäischen Gemeinschaftsrechts auf die Kompetenzen der deutschen Bundesländer, in: *Heckmann,* Dirk / *Meßerschmidt,* Klaus (Hrsg.): Gegenwartsfragen des Öffentlichen Rechts, SÖR Bd. 552, Berlin 1988, S. 15 ff., (zitiert: *Streinz,* in: *Heckmann / Meßerschmidt* (Hrsg.), Gegenwartsfragen).

— Die Luxemburger Vereinbarung, München 1984.

Temple Lang, John: European Community Constitutional Law: The Division of Powers between the Community and Member States, NILQ 1988, S. 209 ff.

— The Irish Court Case which delayed the Single European Act: Crotty v. An Taoiseach and others, CMLR 1987, S. 709 ff.

— The constitutional principles governing Community legislation, NILQ 1989, S. 227 ff.

Tizzano, Antonio: Die Befugnisse der Gemeinschaft, in: Kommission der Europäischen Gemeinschaften (Hrsg.): Dreißig Jahre Gemeinschaftsrecht, Luxemburg 1983, S. 47 ff.

— Lo sviluppo delle competenze materiali delle Comunità Europee, RDE 1981, S. 139 ff.

Tomuschat, Christian: Bundesstaats- und Integrationsprinzip in der Verfassungsordnung des Grundgesetzes, in: *Magiera,* Siegfried / *Merten,* Detlef (Hrsg.): Bundesländer und Europäische Gemeinschaft, Berlin 1988, S. 21 ff.

— Der Verfassungsstaat im Geflecht der Internationalen Beziehungen, VVDStRL, Heft 36, 1978, S. 7 ff.

— Die Rechtsetzungsbefugnisse der EWG in Generalermächtigungen, insbesondere in Art. 235 EWGV, EuR 1976 / Sonderheft, S. 45 ff.

— Rechtliche Aspekte des Gemeinschaftshandelns im Bereich der Kultur, FIDE-Report-Volume I, 1988, S. 21 ff.

Toth, A. G.: The legal status of the declarations annexed to the Single European Act, CMLR 1986, S. 803 ff.

Usher, John A.: The gradual widening of European Community policy on the basis of Articles 100 and 235 of the EEC-Treaty, in: Schwarze, Jürgen / Schermers, Henry G. (Hrsg.). Structure and Dimensions of European Community Policy, Baden-Baden 1988, S. 25 ff.

— The Scope of Community Competence — Its Recognition and Enforcement, JCMS 1985, S. 121 ff.

Verdross, Alfred / *Simma,* Bruno: Universelles Völkerrecht: Theorie und Praxis, 3. Aufl., Berlin 1984.

Vorwerk, Axel: Die umweltpolitischen Kompetenzen der Europäischen Gemeinschaften nach Inkrafttreten der EEA, München 1990.

Wagner, Heinz: Grundbegriffe des Beschlußrechts der Europäischen Gemeinschaften, KSE Bd. 5, Köln 1965.

Walter, Robert / Mayer, Heinz: Grundriß des österreichischen Bundesverfassungsrechts, 5. Aufl., Wien 1985.

Wassermann, Rudolf (Hrsg.): Kommentar zum Grundgesetz für die Bundesrepublik Deutschland, Band 1 und 2, Neuwied, 2. Aufl., 1989, Reihe Alternativkommentare, (zitiert: *AK* / Bearbeiter).

Wellens, K. B. / *Borchardt,* G. M.: Soft Law in European Community Law, ELR 1989, S. 267 ff.

de Witte, Bruno: Cultural policy: The Complementarity of negative and positive integration, in: *Schwarze,* Jürgen / *Schermers,* Henry G. (Hrsg.): Structure and Dimensions of European Community Policy, Baden-Baden 1988, S. 195 ff.

— The scope of Community powers in education and culture in the light of subsequent practice, in: Bieber, Roland / Ress, Georg (Hrsg.): Die Dynamik des Europäischen Gemeinschaftsrechts. Die Auslegung des Europäischen Gemeinschaftsrechts im Lichte nachfolgender Praxis der Mitgliedstaaten und der EG-Organe, Baden-Baden 1987, S. 261 ff.

Wohlfarth, Ernst: Anfänge einer europäischen Rechtsordnung und ihr Verhältnis zum deutschen Recht, Juristen-Jahrbuch 1962/63, S. 241 ff.

— Europäische und deutsche Rechtsordnung, in: *Institut für Völkerrecht der Universität Göttingen* (Hrsg.): Beiträge zum Internationalen Wirtschaftsrecht und Atomenergierecht, Bd. I, Heft 4, Göttingen 1965, S. 157 - 187.

Wollenschläger, Michael / *Becker,* Ulrich: Harmonisierung des Asylrechts in der EG und Art. 16 Abs. 2 Satz 2 GG, EuGRZ 1990, S. 1 ff.

Wuermeling, Joachim: Föderalismus und Regionalismus in Europa, BayVBl. 1990, S. 489 ff.

— Kooperatives Gemeinschaftsrecht, Kehl u.a. 1988.

Zacker, Christian: Binnenmarkt und Gemeinsamer Markt, RIW 1989, S. 489 ff.

Zieger, Gottfried: Das Grundrechtsproblem in den Europäischen Gemeinschaften, Tübingen 1970.

Zuleeg, Manfred: Der Verfassungsgrundsatz der Demokratie und die Europäischen Gemeinschaften, Der Staat 1978, S. 27 ff.

— Die Kompetenzen der Europäischen Gemeinschaften gegenüber den Mitgliedstaaten, JöR n. F. Bd. 20, S. 1 ff.

— Wandlungen des Begriffs der Supranationalität, integration 1988, S. 103 ff.

de Zwaan, J. W.: The Single European Act: Conclusions of a unique document, CMLR 1984, S. 747 ff.

Zweigert, Konrad: Der Einfluß des Europäischen Gemeinschaftsrechts auf die Rechtsordnungen der Mitgliedstaaten, RabelsZ 1964, S. 601 ff.

— Empfiehlt es sich, Bestimmungen über den Rechtsschutz zu ändern? in: Zehn Jahre Rechtsprechung des Gerichtshofes der Europäischen Gemeinschaften, KSE Bd. 1, 1965, S. 580 ff.

— Grundsatzfragen der europäischen Rechtsangleichung, ihrer Schöpfung und Sicherung, in: *v. Caemmerer,* Ernst / *Nikisch,* Artur / *derselbe* (Hrsg.): Festschrift für Hans Dölle, Tübingen 1963, S. 401 ff.

FSC
www.fsc.org
MIX
Papier | Fördert
gute Waldnutzung
FSC® C083411

Kolibri 360 GmbH
Ferdinand-Jühlke-Straße 7
99095 Erfurt, Deutschland
produktsicherheit@kolibri360.de

Druck:
CPI Druckdienstleistungen GmbH
im Auftrag der
Kolibri 360 GmbH
Ferdinand-Jühlke-Str. 7
99095 Erfurt